大学生劳动教育

杭 刚 刘瑞霞 马 宁 ◎ 主编

辽宁人民出版社

图书在版编目（CIP）数据

大学生劳动教育 / 杭刚，刘瑞霞，马宁主编.
沈阳 ：辽宁人民出版社，2024. 8. -- ISBN 978-7-205
-11280-6

Ⅰ. G40-015

中国国家版本馆CIP数据核字第2024LB9033号

出版发行：辽宁人民出版社
　　　　　地址：沈阳市和平区十一纬路25号　邮编：110003
印　　刷：辽宁星海彩色印刷有限公司
幅面尺寸：185mm×260mm
印　　张：13
字　　数：240千字
出版时间：2024 年 8 月 第 1 版
印刷时间：2024 年 8 月 第 1 次印刷
责任编辑：张天恒　王晓筱
封面设计：山月设计
版式设计：田永琪
责任校对：吴艳杰
书　　号：ISBN 978-7-205-11280-6
定　　价：45.00元

前 言

PREFACE

劳动是推动人类社会进步的根本力量，大学生是新时代中国特色社会主义的建设者和接班人，更是未来的劳动者，担负着建设社会主义现代化强国、实现民族伟大复兴的历史使命。因此，对大学生进行劳动教育是高等教育重要的目标之一。

国家非常重视大学生劳动教育的开展。2020年3月，中共中央、国务院发布《关于全面加强新时代大中小学劳动教育的意见》（以下简称《意见》），对新时代劳动教育做出顶层设计和全面部署。2020年7月，教育部印发《大中小学劳动教育指导纲要（试行）》（以下简称《纲要（试行）》），针对劳动教育是什么、教什么、怎么教等问题，进行了具体的指导。

为了能够帮助大学生全面、系统地掌握劳动知识、强化劳动能力、增强劳动修养，使大学生成为合格的劳动者，我们组织富有劳动教育经验的一线教师，根据《意见》和《纲要（试行）》的文件精神，结合大学生劳动教育实际，编写了《大学生劳动教育》，作为开设"大学生劳动教育"课的教学蓝本。

本书共设置12章内容，具体包括：大学生劳动教育概述；树立正确的劳动观；培育"三劳精神"；了解劳动常识；做好生活劳动；投身生产劳动；开展服务劳动；适应职业劳动；开展网络劳动；探索智能劳动；勤于志愿服务；尝试创业劳动。

在编写体例上，本书根据学习需要，结合学习实际，设置了"学习目标""劳动导学""劳动视野""自评自测""劳动实践"等功能性板块，帮助广大学生理解相关内容，达到学以致用的效果。

本书是鄂尔多斯职业学院教师集体智慧的结晶。本教材由杭刚、刘瑞霞、马宁担任主编，任佳佳、杨婷、李娜、樊秀、杨妮娜、薛妍、王焱佳担任副主编。写作具体分工如下：杭刚负责编写第1讲，刘瑞霞负责编写第2讲、第5讲，马宁负责编写第3讲、第8讲，任佳佳负责编写第4讲，杨婷负责编写第6讲，李娜负责编写第7讲，樊秀负责编写第9讲，杨妮娜负责编写第12讲，薛妍负责编写第10讲，王焱佳负责编写第11讲。由杭刚负责整本书的统稿审核工作。

　　在编写本书的过程中，编者参考了许多专家学者的研究成果，在此一并表示感谢。

　　由于编者水平有限，加之编写时间仓促，书中难免存在不妥之处，恳请广大读者批评指正。

编　者

2024年5月

目 录

CONTENTS

I

第1讲　大学生劳动教育概述

学习目标

掌握大学生劳动教育的内涵，明确大学生劳动教育的特点；理解大学生劳动教育的意义；了解大学生劳动教育的路径。

劳动导学

劳动是人类生存和发展的决定力量

劳动是人类赖以生存、发展的决定力量。正因为有了劳动，人类才从早期猿人—晚期猿人—早期智人—晚期智人一路走来。在从早期猿人到晚期智人的发展过程中，劳动不断提升人类的智力，人类的脑量不断增大，体态特征愈来愈区别于猿而近似于现代人，劳动工具日益改进且多样化，经济生活逐渐丰富起来，开始出现原始精神文明。

大学生成长成才必须德智体美劳全面发展，"五育并举"。劳动教育作为大学生成长成才的重要内容，对提升学生认知、锻炼学生思想、规范学生言行、强化学生实操，具有重要的作用，因此，要重视大学生劳动教育，将其作为促进大学生成长成才的重要路径。2020年7月，教育部印发《大中小学劳动教育指导纲要（试行）》（以下简称《指导纲要》），大学生劳动教育进入规范化教育阶段。

一、大学生劳动教育的内涵

作为重要的教育领域，大学生劳动教育具有丰富的内涵。

（一）认识劳动

在了解大学生劳动教育之前，首先要深入了解劳动的内涵。

1.劳动的含义

"劳动"一词由来已久，是社会中使用频率高、范围广的常见词汇。劳动作为一种活动，推进了自然、人类社会及历史的演进，是人类文明发展的重要动力。

劳动教育由"劳动"与"教育"两个核心词汇构成。在国外，劳动有两层含义：其一，主观的劳动是一种精神上的劳动；其二，客观的劳动意味着对物质客体的改造。在中国，劳动也一直被赋予"操作、活动"之意。

在《现代汉语词典》中，劳动的释义为"一是人类创造物质或精神财富的活动，二是专指体力劳动，三是进行体力劳动"。不难看出，关于劳动的释义，最初大多指向体力劳动，但伴随着社会生产力不断提高，劳动的内涵逐渐增加，也开始指向脑力劳动。一般来说，可以这样理解劳动，劳动是一种具有独立价值的人类活动，是人有目的、有意识地改造客观世界和主观世界的实践过程，是人同动物最根本的区别，是人类社会生存和发展的重要动力。

马克思在《资本论》中将劳动教育定义为："劳动首先是人和自然之间的过程，是人以自身的活动来引起、调整和控制人和自然之间物质变换的过程。"

《指导纲要》中指出，"劳动是创造物质财富和精神财富的过程，是人类特有的基本社会实践活动"。劳动作为实践活动的特殊形式，是人类在认识世界、改造世界过程中的活动，是人类区别于动物的本质特征，是创造世界、创造历史和创造人的根源。

2.劳动的属性

劳动作为人类独有的活动，具有自然属性与社会属性。

（1）劳动具有自然属性

马克思指出，"劳动是不以一切社会形式为转移的人类生存条件，是人和自然之间的物质变换即人类生活得以实现的永恒的自然必然性"。劳动是使得人类从动物界逐渐脱离的过程，也是人类自然属性逐步显现的过程。在劳动中，人的大脑结构、肢体活动逐步发展，大脑结构的发展为智力发展提供物质基础，而且五官感觉的形成是以往全部世界历史的产物。在这种情况下，人类通过劳动实践获取基本生活资料，保证生命的延续。而随着劳动生产力的提高，人的生存需求也变得越来越高、越来越多，在这个相互作用的过程中，人与自然对象的联系日益密切，劳动对象的范围逐步扩大，劳动成果的量和质不断提高。可以说，人类通过劳动在改造自然的同时也在改造人类本身。

（2）劳动具有社会属性

人类在劳动生产中不仅同自然界发生关系，还同身边的事物发生千丝万缕的联系。不难理解，人们的劳动不是在孤立状态下进行的，而是在一定社会关系中进行的。在劳动中，人们分工合作，形成了一整套的生产、分配、交换、消费等社会关系。劳动促进人类个体不断理解社会、参与社会，也在社会化劳动中使自己的劳动能力不断提升，在劳动关系中不断获得有利条件。可以说，劳动关系是人类社会关系最重要的组成部分，现实中的人往往是处在具体劳动关系中的人。

3.劳动的类型

从不同的维度出发，劳动可以分为不同的形态。

（1）根据所耗费的劳动力形态分类

根据所耗费的劳动力形态，劳动分为体力劳动和脑力劳动。体力劳动主要是指通过运用运动系统，以主要运动器官为主体的劳动实践活动。脑力劳动主要是指以运用大脑神经系统为主体的实践活动，但也离不开其他系统的配合。只有两者共同合作，才能使劳动价值最大化。

（2）根据付出劳动的必要程度分类

根据付出劳动的必要程度，劳动分为必要劳动和剩余劳动。必要劳动是指劳动者为了维持生活所必须付出的那一部分劳动。剩余劳动是指超过维持劳动力生产和再生产需要的劳动。

（3）根据作用于劳动客体方式的不同分类

根据作用于劳动客体方式的不同，劳动分为常规劳动和创新劳动。常规劳动是指以常规方式对劳动对象进行加工或改造的劳动。创新劳动是指用新设计的方式对劳动对象进行加工或改造的劳动。

4.劳动的价值

劳动的价值极其重大，可以分为以下三种。

（1）劳动具有生存价值

生存是人类最基本的需要，劳动创造了人类本身，促进了人类社会发展，满足人类的生存需要是劳动的最基本价值。在原始社会，人类劳动能力较为低下，劳动的形式和内容比较简单，劳动工具也很简陋，想要维持生命就需要靠自己的劳动，获得满足生存需要的基本物质。打猎、捕鱼、养殖、采集等都是人们的劳动形式，基本的劳动使人类的生命得以延续。随着社会的发展，劳动由最初的简单劳动演变为复杂劳动，但劳动者依然要通过劳动来获得生存所需要的一切。

（2）劳动具有生活价值

从古代中国的"四大发明"，到今天改变世界的计算机及人工智能，都是人类劳动的结晶。如今的劳动已经远远超出了生存的目的，人们不再仅仅满足于"活着"，而是追求"有质量"的生活。随着人类社会的不断进步，更大范围、更深层次、更广领域的劳动内容正在发生改变，人类的生活也在劳动水平的提升下朝着更加丰富、多元的方向发展。

（3）劳动具有发展价值

马克思认为，"劳动是人的本质"。劳动既是人本质形成的起点，也是人本质发展的基础，是整个社会文明不断进步的推力。劳动不仅为人类的发展提供必要的物质条件和精神条件，还为人的发展搭建实践平台。在劳动的过程中，人处在一个不断发展、不断完善的过程，劳动成果中凝聚的精神会形成劳动本身的肯定和回报，劳动的过程是一个逐步解放的过程。人只有劳动，才能实现发展，才能实现自我价值，进而成为全面发展的人。

（二）认识劳动教育

劳动教育，顾名思义，是以劳动为核心的教育领域。"劳动教育"作为"劳动"一词的衍生产物，其含义也随着时代发展变化而不断丰富充实，因而要从不同时期、不同语境了解劳动教育的现实含义。目前来看，关于"劳动教育"的内涵主要集中于以下三种观点。

第一种观点，将劳动教育作为德育内容。这种观点认为劳动教育是德育的重要内容和有机组成部分，劳动教育与德育密切关联，既有联系又有区别。联系在于劳动教育寓于德育之中，区别在于德育侧重于学生思想政治教育，注重道德品行的培养，劳动教育则侧重劳动实践。在一定时期和特定背景下，无论是我国出台的教育政策还是教育类的相关书籍，都认为劳动教育隶属德育，即把劳动教育功能德育化。虽然这种理解有其明显局限性，但劳动在德育中发挥的功能作用不容小觑。

第二种观点，把劳动教育作为技术教育来理解。《教育大辞典》中将劳动教育定义为"劳动、生产、技术和劳动素养方面的教育"。这种观点认为，劳动教育的内容应该是生产技术劳动、社会公益劳动和生活服务劳动等，劳动教育内容应包含体力劳动、脑力劳动以及两者相结合的劳动，当然，也包括简单劳动、复杂劳动、物质生产劳动和精神劳动。

第三种观点，认为劳动教育是一种教育活动。劳动教育在20世纪80年代作为"五育"的重要组成部分，是与德育、智育、体育、美育相提并论的。这种观点认为，劳动教育能够让受教育者在劳动中受教育，获得进步与发展。劳动教育是让受教育者有目的、有计划地开展劳动，并在其中接受教育，得到成长。这里说的劳动教育，不是将参与劳动等同于劳动教育，而是强调劳动的育人功能，其本质是"为了教育的劳动"，即让受教育者在劳动中学会知识技能、转变劳动思想观念、提升劳动素质，通过劳动达到教育的目的。

综上所述，我们认为，劳动教育是一种以促进受教育者全面发展为目的，以劳动为教学内容和教学载体，对受教育者进行劳动理念、劳动价值观、劳动知识和劳动技能的教育教学活动。

《指导纲要》中指出，劳动教育是发挥劳动的育人功能，对学生进行热爱劳动、热爱劳动人民的教育活动。劳动教育的内涵包含了从知识、技能、习惯的养成到劳动道德、劳动精神的深层次发展。

（三）认识大学生劳动教育

大学生是实现中华民族伟大复兴、建设社会主义现代化国家重要的生力军。实现中华民族伟大复兴、建设社会主义现代化国家需要亿万人民的努力，自然也需要千千万万大学生的辛勤劳动，在这样的时代背景下，加强大学生劳动教育，有着更为特殊的意义。大学生劳动教育着重针对大学生这一特殊对象开展，是以大学生为教育主体的一种劳动教育。大学生劳动教育既要展现劳动教育自身所具有的独特价值，又要适应大学生群体的需求特点。

对于大学生劳动教育，我们应该从四个方向予以理解：一是大学生劳动教育的教育对象具有特殊性。大学生所需要接受的劳动教育既有一般性质的劳动教育，也有专业性质的劳动教育。二是大学生劳动教育的教育主体具有特殊性。事实上，对大学生进行劳动教育的教育主体是多元的，既包括高校，也包括家庭和社会，但主体是高校。三是大学生劳动教育的教育资源具有特殊性。大学生劳动教育的教育资源是由高校提供的，这一点也符合高校开展大学生劳动教育的特征。四是大学生劳动教育的功能具有特殊性。大学是培养德才兼备人才的重要阵地，大学生劳动教育承担着培养能够堪当民族复兴重任时代新人的职责和任务。

综上所述，我们认为，大学生劳动教育是由高校实施，面向大学生群体，以劳动为教学内容和教学载体，引导大学生形成正确劳动价值观念、具备良好劳动素养、掌握一定劳动技能的教育教学活动。

二、大学生劳动教育的特点

大学生劳动教育作为大学生成长成才的重要领域，具有如下特点。

（一）时代性

大学生劳动教育具有时代性的特点。大学生劳动教育的内容与时代的发展息息相关，也就是说，大学生劳动教育的教育内容是随着时代而动态发展的。由于人类劳动的方式处在不断演进的过程之中，劳动形态也在不断变化，具体表现为脑力劳动的比重不断增加、新形态的劳动不断形成。劳动所具有的多样化特点成为劳动教育时代性的鲜明印记。这就要求劳动教育要做到"顶天立地"，即劳动教育既要体现时代发展方向，也要适应社会发展需求。比如在改革开放初期，我国工业飞速发展，大学生劳动教育的内容往往与工业生产密切相关，为我国制造业发展培养了大量优秀人才。随着信息时代的到来，大学生劳动教育的教学内容也逐渐呈现出信息时代的特征，大量具有信息化特色的内容成为大学生劳动教育的重要内容。随着人工智能时代的到来，学习和生产的形式都发生了质的改变，劳动教育也呈现出新的特点，脑力劳动、探索性劳动、创造性劳动、多样性劳动等成为劳动教育领域的高频词。

（二）开放性

大学生劳动教育具有开放性的特点。大学生劳动教育的教育内容和教育方法，不是闭门造车，而是面向社会、面向产业开放的。一方面，高校培养大学生是面向社会的，是为社会发展服务的，因而大学生劳动教育的教育内容和教育方法，也应该紧密联系社会，才能为大学生服务社会做好准备。另一方面，高校培养的大学生是高级专业人才，是服务于具体产业发展的，因而大学生劳动教育的教育内容和教育方法也应该体现产业特色与行业特色，这样才能促进大学生职业发展，推动相关产业的发展。特别需要强调的是，大学生劳动教育在时间和空间上也具有一定的开放性。大学生劳动教育并不拘泥于课堂教学这一固定领域，而是有着更为广阔的时空选择，既可以线上，也可以线下；既可以在课堂上，也可以在实习实训的基地里；等等。

（三）实践性

大学生劳动教育具有实践性的特点。大学生劳动教育的目的绝不只是掌握劳动教育理论，而是要在实践中塑造正确的劳动观念、培养卓越的劳动技能、树立正确的劳动价值观。因此，理论教育只是一个方面，实践教育是大学生劳动教育的重要组成部分。简而言之，大学生劳动教育是一门实践教育。一方面，大学生劳动教育以培养实践能力为主要目标，围绕着实践能力的提升，开展各类实践活动。另一方面，大学生劳动教育以实践为内容和载体，充分利用劳动实践，来提升大学生的劳动素质以及劳动技能。

（四）综合性

大学生劳动教育具有综合性的特点。大学生劳动教育是"五育"中的关键一环。众所周知，我国教育实施"五育并举"，即德育、智育、体育、美育、劳动教育"五育"相互关联、相互促进、相互融合。大学生劳动教育与德育、智育、体育、美育关系密切，可以说，大学生劳动教育是德育、智育、体育、美育提升的重要载体和重要途径。同时，劳动教育中也融入了德育、智育、体育、美育的诸多要素。例如，在开展大学生劳动教育的同时，可以培育学生的工匠精神、强化其职业道德，这属于将德育融入劳动教育；又比如，在开展大学生劳动教育的同时，可以鼓励大学生多动脑筋、启迪智慧，提高其创新能力，这属于将智育融入劳动教育；同样，大学生劳动教育也可以强身健体，作为体育的教育内容；大学生劳动教育中也可以体现艺术美感，提升大学生的审美能力和美育水平。由此可见，大学生劳动教育具有德育、智育、体育、美育各方综合的特征。

（五）多元性

大学生劳动教育具有多元性的特点。大学生劳动教育的多元性体现在方方面面。在大学生劳动教育的内容方面，可以有日常劳动的教育、生产劳动的教育和服务性劳动的教育；在大学生劳动教育的教育主体方面，既可以有劳动教育的教师，也可以有专业课教师，甚至高校辅导员也可以作为大学生劳动教育的教师；在大学生劳动教育的形式方面，既可以是课堂教学，也可以是专业实践，还可以是社会公益活动，诸如此类，皆体现了大学生劳动教育的多元性特征。大学生劳动教育的多元性特征，既是大学生劳动教育自身特性的显示，同时也是大学生对于劳动教育多元化需求的反映。

劳动视野

劳动形态的发展

依据人类劳动工具的演进，我们可以将人类劳动形态分为手工劳动、机器劳动、自动化劳动和智能化劳动四种。

一、手工劳动

人类最早的劳动形态是手工劳动。在原始社会，人们主要使用石制劳动工具，因而该时期也被称为石器时代。约50万年前的"北京猿人"用锤击、砸打等方法打制出来的砍砸器、刮削器、尖状器就属于早期的手工工具。西安半坡遗址中出土的石刀、石斧、石锄就是经过磨制的手工工具。原始社会末期，人们开始制造金属工具。到奴隶社会，金属工具的生产和使用逐渐普及。伴随着冶铁技术的发展，人类迈入铁器时代。在这一时期，劳动是一项单纯的活动，劳动力水平较低，人们大多从自然界中获取物质生产资料，劳动对象以土地、水、生物等为主。人类的劳动活动受客观环境影响较大，自然环境很大程度上影响了人们的劳动内容和劳动方式，多数劳动仅能满足基本的生存需求。

二、机器劳动

18世纪中期至19世纪，人类的劳动形态以机器劳动为主、手工劳动为辅。欧美一些主要的资本主义国家先后开始了以机器大工业代替手工劳动的产业革命，农耕文明向工业文明过渡，产业结构也从以农业为主体转变为以工业为主体。机器得到了广泛使用，人类的劳动形态发生了根本变化，不再是以往松散的个体劳动，而是变成了有组织的劳动。劳动也产生了细化分工，工厂将需要施加在一个产品上的劳动分割成若干部分，将各个部分的劳动分配给流水线上的工人。

三、自动化劳动

20世纪40年代，电子计算机的研制成功及广泛启用，使得生产过程逐步迈向自动化。人们繁重的体力劳动和部分脑力劳动逐渐由机器替代。自动化机器的特点就是具备一定的运算、判断、操作甚至思维能力，能够独立完成人们设计的生产过程。自动化机器不仅把劳动者与生产工具隔离开来，还把劳动者排除在直接的生产过程之外。人类第一次有能力完全以脑力劳动取代体力劳动来获取生存资料和发展资料，与机器大工业生产链条不同，自动化机器把人排除在直接的生产过程之外，但在设计智能机器及其软件的环节增加了劳动者。

四、智能化劳动

进入21世纪，智能化劳动开始普及。人类正在经历以人工智能、虚拟现实、量子信息技术、可控核聚变、清洁能源等为技术突破口的新技术革命。随着人工智能和互联网的快速发展，人类社会正在从自动化时代迈向智能化时代，人类生产、交换和消费的内容与方式发生了深刻变革，其中一个重要而显著的劳动形态变化就是机器代替人的主要体力劳动和部分脑力劳动。人工智能不仅在工作精度方面远胜于人类劳动，同时也将人从很多危险岗位上解放出来。这一时期人主要从事无形的知识、信息、数据等生产、服务和交换的劳动，这些智力密集型的工作除了需要劳动者身心健康外，还需要其拥有通过人力资本所形成的存量"智力"，劳动者体力在智能化劳动中的作用大大下降。

三、大学生劳动教育的意义

大学生劳动教育可以全面促进大学生发展，对于大学生成长成才意义重大。

（一）有利于大学生的思想培养

大学生劳动教育以劳动实践为基础，在劳动实践中，让大学生对劳动有深刻体悟，进而提升大学生的思想境界。

1.帮助大学生树立劳动光荣的思想观念

目前，在社会上流行着关于劳动的诸多错误观点，一些人歧视劳动，崇尚投机取巧，大肆吹捧好逸恶劳，不但对劳动没有获得感和荣誉感，甚至出现了歧视劳动的观点。因此，加强大学生劳动教育，可以有效抵御关于劳动的错误观点的侵蚀，帮助大学生树立劳动光荣的思想观念，树立正确的劳动价值观。

2.帮助大学生树立辛勤劳动的思想观念

辛勤劳动是中华民族优秀的品格，千百年来，正是由于祖祖辈辈的辛勤劳动，才有了中华民族的繁衍生息，才有了中华文明的光辉灿烂。无论是创新中华优秀传统文化，还是建设中国特色社会主义伟大事业都需要辛勤劳动，需要劳动者艰辛努力。通过开展大学生劳动教育，帮助大学生树立辛勤劳动的思想理念，可以促使大学生努力学习、努力实践，增长知识、增长才干，认同辛勤劳动的思想观念，从而为国家、社会做出更大贡献。

3.帮助大学生树立诚实劳动的思想观念

诚实劳动是对劳动者品德的客观规定，是劳动者安身立命之本，表明劳动要实事求是、求真务实、遵纪守法。诚实劳动是一种踏实的工作态度、方式和要求，表现为脚踏实地，正视工作中的问题，敢于钻研，善于解决，坚守工作标准，严守职业道德，遵循法律规范。诚实劳动是各行各业不同岗位劳动者的共同职责，是创造美好生活的基本前提，是干事创业的必然要求。诚实劳动包含两部分内容：一是合法劳动。诚实劳动要求所有劳动者必须在国家法律和政策允许的范围内选择正当的劳动活动，在合法劳动的基础上，脚踏实地付出努力，才能收获回报，这是实现个人美好生活的基础。二是踏实劳动。每个人由于劳动能力各有差异，劳动成果和质量也互有区别，因而要认清自己在劳动过程中的发展定位，实事求是对待劳动过程中的发展桎梏，绝不从事投机取巧、损人利己的劳动，要维持社会良好的竞争秩序。通过开展大学生劳动教育，帮助大学生树立诚实劳动的思想观念，诚实劳动的人越来越多，整个社会才能树立起以劳动为荣的良好风尚。

（二）有利于大学生的情感培养

大学生劳动教育可以培养大学生对于劳动的情感，让大学生从感性角度热爱劳动、尊重劳动，从而弘扬劳动精神、提升劳动技能，树立正确的劳动价值观。

1.在热爱劳动中培养劳动态度

从国家发展来看，中国梦变为现实的根本支撑是劳动；从社会发展来看，推动社会车轮滚滚前进的根本动力是劳动；从个人发展来看，促进人身心不断完善的重要途径是劳动。大学生劳动教育是激发大学生热爱劳动的内生动力，是养成热爱劳动的情感引导，使大学生在理论和实践中切实感受到劳动的崇高和伟大。热爱劳动就是培养正确的劳动态度和积极的劳动心理，自觉自愿、积极主动劳动。对劳动的积极心理态度是创造众多社会奇迹的劳动者所共有的品质。大学生劳动教育肯定了劳动的作用和伟大意义，通过劳动教育播种希望，引导大学生热爱劳动。

2.在崇尚劳动中树立劳动观念

崇尚劳动就是树立科学的劳动价值观，充分认识到"劳动最光荣、劳动最崇高、劳动最伟大、劳动最美丽"。崇尚劳动的观念自古就流淌在中华民族血脉之中。只有崇尚劳动，懂得劳动创造价值、劳动创造社会、劳动是值得的，人们才渴望劳动。无论时代如何变化，都要崇尚劳动之风、认可劳动之力、推崇劳动之美。劳动不分贵贱，劳动者都值得被尊重。无论从事体力还是脑力劳动，简单还是复杂劳动，集体还是个人劳动，生产性还是服务性劳动，只要能为经济社会发展做出贡献，就会得到广大人民群众的认可。大学生劳动教育肯定劳动所担负的时代赋予的历史重任，强调劳动人民在创造幸福生活中的主人翁地位，让大学生认识到劳动人民理应受到全社会的尊重。大学生劳动教育可以引导大学生以正确态度看待劳动人民创造的巨大社会价值，以正确的眼光看待各行各业的劳动人民。在大学生劳动教育的实践活动中，大学生亲历劳动生产过程，感受真实的劳动过程，与劳动群众共同劳动、共同流汗，与劳动人民深入接触和交往，这些实践活动有利于培养大学生尊重劳动、尊重创造的情感，也有助于深化大学生尊重劳动人民的情感。

（三）有利于大学生的精神培养

精神弘扬是大学生劳动教育的重要内容，也是大学生劳动教育的重要目的。通过劳动教育，弘扬劳动精神、劳模精神、工匠精神，为大学生注入精神动力。

1.有助于培养大学生劳动精神

在长期实践中，我们培育形成了崇尚劳动、热爱劳动、辛勤劳动、诚实劳动的劳动精神。劳动精神是中国共产党人精神谱系的重要内容，是以爱国主义为核心的民族精神和以改革创新为核心的时代精神的生动体现，意蕴丰富，历久弥新。习近平总书记指出，劳动创造了中华民族，造就了中华民族的辉煌历史，也必将创造出中华民族的光明未来。全体社会成员应弘扬劳动精神，在崇尚劳动中树立劳动观念，在热爱劳动中培养劳动态度，在辛勤劳动中锻炼劳动能力，在诚实劳动中锻造劳动品德，奏响新时代劳动凯歌，朝着全面建成社会主义现代化强国的奋斗目标不断前进。

2.有助于培养大学生劳模精神

劳模精神，是指"爱岗敬业、争创一流，艰苦奋斗、勇于创新，淡泊名利、甘于奉献"的劳动模范的精神。通过劳动教育，可以弘扬劳模精神，让大学生以劳模为榜样，发现劳模身上的闪光点，学习劳模的优秀品质，让师生近距离直观感受并领悟劳模精神，争做新时代的奋斗者，从而发挥榜样的激励和示范作用。

3.有助于培养大学生工匠精神

工匠精神，对于个人，是干一行、爱一行、专一行、精一行，务实肯干、坚持不懈、精雕细琢的敬业精神；对于企业，是守专长、制精品、创技术、建标准，持之以恒、精益求精、开拓创新的企业文化；对于社会，是讲合作、守契约、重诚信、促和谐，分工合作、协作共赢、完美向上的社会风气。通过劳动教育可以弘扬工匠精神，让大学生深入了解工匠精神的内涵，以精益求精的工匠精神对待学习、对待专业、对待实践，成长为优秀的专业型人才。

（四）有利于大学生的能力培养

大学生劳动教育最直观的教育目标就是提升大学生的劳动能力，因此，提升大学生劳动能力，既是大学生劳动教育的直接目标，也是其功能所在。

1.有助于提升大学生的劳动技能

大学生劳动教育可以引导学生掌握关于日常劳动、生产劳动、服务性劳动的知识，学习关于日常劳动、生产劳动、服务性劳动的技能，从而有目的、有组织、有计划地全面提升大学生的劳动技能。在日常劳动教育中，大学生劳动教育可以帮助大学生更好地打理生活、提高生存能力，能够很好地驾驭生活而不是被生活琐事困扰。在生产劳动教育中，大学生劳动教育要与专业教育相结合，实现"做中学、学中做"，通过理论联系实际，不断提升大学生专业劳动的水平。一方面，大学生将学到的专业知识和专业技能应用到劳动实践，通过实践，来验证自己学习的成果，获得宝贵的工作经验，更好地适应未来的工作岗位，为进入社会参加工作做好预备工作。另一方面，大学生将学到的专业知识和专业技能应用到劳动实际，可以在生产劳动实践中体会劳模精神、劳动精神以及工匠精神等诸多精神，养成具有行业特质的优秀品质，这些隐性的因素对大学生的职业发展影响深远。在服务性劳动教育中，大学生劳动教育可以将专业内容融入其中，在提升大学生专业能力的同时，培养大学生热爱祖国、热爱社会、热爱人民的优秀品质。

2.有助于提升大学生的创新能力

培养创新型人才是高等教育重要的育人目标，培养大学生的创新能力是高等教育的应有之义。要提升学生生存发展需要的基本劳动能力，形成良好劳动习惯。要注重围绕创新创业，结合学科专业开展生产劳动和服务性劳动，积累职业经验，培育创造性劳动能力和诚实守信的合法劳动意识，提高在生产实践中发现问题和创造性解决问题的能力。但创新活动不是闭门造车，要在实践中完成。通过大学生劳动教育，可以帮助大学生在劳动实践中培养创新意识，强化创新思维，学习创新方法，进而提升创新能力，并在此基础上获得创新成果。由此可见，大学生劳动教育是提升大学生创新能力的重要路径，和课堂教学与实践教学不同的是，大学生劳动教育更具实战性，对提升大学生的创新能力具有更强推动作用。

四、大学生劳动教育的路径

目前来看，大学生劳动教育有着多元化的教育路径，具体来说，主要包括以下几个方面。

（一）大学生劳动教育的教学路径

大学生劳动教育的教学路径，是指通过课堂教学的方式，对大学生进行系统的劳动教育。大学生劳动教育的教学路径，是大学生劳动教育的主渠道和主阵地，具有知识丰富、效果明显的优势。一般来说，大学生劳动教育的教学路径，包括以下几个方面：第一，单独开展大学生劳动教育教学，将大学生劳动教育的内容课程化，通过课堂教学的形式，全面系统地向大学生传授劳动教育知识，有助于全面开展大学生劳动教育；第二，将大学生劳动教育融入专业教学中，在专业教学中，逐步渗透大学生劳动教育，将专业教学进一步转化为专业劳动教育，让学生在潜移默化中接受劳动教育；第三，将大学生劳动教育融入创新创业教学中，目前大学生创新创业教育蓬勃开展，依托大学生创新创业教育开展劳动教育，既能够为劳动教育找到所依托的平台，也能促进大学生创新创业教育的开展。

（二）大学生劳动教育的实践路径

大学生劳动教育的实践路径，是指通过实践活动的方式，对大学生进行有效的劳动教育。大学生劳动教育的实践路径，是大学生劳动教育的重要渠道，具有体验深刻、能力提升明显的特征。一般来说，大学生劳动教育的实践路径，包括以下几个方面：第一，在日常生活中开展大学生劳动教育，将日常生活作为劳动教育的重要实践，依托于日常生活开展劳动教育，在强化劳动素质的同时，也提升了大学生日常生活的质量。第二，通过专业实践开展大学生劳动教育，将劳动教育有机地纳入专业教育，实习实训、科学实验、社会实践、毕业设计等相结合开展各类劳动实践，不断深化产教融合，强化劳动锻炼，在提升劳动能力的同时也提升专业水平。第三，通过社会实践开展大学生劳动教育，鼓励大学生积极参与各项社会实践，在社会实践的劳动中提升劳动能力，同时提升社会责任感。

（三）大学生劳动教育的文化路径

大学生劳动教育的文化路径，是指通过文化活动的方式，对大学生进行隐性的劳动教育。大学生劳动教育的文化路径，是大学生劳动教育的重要渠道，具有潜移默化、持续影响明显的特征。一般来说，大学生劳动教育的文化路径，包括以下几个方面：第一，积极开展大学生劳动教育的校园文化宣传，一是可以成立劳动教育有关的兴趣小组以及学生社团等组织，有计划地开展劳动教育；二是可以结合植树节、"学雷锋"纪念日、五一劳动节、农民丰收节、志愿者日等，开展丰富的劳动主题教育活动；三是可以举办"劳模大讲堂"、"大国工匠进校园"、优秀毕业生报告会等劳动榜样人物进校园活动；四是组织劳动技能和劳动成果展示，广泛宣传劳动榜样人物事迹，特别是身边的普通劳动者的事迹，聆听劳模故事，观摩精湛技艺，感受并领悟勤勉敬业的劳动精神。第二，充分利用网络宣传大学生劳动教育，要充分利用自媒体信息，发布关于大学生劳动教育的有关信息，包括劳动精神、劳动故事、劳动技巧等。利用网络信息，潜移默化地开展大学生劳动教育。

自评自测

学生自测表

（根据掌握情况，在符合情况下打"√"）

内容	良好	较好	一般
大学生劳动教育的内涵			
大学生劳动教育的特点			
大学生劳动教育的意义			
大学生劳动教育的路径			

学完本讲，你有什么心得体会：

_____

劳动实践

开展劳动品德宣传

一、实践目标

通过劳动品德宣传，加深对劳动品德的认识。

二、实践方法

采用网络宣传的形式，在自媒体上发布一则关于劳动品德的网络短文，字数要求300—1000字。

三、实践实施

1.确定短文的题目。

2.撰写关于劳动品德的短文。

3.在自媒体平台发布。

4.注意反馈，积极交流。

四、实践成果

提交一份300—500字的宣传总结。

五、知识链接

劳动品德

劳动品德是人们在劳动过程中所表现出来的对他人、对社会的比较稳定的心理特征或心理倾向，是对集体主义精神的形象诠释，直接反映出人的思想境界。当前，社会上还存在损人利己、唯利是图、损公肥私、不讲信用等道德失范的现象，可能对大学生劳动品德的养成造成不良影响，需要通过强化诚实劳动、人本关怀、家国情怀等劳动品德教育，引导学生健康成长。

第2讲　树立正确的劳动观

学习目标

了解马克思主义劳动观的内涵，掌握正确劳动观的内容、意义和路径。

劳动导学

劳动是一切幸福的源泉

习近平总书记强调："幸福不会从天而降，梦想不会自动成真。"回望历史，"中国奇迹"的创造、"中国震撼"的交响，无不凝聚着广大劳动者的智慧和汗水；生活的美好、社会的进步，莫不源于平凡艰辛的劳动。实践证明，人世间的美好梦想，只有通过诚实劳动才能实现；发展中的各种难题，只有通过诚实劳动才能破解；生命里的一切辉煌，只有通过诚实劳动才能铸就。树立正确劳动观，学生才能真切领会到中国特色社会主义事业大厦是靠一砖一瓦建成的，人民幸福是靠一点一滴创造得来的，从而更好地报效国家，奉献社会。

人们在劳动的过程中，会形成对劳动的看法和认识，这就是劳动观。劳动观反映着劳动者对劳动的态度，决定着劳动者在劳动过程中的行为。劳动观作为意识形态领域的内容，与人生观、世界观一脉相承，劳动观生动地反映着人生观、世界观。树立正确的劳动观，才会更加尊重劳动人民，更加珍惜自己的劳动成果，并以热情饱满的劳动态度积极投入社会劳动生产过程当中，从而不断提高劳动生产率，为社会创造出更加丰富的社会物质财富，同时促进个人的全面发展。由此可见，劳动观不仅关乎个人的成长和发展，也影响着社会的进步和国家的未来。因此，帮助大学生树立正确的劳动观，是大学生劳动教育的重要任务。

一、马克思主义劳动观

马克思主义劳动观在大学生劳动观的形成中具有指导地位，因此，帮助大学生树立正确的劳动观，首先要了解马克思主义劳动观的内涵。

（一）马克思主义劳动观的内涵

人的产生伴随着劳动的出现和发展，两者相伴发展，并且延续至今。劳动作为一种实践活动，在人类社会中处于最基本的地位，可以说是人类产生和发展的重要标志之一。一部丰富的劳动发展史可以映射出一部人类发展史。

1.劳动与人类的关系

马克思在《1844年经济学哲学手稿》中指出，正是在改造对象世界中，人才真正地证明自己是类存在物。这种生产是人的能动的类生活。通过这种生产，自然界才表现为他的作品和他的现实。因此，劳动的对象是人类的生活的对象化：人不仅像在意识中那样理智地复现自己，而且能动地、现实地复现自己，从而在他所创造的世界中直观自身。正是劳动彻底将人与猿区别开来。所以，劳动是人类赖以生存和发展的决定力量。在劳动的直接推动下，人类经历了从猿到人的发展过程。劳动促使人类的脑量不断增大并不断优化，使人类体态特征越来越区别于猿而越来越近似于现代人。随着劳动工具的日益改进和多样化，人类智力也得到进化，物质生活逐渐丰富起来。

2.劳动与社会发展的关系

马克思在《德意志意识形态》一书中指出，首先应当确定一切人类生存的第一个前提也就是一切历史的第一个前提，就是：人们为了能够"创造历史"，必须能够生活。但是为了生活，首先就需要衣、食、住以及其他东西。因此第一个历史活动就是生产满足这些需要的资料，即生产物质生活本身。在马克思看来，劳动是"一切历史的一种基本条件"，有了人类的劳动，有了满足人类生存的必需前提，才产生了生活和历史。马克思从唯物主义立场出发，充分肯定了劳动对整个人类和人类历史的重要意义。

3.劳动与人类发展的关系

人类社会的发展是前进性和曲折性的统一。实践是人能动地改造客观世界的物质活动，是人所特有的对象性活动。人的实践活动具有自主性，人通过实践认识客观规律，使客观规律为人所用。同时，实践还具有创造性，创造出按照自然规律本身无法产生的事物。

马克思从哲学和经济学角度比较全面地解释了劳动的含义。从哲学角度，他强调劳动是人的本质，是人的自我实现，是人类特有的基本的社会实践活动，是人类凭借工具改造自然，使之适合自己需要，同时改造人自身的有目的的活动，是人和人类社会存在与发展的基础。从经济学角度，他强调劳动是人与自然之间的物质变换过程，是人类改造自然的物质活动，是满足人的需要、创造物质价值的活动。劳动不是一个固定的概念，而是不断变化发展的过程。

（二）马克思主义劳动观的核心

马克思主义劳动观的形成并不是一蹴而就的，而是随着时代变迁不断完善与发展的。了解马克思主义劳动观的核心，有利于全面把握劳动的丰富内涵和本质，以及它在人类社会发展中举足轻重的地位和作用。

1.马克思主义劳动观的基础：劳动价值论

马克思的劳动价值论是马克思主义劳动观形成的成熟阶段。它在吸收和丰富发展了前人的成熟劳动理论基础上形成，在马克思主义劳动观中占有极其重要的地位。劳动价值论是在唯物史观的基础上所形成的关于揭示劳动的定义及本质、劳动的基本结构和劳动形式的理论，丰富了唯物史观的科学原理，更是从物质资料的生产出发，从商品入手，剖析生产劳动的两重性——具体劳动和抽象劳动的关系，从而揭示了劳动与价值之间的关系及剩余价值的来源，为分析人类社会的劳动和劳动关系提供了科学的理论基础。

马克思的劳动价值论从资本主义现实出发，揭示了资本主义社会产生、发展和最终灭亡的一般规律，又从人类社会发展的总体角度出发，探索人类劳动的本质，以及劳动在人类历史发展过程中的地位和作用，为马克思主义劳动观的形成和完善奠定了基础。

马克思的劳动价值论的主要内容有：商品具有二因素，即价值与使用价值，它们共同构成商品的实体；劳动的二重性（具体劳动和抽象劳动）决定商品的二因素，价值是凝结在商品中的人类劳动，一般是抽象劳动的产物，是一种经济关系与社会关系；商品价值量取决于生产商品的社会必要劳动时间；价格是价值的表现形式；劳动力创造价值和剩余价值，剩余价值理论是在劳动价值论基础上创立的。

马克思的劳动价值论的最大贡献是证明了"劳动的二重性"；在劳动二重性的基础上，马克思创立了剩余价值学说；在剩余价值学说的基础上，马克思揭示了资本主义生产的实质及资本主义生产方式的内在矛盾，并由此得出了资本主义必然灭亡、社会主义必然胜利的结论。

马克思的劳动价值论是揭示资本主义从产生到灭亡的历史规律的基础理论，

是科学社会主义的理论基石，是具有鲜明的阶级立场、为工人阶级争取经济和政治主体地位的学说。马克思从"劳动是唯一的价值源泉"入手，无情地批判了资本主义制度下劳动的异化和资本家榨取剩余价值的罪恶，并由此得出了资本主义必然灭亡、社会主义必然胜利的历史结论。

马克思的劳动价值论是马克思在批判继承古典经济学劳动价值学说的基础上创立的，是一个完整的、科学的理论体系。我们之所以要坚持劳动价值论，是因为它强调劳动是人类社会存在和发展的决定性因素。任何人对社会的真正贡献是劳动。首先，它要求我们在经济发展过程中应当突出的是劳动、劳动者。"劳动是生产的真正灵魂"。其次，使用价值是社会的使用价值，因而在社会主义市场经济条件下，企业必须以市场为导向，以满足消费者的需求为目的进行生产；否则，盲目生产导致的产品供过于求的部分价值将不能够得到实现。再次，复杂劳动是多倍的或自乘的简单劳动，而劳动的复杂性又是与劳动中的科技含量成正比的。因而，劳动价值论要求我们重视科技劳动在价值创造中的作用，不断提高劳动创造性和增强劳动的智能化程度，从而不断提高经济增长中的科技贡献率，提高劳动生产率。最后，价值是由社会必要劳动时间决定的，个别劳动与社会劳动之间存在矛盾。因此，商品生产者的劳动要想得到社会的承认，就必须提高劳动生产力，从而使单个商品价值量不高于社会必要劳动时间决定的价值量，从而从根本上提高企业和整个经济的竞争力。

劳动价值论要求我们必须尊重价值规律，完善社会主义市场经济体制。价值规律是通过市场竞争实现的，竞争又包括价格竞争和非价格竞争。因此，要遵循价值规律的作用必须保证市场的规范性。

2.马克思主义劳动观的核心：异化劳动理论

异化劳动理论是马克思吸收前人异化理论，结合实践经验，对资本主义异化劳动进行全面剖析所创造出的新理论。异化劳动理论首次被提及是在《1844年经济学哲学手稿》中，也是该手稿的核心内容，这部著作对于马克思主义劳动观的创立意义非凡。因此，异化劳动理论也是马克思主义劳动观整个思想架构的核心。

异化劳动理论对于理解个人与社会的关系具有不可或缺的作用。马克思是从以下四个方面阐述异化劳动的表现的。

（1）劳动者与自己的劳动产品相异化

马克思认为劳动是人们的一种需求，劳动者生产的劳动产品是劳动者本身所需要的，但是在异化劳动中，劳动者享受不到劳动产品。工人生产的财富越多，他的产品的力量和数量越大，他就越贫穷。工人创造的商品越多，他就越变成廉价的商品。物的世界的增值同人的世界的贬值成正比。

（2）劳动者与自己的劳动活动相异化

马克思认为，异化不仅表现在结果上，而且表现在生产行为中，表现在生产活动本身。劳动是一个愉悦的过程，但是在异化劳动中，劳动不再是自觉自愿的活动，而是变成了被迫的、强迫的、奴役式的劳动。劳动者在自己的劳动中不是肯定自己，而是否定自己；不是感到幸福，而是感到不幸；不是自由地发挥自己的体力和智力，而是使自己的肉体受折磨、精神遭摧残。因此，工人只有在劳动之外才感到自在，而在劳动中则感到不自在；在不劳动时感到舒畅，而在劳动时感到不舒畅。劳动的外在性表现在：这种劳动不是劳动者自己的，而是别人的，劳动不属于他；他在劳动中也不属于他自己，而是属于别人。

（3）劳动者与自己的类本质相异化

马克思认为，劳动作为自由自觉的活动是人类的本质，但在私有制条件下却发生了异化。异化劳动使人自己的身体，同样使在他之外的自然界，使他的精神本质，他的人的本质同人相异化。无论是自然界，还是人的精神的类能力，变成对人来说是异己的本质，变成维持他的个人生存的手段。

（4）人同人相异化

人同自己的劳动产品、自己的劳动活动、自己的类本质相异化的直接结果就是人同人相异化。就是说，劳动者生产的劳动产品没有被劳动者自己得到，而是被另一部分人（生产资料占有者）拿走了。即劳动者和资本家之间的矛盾，从起源看，私有财产是异化劳动的必然后果，异化劳动的实质是资产阶级对工人阶级的剥削。

马克思在《1844 年经济学哲学手稿》中通过剖析异化劳动，揭示了异化劳动的最终根源——资本私有制以及资本主义社会的不和谐因素——无产阶级和资产阶级的对立，并在批判资本主义制度和扬弃异化劳动的基础上提出理想中的和谐社会——共产主义社会。共产主义是私有财产即人的自我异化的积极的扬弃，因而是通过人，并且为了人而对人的本质的真正占有；因此，它是人向自身、向社会的即合乎人性的人的复归，这种复归是完全的、自觉的，而且是保存了以往发展的全部财富的。认识和理解马克思的异化劳动理论，对我们在市场经济条件下建设和谐社会无疑具有重大的理论与现实意义。

劳动视野

中华优秀传统文化中的劳动教育思想

中华上下五千年历史，前辈们留下了宝贵的精神财富，我们能够从中华优秀传统文化中总结劳动教育的宝贵经验，为研究提供宝贵的理论借鉴。

一、中华优秀传统文化中蕴含着崇尚劳动的精神

热爱劳动是我国传承上千年的美好品德，在古代典籍中也经常出现关于劳动的描述。二月初二在我国古代被看作"耕事节""劳农节"。晋代文史学家皇甫谧在《帝王世纪》中记载了二月初二，伏羲亲自下田耕种，百姓们也要在这一天开始耕种。司马迁在《史记》中也记载了周武王率百姓亲耕的故事。我国的农耕文明还孕育出很多优秀的诗歌作品。我国最早的诗歌总集《诗经》中就有很多描绘劳动场景的作品，比如著名的《伐檀》就是一首描写伐木工人辛勤劳作的民歌。还有唐代诗人李绅的《悯农》，寥寥数句，生动描绘了劳动者辛勤劳作的场景，呼吁人们要珍惜劳动成果，对现在的我们也具有很深刻的教育意义。

二、中华优秀传统文化中蕴含着教育与生产劳动相结合的思想

《尚书·无逸篇》说："不知稼穑之艰难，乃逸乃谚。"只有真正参与劳动，才能体会劳动的艰辛，从而珍视劳动成果。墨家代表人物墨子认为学习农工商兵的实际操作与学习文化道德同等重要，主张"士虽有学，而行为本"。他认为仅仅有知识是不够的，还需要身体力行，将知识学习应用到实际，形成了教育与生产实践相结合的雏形。在诸子百家中，法家积极主张全民皆农、以农养战，鼓励以农事劳动来教化劳动人民，也体现了教育与生产劳动之间是密不可分的。但当时的劳动教育更多具有封建主义的色彩，是为了巩固统治阶级的利益，与现在所说的劳动教育还存在很大差距。

三、中华优秀传统文化中蕴含着丰富的劳动教育实践经验

首先，中国古代有着耕读结合的教学模式，把农业生产与文化教育相结合，在从事农业生产劳动之余进行读书学习，很好地体现了劳动与教育的结合。其次，古代有着普及大众的劳动教育规范。这些规范是中华民族在劳动实践中总结产生的宝贵经验。《礼记·内则》中提出："凡内外，鸡初鸣，咸盥漱，衣服，敛枕簟，洒扫室堂及庭，布席，各从其事。"它规定了人要在鸡叫第一遍的时间起床，完成一天该做的事情。各种劳动经验在传承与发展中逐步形成了一套较为成熟的规范和制度，从而帮助人们养成良好的劳动习惯。最后，古代非常重视树立劳动教育

典范。南北朝时期的颜之推强调家长要身体力行，严格要求自身行为，为孩子做好榜样。除了在家庭中树立良好榜样，中国古代还积极推广传诵劳动教育的典型事例，比如在《三字经》《弟子规》《千字文》这些启蒙读物中，都能找到劳动教育的相关内容。

二、树立正确劳动观的内容

大学生劳动教育要帮助大学生树立正确的劳动观，首先要了解正确劳动观的内容。正确劳动观的内容主要有以下几个方面。

（一）劳动是人类的本质活动

劳动对于人类以及人类社会的重要性毋庸置疑，大学生要认识到，劳动是人类的本质活动。

1.劳动是人类的第一需要

人类文明进步的历史事实告诉人们，劳动不仅创造了人类，也是人类基本的实践活动和存在方式、人类生存和发展的最基本条件，以及人类创造物质财富和精神财富的基本途径。从"劳动创造了人本身"到习近平总书记强调"劳动是人类的本质活动"，"劳动是人类的第一需要"的论述立足于唯物史观，强调了劳动对人类的重要性。我们可以认识到，这不仅是唯物史观劳动思想对劳动本质的论述，也说明了是劳动使得人类得以和动物相区别，得以从自然性转向社会性，并且通过劳动得以实现自我价值。在现阶段的社会，我们要紧紧把握"劳动是人类的第一需要"的观点，在社会生活中进行相应的事业建设，合理规划人生，制定奋斗目标，在奋斗和劳动中获得幸福，使劳动为人类提供物质上的满足感与精神上的成就感。

2.劳动是一切成功的必经之路

习近平总书记指出："实现我们确立的奋斗目标，归根到底要靠辛勤劳动、诚实劳动、科学劳动。"我们之所以说"劳动是一切成功的必经之路"，就是因为"中华民族是勤于劳动、善于创造的民族。正是因为劳动创造，我们拥有了历史的辉煌；也正是因为劳动创造，我们拥有了今天的成就"。近代以来，一代又一代中国人的辛勤劳动，接续奋斗，使我们的中华民族实现了从站起来、富起来到强起来的根本转变。同时，劳动是实现人生价值的必经之路。人们应将国家前途与个人命运相联系，用劳动创造美好生活和美好未来，实现个人价值的同时，也助力中华民族伟大复兴。

3.劳动是推动人类社会进步的根本力量

习近平总书记指出，"劳动是推动人类社会进步的根本力量"，深刻诠释了劳动创造的哲学意义，重申和强调了劳动创造的历史价值和重要意义。劳动不仅创造了人类，而且创造了社会，并推动着社会历史的车轮滚滚向前发展。正是站在这样的理论高度，习近平总书记深刻指出，"人民创造历史，劳动开创未来"。习近平总书记的"劳动开创未来"思想，进一步揭示了劳动与社会发展的本质联系。因此，建成富强民主文明和谐美丽的社会主义现代化强国、实现中华民族伟大复兴，根本上需要依靠劳动，依靠劳动者创造。

（二）人是劳动的主体

大学生劳动教育应该加深学生对"人是劳动的主体"这一观点的认识，使其充分认识到人是劳动主体的重要角色。

1.工人阶级是劳动的主力军

工人阶级作为中国的领导阶级，是先进生产力的代表，是中国共产党最坚实的阶级基础，在中国社会主义革命和建设时期发挥了重要的作用。改革开放以后，在市场经济的影响下，我国工人阶级的构成出现了新的变化。工人阶级已经不再局限于传统意义上的产业工人。知识分子的出现和壮大，丰富了我国工人阶级的构成。但是社会上部分人没有正确认识该现象，片面地认为工人阶级只包括产业工人，因而出现了无视工人阶级是我国社会主义现代化建设主力军的观点。2013年，习近平总书记在同全国劳动模范座谈时指出，"改革开放以来，我国工人阶级队伍不断壮大，素质全面提高，结构更加优化，面貌焕然一新，先进性不断增强"，指明了新时代工人阶级的新变化，回应了社会上部分人对工人阶级的质疑。目前看，在各行各业具体的劳动实践中发挥出了工人阶级主力军的作用，有力地回应对工人阶级是否为社会主义现代化建设主力军的质疑，在新的历史条件下继续发挥工人阶级的作用，彰显工人阶级的先进性特征。习近平总书记在有关劳动的讲话中，不仅多次谈到了工人阶级的重要地位和伟大作用，而且在每次讲话中都首先谈论工人阶级的问题，强调工人阶级是中国特色社会主义建设的主力军。在中华全国总工会新一届领导班子成员集体谈话时，习近平总书记鲜明地指出在新的历史条件下中国工人阶级的历史使命："我国工人运动的时代主题，是为实现中华民族伟大复兴的中国梦而奋斗。"

2.农民和农民工是劳动的坚实力量

我国是传统的农业大国，工农联盟是我国重要的阶级基础。新中国成立后，农民为国家建设和发展做出了重要的贡献。从某种意义上可以说，没有广大农民的辛勤劳动，新中国就摆脱不了一穷二白的局面，实现不了工业的快速发展，更没有今天城市建设的成就。习近平总书记特别重视农村劳动问题。他指出："如期实现第一个百年奋斗目标并向第二个百年奋斗目标迈进，最艰巨最繁重的任务在农村，最广泛最深厚的基础在农村，最大的潜力和后劲也在农村。"针对当前农村出现的剩余劳动力现象，2017年习近平总书记在中央农村工作会议上提出要促进农村劳动力就业转移；针对当前农民专业劳动能力较弱的问题，习近平总书记在中央财经领导小组第十四次会议上的讲话中提到"新型职业农民"一词；针对当前农民劳动收入低的问题，习近平总书记指出要让广大农民共享改革发展的成果，想方设法提高农民收入。农民工是改革开放以来在社会主义现代化建设中逐渐形成的一支新兴劳动队伍，这支劳动队伍具有农民和工人的双重身份，他们为中国城市的建设付出了艰辛的劳动，现已成为城市发展中一支重要的劳动队伍。党的十八大以后，习近平总书记强调："农民工是改革开放以来涌现出的一支新型劳动大军，是建设国家的重要力量，全社会一定要关心农民工、关爱农民工。"为了保障这支新兴的劳动者大军的利益，以习近平同志为核心的党中央制定了一系列方针和政策，保障了农民工的利益，调动了农民工的劳动积极性。

3. 知识分子是劳动的重要力量

劳动有体力劳动和脑力劳动之分，尤其是在以知识经济为主的21世纪，脑力劳动的比重明显增加。随着对知识、技术等因素利用的增强，人类逐渐从繁重的体力劳动中解放出来，脑力劳动日益成为社会的主要劳动形式，也成为今后劳动发展的主要趋势。但是，部分人没有看清楚脑力劳动是一种更为复杂的劳动，需要投入更多的时间和精力来为脑力劳动的开展奠定基础。劳动的形式发生了变化，但是劳动的本质没有改变。社会上出现了对知识分子劳动的片面认识，认为知识分子脱离了劳动生产实践，不是社会主义劳动大军的一部分。习近平总书记重视知识分子的劳动。他在讲话中多次强调，知识分子是我国工人阶级的一部分，对社会主义的知识分子给予了正确的社会定位，肯定了知识分子的社会主人翁地位，为进一步激发他们的劳动热情奠定了基础。

4. 青年是劳动的有生力量

青年是一个人一生中最有活力和创造力的阶段。因此，从某种程度上来说，国家劳动能力的强弱与青年劳动力的强弱有着直接的关系。党的十八大以来，习近平总书记在不同场合的讲话中都对青年寄予高度重视，指出"全面建成小康社会，广大青年是生力军和突击队"。在党的十九大报告中，习近平总书记更是明确指出："青年一代有理想、有本领、有担当，国家就有前途，民族就有希望。"

实现中华民族伟大复兴，"广大青年生逢其时，也重任在肩"。国家的发展离不开青年的劳动，同时，青年只有在踏实的劳动中才能彰显青春魅力，实现人生价值。习近平总书记就青年的劳动问题做了详细的论述。首先，习近平总书记认为广大青年投身劳动的一个重要前提就是要自觉践行社会主义核心价值观。只有树立坚定的理想信念，才不会迷失自我。因为只有心中有阳光，脚下有力量，未来之路才会越走越宽广。其次，习近平总书记勉励青年要不断学习，尤其要增强在具体劳动实践中的学习。只有不断学习，才能增强劳动的本领，创造更多的劳动价值。再次，习近平总书记还指出，广大青年要自觉奉献青春，辛勤耕耘，积极参与劳动实践，在劳动中体现青春光彩、留下最值得回忆的青春记忆。最后，习近平总书记强调了青年在创造性劳动中的重要作用，指出广大青年要具有"初生牛犊不怕虎"的劲头，要大胆创新，敢为先锋。他强调党和国家要心系青年，为青年发挥青春之力创造有利的条件。

（三）构建新型劳动形态

大学生劳动教育应该帮助大学生认识新型劳动形态的构建，用与时俱进的眼光看待劳动问题。

1.构建和谐的劳动关系

从狭义上来讲，劳动关系是指用人单位与劳动者之间依法所确立的劳动过程中的权利义务。从广义上来讲，劳动关系不仅包括劳动力所有者与劳动力使用者之间的关系，还包括劳动者之间的关系、劳动者与周围环境要素的关系。劳动关系是否和谐关系着一个社会能否健康发展，是维护社会稳定、促进社会发展的重要方面。习近平总书记继承了马克思主义劳动观，根据现实国情和现状，进一步发展了马克思主义劳动观，指出要构建和谐的劳动关系。

习近平总书记全面而集中地讲述了他的和谐劳动关系观。第一，提出"三是"，即"构建和谐劳动关系，是建设社会主义和谐社会的重要基础，是增强党的执政基础、巩固党的执政地位的必然要求，是坚持中国特色社会主义道路、贯彻中国特色社会主义理论体系、完善中国特色社会主义制度的重要组成部分，其经济、政治、社会意义十分重大而深远"。"三是"明确了构建和谐劳动关系的必然性和重要性。第二，指明了构建和谐劳动关系的目标与原则。构建和谐劳动关系的目标是形成规范有序、公正合理、互利共赢、和谐稳定的劳动关系。在具体实践中要坚持以下原则，即要坚持从职工最关心、最直接、最现实的问题出发，要坚持促进企业发展与维护职工权益相统一，要从不同的企业类型的实际出发。目标的提出为构建和谐劳动关系指明了方向，原则的提出为构建和谐劳动关系指明了道路。第三，提出了构建和谐劳动关系的主体。要形成党委领导、政府负责、社会协同、企业和职工参与的工作格局。习近平总书记的这一论述说明了构建和谐劳动关系需要社会各类主体力量协同推进，体现了多元主体共同参与治理的现代化治理理念。

2.提倡多样的创新劳动形态

社会主义社会人民的劳动不是被动的、单向度的、重复的劳动，而是体现人创造性的劳动。无论从事何种职业，人们都可以通过创新在劳动中展现自己的聪明才智，创造社会财富，实现人生价值。习近平总书记非常重视创新。而创新并不是凭空产生的，它与人们的生产劳动息息相关，在劳动中人们实现生产技术和产品的创新，也只有通过劳动，创新思维的火花才能转化为现实。更为重要的一点是，创新劳动是社会主义劳动发展的必然趋势，是社会主义劳动的应然形态。

第一，创新劳动是推进社会经济转型发展的重要力量。我国经济发展进入新常态，意味着我们要以更少的资源消耗生产出更多满足人民需要的高质量产品。创新劳动不同于一般的重复性劳动。首先，创新劳动会提高劳动生产率，创造更大的社会财富，这主要体现在对生产工具、生产管理方面的创新上；其次，创新劳动会节约生产成本，主要体现在通过创新提高资源的利用率，有利于经济的持续发展；最后，创新劳动会逐渐将人类从简单、重复的劳动中解放出来，让人成为经济发展的指挥者。

第二，创新劳动体现社会主义社会人民主体创造的价值。劳动是人类特有的活动，创新则是劳动这一人类特有活动的衍生物，因此，创新也是人类特有的一项实践活动。习近平总书记高瞻远瞩，不仅看到了创新对个人发展的重要作用，还看到了创新对国家发展的伟大意义，指出"创新是一个民族进步的灵魂，是一个国家兴旺发达的不竭动力"，通过创新劳动，劳动者的主体性地位得到了彰显。同时，只有在人民的主动性创新劳动中，国家才会越来越强大。

第三，创新劳动是消除脑力劳动和体力劳动差别的重要方式。创新是人类特有的活动，对一切劳动者来说创新都是平等的，每个人都享有创新的权利。因此，创新成为消除体力劳动和脑力劳动差别的重要方式。一方面，体力劳动者和脑力劳动者都可以通过创新展现自己的劳动技能，创造出更多的社会财富。在创新中，体力劳动和脑力劳动实现了地位上的平等。另一方面，通过创新劳动，体力劳动者逐渐从简单、重复的劳动中解放出来，与脑力劳动者一起走向各尽所能、全面发展的劳动形态，从而消除了体力劳动与脑力劳动之间的差别。

3.讲求合理的科学劳动形态

2014年，习近平总书记首次明确提出了"科学劳动"这一时代发展新概念。

这是习近平总书记在和谐劳动形态观和创新劳动形态观的基础上，根据现实的变化和需要提出的一种新的社会主义劳动形态，也是对中国特色社会主义应然劳动形态的时代回答，具有深刻的含义。第一，所谓科学的劳动首先是勤劳和诚实的劳动。勤劳和诚实是中华民族的传统美德，但是，随着社会的发展，在市场经济的影响下，出现了部分非法经营、不诚实劳动的社会现象，也出现了好吃懒做的"啃老族"。这些现象的出现严重影响了社会主义正常劳动形态的发展。第二，习近平总书记提出科学劳动的重要含义就是要提高劳动者的科学技能水平，增强科技因素在劳动中的含量。当今世界是一个讲求科学的世界，科学技术是国家发展的利器。步入新时代的我们要实现经济发展的结构转型，为人民的美好生活创造条件，就要增强劳动中的科技含量，通过科学劳动，让人民的生活变得更加美好。第三，劳动是人的劳动，因此，科学劳动要以尊重人的基本需要为前提。在党的十八届五中全会上，习近平总书记指出，要坚持"劳动报酬提高和劳动生产率同步提高，健全科学的工资水平决定机制"。习近平总书记这一论述表明，只有满足人成长和发展规律的劳动才是科学的。劳动不能是为了追求结果而忘记自身成长，而应是劳动者自身、劳动因素、劳动成果都实现科学化的一种科学劳动形态。

三、树立正确劳动观的意义

在大学生劳动教育中加强劳动观教育，帮助大学生树立正确的劳动观，具有重要的意义。

（一）有利于培养全面发展的时代新人

新时代需要新青年，在培养时代新人这方面，习近平总书记多次强调"要培养德智体美劳全面发展的社会主义建设者和接班人"。从教育的角度来看，劳动观教育应与德育、智育、体育、美育相融合，促进人的全面发展。劳动观教育与德育相结合，培养学生良好的劳动品德、浓厚的劳动情感、积极的劳动态度，以劳树德；通过与智育相结合，提升智力劳动的能力和水平，培养创新型劳动意识，以劳增智；通过与体育相结合，以劳动实践为依托锻炼强壮的身体，促进人身心协调发展，提高学生的身体素质，以劳强体；通过与美育相结合，在对劳动模范的学习过程中，体会劳动创造美，增强劳动光荣感、幸福感，在劳动中体会到和谐，以劳育美。

（二）有利于推进高校立德树人的根本任务

立德树人是教育的根本任务，是我国人才培养的重要理念。习近平总书记强调要把立德树人作为高校思想政治工作的中心环节，明确提出"六个下功夫"。不难发现，加强劳动观教育是落实"六个下功夫"的具体要求，是高校立德树人根本任务的重要体现。在坚定理想信念方面，加强劳动价值观教育，有助于让大学生牢固树立劳动"四个最"观念；在厚植爱国主义情怀方面，加强劳动情感态度教育，以浓厚的劳动情感引导大学生；在加强品德修养方面，使大学生在劳动观教育中修养劳动品德；在培养奋斗精神方面，劳动观教育通过对劳模精神的宣扬，使大学生在劳动实践中不断锤炼坚强奋斗品质；在增强综合素质方面，劳动观教育能够"树德、增智、强体、育美"，促进大学生的全面发展。

（三）有利于营造热爱劳动、尊重劳动的社会氛围

劳动是构建和谐社会的基础，也是社会主义核心价值观落实到具体实际的重要实践形式，如敬业、诚信就是对劳动态度的要求。大学生是社会主义现代化建设的主力军，直接影响未来我国劳动者的素质和综合国力的提高。因此，对大学生进行劳动观教育，不仅能够帮助当代大学生树立科学的劳动观，使大学生自觉养成热爱劳动的良好品质、勤俭节约和艰苦奋斗的精神，也能够在全社会形成浓厚的热爱劳动、尊重劳动的社会氛围，这既是社会主义核心价值观的重要内容，也是社会主义本质的内在要求。

（四）有利于实现中华民族伟大复兴的中国梦

大学生是建设中国特色社会主义事业的坚实力量，引导大学生树立科学的劳动观也是实现中华民族伟大复兴中国梦的现实需要。于个人而言，大学生在劳动过程中不仅能满足自己的基础需求，还能不断提高自身综合素质。于社会和国家而言，新时代是用辛勤劳动创造美好生活、美好未来的时代。身为社会中坚力量的大学生更要坚持正确的劳动理念，通过辛勤劳动成长为能担重任的国之栋梁。因此，加强新时代大学生劳动观教育，是加快建设中国特色社会主义事业、构建社会主义和谐社会的必然要求。在劳动观教育中激励大学生努力学习掌握科学文化知识，提高创造性劳动能力，在新时代的浪潮中以真才实学服务人民、以创新创造服务祖国。引导大学生树立远大理想、涵养劳动情怀，把个人梦和中国梦有机结合起来，奋力谱写新时代的绚丽华章。

四、树立正确劳动观的路径

通过大学生劳动教育，帮助大学生树立正确的劳动观，要从内容和方法两个方面入手，才能取得良好的效果。

（一）明确劳动观教育的内容

目前来看，开展大学生劳动观教育，要从认知层面、态度层面以及精神层面三个方面入手。

1. 劳动价值观

对大学生进行劳动价值观教育，应从引导大学生正确判断和评价劳动的价值入手。首先，应着重从理论层面展开，用马克思主义劳动观教育大学生，从历史唯物主义、政治经济学和人的解放三个层面做好对劳动的价值解读，使大学生能够深刻领会劳动对人和人类社会的创造作用；明白劳动是创造价值的唯一源泉，是推动社会发展的根本动力；认可劳动造就了人类自身及其本质属性以及人要实现自由而全面发展的方式是劳动，这样一来，让大学生从不同视域中全方位地认识到劳动所具有的价值，他们才能形成关于劳动价值的正确判断。其次，对劳动价值的评价是关于我们以何种立场、用何种价值判断标准来衡量看待劳动的问题，围绕习近平总书记讲话中的劳动"四最"，教育大学生坚定劳动最光荣、最崇高、最伟大、最美丽的价值立场，通过跟大学生讲清楚劳动之所以"四最"，引导他们正确看待劳动的社会分工，理解决定报酬高低的是劳动的复杂程度并不是劳动的类型，劳动没有高低贵贱之分，从而使其形成平等的劳动价值观。

2. 劳动态度观

根据认知行为理论，个体的行为受认知的影响和支配，而基于认知基础所形成的态度则常常会成为一个人行为的表征，这也就表明了劳动态度与劳动认知、劳动情感和劳动行为之间的密切关系，劳动者的劳动积极主动性、创造能动性等是正向劳动态度外化的结果。劳动态度好了，劳动者的劳动主体意识也会随之增强，劳动力的综合素质也会随之提高，作为强国建设的中坚力量，当代年轻大学生的劳动态度对于提高人才队伍综合素质至关重要。因此，在用马克思主义劳动观教育大学生，形成对劳动的正确认知的基础上，针对新时代大学生的劳动态度观教育，要以"热爱"为主线，教育大学生热爱劳动、尊重劳动者、珍视爱惜一切劳动成果，并在此过程中融入共产主义劳动态度教育。具体来说，要教育大学生认识到劳动的属人性，劳动应该被视为是人进行自我确证、收获成就、获得幸福生活的根本路径，怀有对劳动的崇爱之情；任何为社会创造价值的劳动者，任何自食其力奔赴美好生活的劳动者，都应该被爱戴和尊重；任何人的劳动付出都有其价值所在，都具有不可替代的意义，所有的劳动成果都是辛勤付出和汗水的结晶，都应被我们珍视和爱惜。要以共产主义远大理想和社会主义共同理想教育大学生，深刻理解和把握新时代大学生劳动观教育的思想方向，毫不动摇地在党的领导下坚持社会主义方向，以马克思主义为指引、以习近平总书记关于劳动教育的重要论述指导行动，握紧政治的方向舵。教育大学生当今科技社会发展所需人才的政治性和专业性，使学生明晰劳动对自身、对社会发展的重要意义，参透自身为中国特色社会主义事业而奋斗终生的使命和方向，坚定听党话、跟党走的人生态度。

3.劳动精神观

劳动教育的一个重要目标就是培养学生具备积极向上的劳动精神，在如今新时代的背景下，我们需要注重培养大学生具备爱国敬业的职业精神、艰苦奋斗的拼搏精神以及追求卓越的创新精神，这是劳动精神观教育的核心内容。首先，对大学生实施劳动观教育，要在教育他们正确认识劳动的价值、形成正向劳动态度的基础上，推进对大学生爱国敬业的职业精神的强化，让大学生明白爱国与敬业二者是相辅相成的。一方面，在如今的和平年代，从业者们对祖国的热爱是用敬业的精神态度书写的。不论是铸就大国重器的"大国工匠"，还是驻守边关守护家园的边防战士，都以勤勤恳恳、执着奋斗的敬业精神谱写着对人民和祖国的热爱。另一方面，教育大学生热爱我们的祖国，将祖国常放心中，才能点燃他们心中的报国之志，从而积极自觉地承担起时代所赋予他们的职责与使命，引导大学生自觉提高自身劳动本领，主动学习专业知识，并在离开校园进入社会后，依旧能以劳动模范为标杆，在自己的工作岗位上钻研学习，脚踏实地。其次，当代大学生长于物质生活和精神生活较为富足的时代，总体上比较欠缺艰苦奋斗的精神，尽管在生产力和科学技术相对发达的新时代里，不需要让大学生受苦，但是需要让他们继承和弘扬艰苦奋斗的拼搏精神，要在大学生的学习过程中，教育他们勇于迎接挑战，不断向知识的最高峰攀登；并在之后的职场中发扬不屈不挠的毅力和勇往直前的奋斗精神。要教导大学生在日常生活中秉持克勤克俭、理性消费的生活方式。最后，新时代需要创新型劳动者，要赋予新时代大学生劳动观教育更多创新内涵。国家发展、民族振兴，掌握科技自主权和发展主动权，创新人才是关键。大学生作为即将面向就业步入社会、建设社会主义现代化的主力军，走在时代前列，更加需要顺应时代需求，将弘扬和培育创新精神纳入劳动观教育教学中，让其成为当下劳动观教育的"增长点"，引导大学生以工匠劳模作为自己的职业追求，教育他们以工匠劳模所展现的专注坚守、精益求精、尚巧达善等精神面貌为参照，不断反省和改善自己的行为，并通过自己的踏实肯干、勇于突破和追求卓越，逐步靠近并最终实现自己的职业理想。

（二）丰富劳动观教育的方法

新时代背景下，大学生肩负了更多的责任，面临着巨大的风险和考验。因此，加强他们的劳动观教育极其重要。要取得劳动观教育的实效性，就需要丰富的教育方法。

1.社会维度：营造崇尚劳动的风气环境

著名教育家、思想家陶行知就曾提出"社会即学校"，社会环境无时无刻不在影响人们的价值观念，人创造出了环境，而环境也在影响着人。环境是极其重要的，俗话说"近朱者赤，近墨者黑"，一个人所处的环境极大地影响了他的身心发展。因此，新时代大学生劳动观教育要在一种风清气正的社会环境中进行。确保社会文化拥有正确的价值导向，在正确的价值导向的引导下，弘扬马克思主义劳动观及其理论成果，形成良好的、积极向上的、富有正能量的风气环境。一方面，必须弘扬传统文化中的那些优秀的、积极向上的文化，把热爱劳动、辛勤劳动的精神传递到大学生群体中，结合社会主义核心价值观的要求，顺应时代的发展，弘扬集体主义、无私奉献精神。其二，积极抵御有害思想的传播。抵御享乐主义、拜金主义、个人主义等不良社会思潮的侵扰，为新时代大学生营造良好环境，好的风气环境能使大学生更乐于接受劳动观教育，而在坏的环境下大学生对劳动观教育则会产生一定的抵触情绪，这种环境的影响是极其重要的。总之，要积极营造风清气正的环境，把"辛勤劳动、诚实劳动、创造性劳动"落实到劳动过程中去，以实现中华民族伟大复兴为奋斗目标，鼓励大学生以先进劳动者为榜样，以辛勤劳动为荣、以好逸恶劳为耻，歌颂劳模精神、工匠精神，营造良好社会风气，让每一个劳动者得到应有的尊重和认可。

2.教学维度：完善劳动观教育课程

劳动观教育作为思想政治教育中必不可少的一部分，理应受到重视，高校要把劳动育人实实在在地纳入人才培养体系中去，要着力完善劳动观教育的课程。一方面，完善相关课程。通过劳动观教育的课程学习，使学生掌握基本的劳动理论，引发内心的共鸣，进而加深对劳动的认知，产生认同感，引导学生建立劳动创造财富以及对人类社会发展起推动作用的正确认识，使学生对劳动的感性认识上升为理性认识，自愿加入劳动实践活动中去。在参与劳动实践活动的过程中真正领悟到劳动的内涵，从而形成正确的劳动观。另一方面，发挥好各科目的协同作用。劳动观教育作为思想政治教育的重要组成部分决定了必须要在思想政治理论课中融入劳动观教育，因此，要做到思想政治理论课与劳动观教育的深度融合，发挥好两者的协同作用。

3.实践维度：积极参加劳动实践活动

新时代大学生在努力学习外，还应积极参与劳动实践。特别是要在劳动实践活动中不断反思，自我总结，在总结的基础上进行自我教育。

在家庭中，要意识到自身进行的劳动不仅仅是帮助父母完成任务，还是加强自身锻炼、提高自身能力的方式之一，在劳动实践中体会劳动的不易和劳动成果的珍贵，在与父母同时进行家庭劳动时感受来自家庭的温馨，收获成就感以及幸福感。

在学校里，要重视学校的劳动观教育课程，积极参加学校的劳动实践活动。认真学习马克思主义劳动思想，从传统文化观念中汲取优秀思想，对其内涵以及价值有新的认知和感悟。充分认识祖国的繁荣昌盛以及实现中华民族伟大复兴离不开一代又一代中华儿女的勤劳苦干和创造性劳动。劳动创造出了中华民族璀璨的历史，托起中华民族伟大复兴的中国梦。积极参加勤工助学活动，锻炼意志。众所周知，勤工俭学的工作岗位是锻炼人的岗位。它作为一种多层次、全方位的劳动实践，能够促进大学生培养自立自强、不畏艰难的宝贵品质。同时，还要把握好学校的实习这一重要的教育环节，通过实习学习知识和技能，将书本中所学的劳动理论知识运用到实习的劳动过程中，以此来检验自己大学阶段的学习成果。要注意的是，不能把实习视作获取学分而机械完成的任务，要在实习过程中，从自己的学习成果中感悟劳动的真正意义，这是培养自身劳动观的重要途径。

在社会中，要开展一定的实践活动。不能将自己的实践活动局限在勤工俭学或实习这两个方面。例如，可以利用寒暑假以各种方式走进社会，选择与自己所学专业相关的一些活动作为自己实践的主题，把所知所学放到社会中检验。还可以利用周末根据自身专业开展一些劳动实践活动，利用宝贵的实践机会，锻炼自己。

自评自测

学生自测表

（根据掌握情况，在符合情况下打"√"）

内容	良好	较好	一般
马克思主义劳动观的内涵和核心			
树立正确劳动观的内容			
树立正确劳动观的意义			
树立正确劳动观的路径			

学完本讲，你有什么心得体会：

劳动实践

举例说明对劳动"四最"的感悟

一、实践目标

通过举例，说明对劳动最光荣、最崇高、最伟大、最美丽的感悟。

二、实践方法

列举典型事件或者生活中的实例，说说对劳动"四最"的感悟。

三、实践实施

1.深入了解"四最"。

2.寻找相关事例。

3.将事例与"四最"相结合。

四、实践成果

提交一份500—1000字的心得体会。

五、知识链接

劳动"四最"

"四最"即明确提出的"劳动最光荣、劳动最崇高、劳动最伟大、劳动最美丽"的简称，它是马克思主义劳动精神的中国表达，也是我国社会主义新时代劳动精神的集中体现。

"四最"精简凝练、内涵丰富，浓缩了马克思主义劳动本质观、劳动价值观、劳动社会观与劳动实践观。劳动伟大源自劳动价值。马克思主义劳动价值观认为：劳动价值具有四种基本内涵，即劳动的人学价值、社会价值、历史价值与生态价值。劳动成就了人，它把人从自然中高贵地立了起来，它丰富了高贵的人性，它创造了伟大的文明。劳动推进社会发展，它把茹毛饮血的原始社会推至丰裕文明的现代社会；劳动开创历史，它一边书写人类历史，一边开创美好未来；劳动美化自然，它赋予自然一种人文之美，本真的劳动应促进天人合一，促进自然生态的可持续发展。

第3讲　培育"三劳精神"

学习目标

掌握劳动精神、劳模精神和工匠精神的基本内涵和时代价值，了解劳动精神、劳模精神和工匠精神的培养路径。

劳动导学

劳动改变了世界

自古以来，劳动就一直伴随着人类，一直伴随着中华文明的进步，一直助推着世界的发展。闻名世界的四大发明、举世瞩目的万里长城、巧夺天工的敦煌莫高窟、驰名中外的伟大水利工程都江堰等，无一不是中华民族的劳动结晶。而在科技发达的今天，我们依然离不开劳动。如全长55公里的港珠澳大桥，正是凭借无数劳动者的坚持和付出，经过15年时间设计、建成、通车，使得它成为现今世界上最长的跨海大桥。正是崇尚劳动、热爱劳动、辛勤劳动和诚实劳动等精神财富，推动着世界改变和发展。物质决定意识，意识反作用于物质，通过马克思主义的基本原理，我们要认识和重视劳动精神的重要性，用劳动精神激发出人的潜力，让劳动真正成为改变世界的力量。

习近平总书记在全国劳动模范和先进工作者表彰大会上发表的重要讲话指出："劳模精神、劳动精神、工匠精神是以爱国主义为核心的民族精神和以改革创新为核心的时代精神的生动体现，是鼓舞全党全国各族人民风雨无阻、勇敢前进的强大精神动力。"培育大学生劳模精神、劳动精神、工匠精神（以下简称"三劳精神"或"三个精神"），有助于提升大学生的精神境界，使大学生成为新时代的优秀劳动者。

一、"三劳精神"的联系及重要性

"三劳精神"的提出，体现出习近平总书记高度重视劳动价值、劳动者的地位和作用，在弘扬劳模精神、劳动精神、工匠精神等方面做出深刻阐释并提出明确要求。"三劳精神"丰富了民族精神和时代精神，是以爱国主义为核心的民族精神和以改革创新为核心的时代精神的生动体现，是鼓舞全党全国各族人民风雨无阻、勇敢前进的强大精神动力。同时，"三劳精神"明确了文化强国建设的着力点，有利于形成适应新时代要求的思想观念、精神面貌、文明风尚、行为规范，为推进社会主义文化强国提供丰厚滋养和动力源泉。

（一）"三劳精神"的紧密联系

"三劳精神"紧密联系构成了一个有机整体，需要总体把握、一体弘扬、统筹推进。一是从涵盖群体来看，"三劳精神"之间是整体和部分的关系。劳动精神是面向全体劳动者的，强调的是每一位劳动者在劳动过程中所秉持的劳动理念、劳动态度、劳动风貌。劳模精神是劳模这一杰出群体的优秀品格和崇高精神。工匠精神广义是指劳动者体现出的职业精神，狭义是指高技能人才、工匠人才所具有的职业精神，并不能涵盖所有的劳动者。二是从精神特质来看，"三劳精神"之间是一般和特殊的关系。劳动精神继承了中华民族绵延几千年的劳动伦理，具有普遍性、一般性的特征，是劳模精神、工匠精神的根基。劳模精神、工匠精神具有鲜明的个体性、特殊性特征，是基于劳动精神又超出劳动精神的精神境界和职业追求。三是从价值导向来看，劳模精神集中展示了先进分子具有的坚定政治立场、强烈主人翁意识、忘我劳动热情，体现出高度的政治性。劳动精神是劳动者要秉持的劳动态度、劳动作风，体现出广泛的群众性。工匠精神既反映了劳动者对先进技术技能、良好职业操守的追求，也反映了高技能人才、工匠人才具有精湛技术、高超能力、过人本领，体现出鲜明的先进性。

（二）"三劳精神"的重要意义

"三劳精神"的重要意义有以下几个方面。

1.弘扬"三劳精神"是彰显劳动价值的迫切需要

通过树立劳动创造财富、奋斗成就人生的鲜明导向，引导全社会崇尚劳动、见贤思齐，激励广大人民用双手创造更加幸福美好的生活；通过大力提倡诚实劳动、辛勤劳动、创造性劳动，践行社会主义核心价值观，鼓励广大人民强化劳动观念，厚植工匠文化，恪守职业道德；通过深入宣传劳动、劳动者和劳动价值，推动形成尊重劳动、尊敬劳动者、尊崇劳动价值的社会共识，不断丰富民族精神和时代精神的内涵，切实把勤劳这一传统美德发扬光大。

2.弘扬"三劳精神"是促进事业发展的必然要求

广泛宣传劳动中的先进事迹，有利于加强对广大人民的教育引领，引导人民牢固树立劳动最光荣、劳动最崇高、劳动最伟大、劳动最美丽的观念，进一步焕发劳动热情、释放创造潜能，通过劳动创造更加美好的生活；有利于激励广大人民把党和国家确定的奋斗目标作为自己的人生目标，以民族复兴为己任，自觉把人生理想、家庭幸福融入国家富强、民族复兴的伟业之中，做新时代的追梦人；有利于发挥榜样的力量，动员广大人民学习先进，让勤奋做事、勤勉为人、勤劳致富在全社会蔚然成风；有利于激励广大人民争做新时代的奋斗者，团结动员广大人民为全面建设社会主义现代化国家贡献智慧和力量。

3.弘扬"三劳精神"是应对风险挑战的有效举措

当今世界正经历百年未有之大变局，我国正处于实现中华民族伟大复兴的关键时期。立足新发展阶段、贯彻新发展理念、构建新发展格局、推动高质量发展，从根本上要靠全体人民辛勤劳动、无私奉献和大力创造。大力宣传劳动中的责任意识、团结精神和拼搏劲头，有利于增强广大人民的历史使命感和责任感，始终做爱岗敬业的典范；有利于引导广大人民深刻认识团结就是力量、团结才能前进的道理，发扬团结协作、互助友爱的精神，坚定战胜各种困难的信心和决心；有利于促进广大人民树立终身学习的理念，积极参加技术技能培训，及时掌握新的科学文化知识和专业技术，围绕关键核心技术和关键领域，开展科技创新、技术攻关和发明创造，掌握竞争和发展的主动权，始终做创新创业的标杆。

二、培育劳动精神

2020年11月24日，习近平总书记在全国劳动模范和先进工作者表彰大会上的讲话中指出，在长期实践中，我们培育形成了崇尚劳动、热爱劳动、辛勤劳动、诚实劳动的劳动精神。

（一）劳动精神的内涵

人世间的一切幸福都需要靠辛勤的劳动来创造。劳动是一切财富的源泉，劳动赋予了人精神特质和价值文化。劳动精神不仅是劳动本身，还是对劳动的超越，是劳动和劳动认知的总和，凝结了人类发展和社会进步的重要力量。劳动精神是关于劳动的理念认知和行为实践的集中体现，在理念认知上表现为崇尚劳动、热爱劳动，在行为实践上表现为劳动者辛勤劳动、诚实劳动，这两者构成劳动精神的整体内涵。大学生弘扬和践行劳动精神要学会科学地看待劳动精神，认识劳动与个人、与社会之间的关系，掌握劳动精神的内涵。

具体来说，劳动精神可以归纳为：崇尚劳动、热爱劳动、辛勤劳动、诚实劳动，是劳动者劳动意识、劳动理念、劳动态度、劳动习惯的集中展示。其中，崇尚劳动是指对劳动的尊重和推崇，这是价值层面的高度认同。热爱劳动是指满腔热忱地去从事人类创造物质和精神财富的活动，将对劳动的价值认同转化为劳动热情，这是情感层面的强烈表达。辛勤劳动是指辛辛苦苦、勤勤恳恳从事生产劳动，是实践过程中的行动状态。诚实劳动是言行一致、脚踏实地、诚实守信的劳动行为，是境界层面的行动准则。

1.崇尚劳动

崇尚劳动就是要把劳动看作人类的本质活动和创造财富的源泉，奉行"劳动光荣、劳动伟大"的认知，尊重一切劳动价值，同时也认可劳动价值虽有大小，但职业并无高低，秉持"遵纪守法、勤勉工作"的劳动态度。劳动创造世界，劳动创造财富，劳动创造人类，马克思主义劳动观使人们认识到劳动的重要性。进入新时代，习近平总书记以马克思主义劳动观和中国传统文化为继承，深刻洞察社会主义劳动并指出无数事实证明，靠双手实现梦想、用劳动创造价值，既是人之为人朴素的道理，也是社会发展的根本规律，更是新时代根植于每一个劳动者内心深处的真诚信仰。人类的一切物质财富和精神财富无不是劳动创造的，正是劳动满足人的生存发展需求，才推动着社会从愚昧走向文明、从低级走向高级。

（1）劳动成就人的价值

马克思认为劳动是人的本质。劳动不但让人成为人，更让人成为更好的人。随着历史的演进，人的需要向实现更高级的自我价值跃进，劳动能够帮助人树立正确的价值观、助力人的全面发展、实现人的社会价值。首先，人们通过劳动实现自身价值，各行各业的劳动者都在用奋斗充实自己、创造价值，全力奔向幸福的彼岸，成为新时代最美的风景线。其次，劳动助力人的全面发展。劳动能够使人挖掘自己的主观能动性，激发活力，是劳动实践得以有效开展的驱动力和保障，起到"增能"的效果，使人提升劳动素养，在劳动过程中获得幸福感和归属感。最后，劳动既能增强人的体魄，还能提升人的审美力。人们在劳动过程中，在周围环境的熏陶、内心情感的陶冶下，能够感知美、懂得欣赏美、明白评价美、致力创造美，进而不断满足自身的审美要求，提高审美能力，获得审美享受。

（2）劳动实现民族振兴

劳动是实现民族振兴的必要手段，民族振兴涵盖的内容很多，但每一项内容的落地都离不开劳动。经济振兴是民族振兴的物质基础，劳动是生产力发展和变革的唯一路径，为经济的良性发展提供可靠保障。文化振兴是民族振兴的重要内容，劳动是政治经济、制度、行为等文化生成发展传承的必然方式，确保民族振兴是可持续的。国民精神振兴是民族振兴的核心要义，劳动是实现国民精神振兴的最大力量，只有通过劳动，人民才能为国家的发展尽力，国家的发展才能给人民带来实惠，实现国家繁荣与人民幸福。军事振兴是民族振兴的保障，劳动是实现军事战备力、军事指挥力、军事创新力的必要手段，能够为民族振兴提供坚强的后盾。综上所述，只有劳动才能实现中华民族振兴，让中华民族立于世界民族之林。

（3）劳动创造人类文明

在人类的进化史上，劳动起了决定性作用，不仅帮助人从爬行状态转向直立行走，更帮助人在弱肉强食、自然条件恶劣的情况下得以存活与繁衍。在人类求本能生存、求优质生活、求高效生产的发展过程中，劳动逐渐成为群体共识、自卫盔甲、致富手段，人类文明的每一次进步和跨越都离不开劳动的助推。只有付出和投入智力、物力、体力，劳动才可以挖掘人类意识的潜能，唤醒蕴藏在人体中的无限本能，进而形成丰富多彩、光辉灿烂的世界文明。可以说，一部人类文明的发展史，就是一部劳动的纪念史和讴歌史。

因此，必须崇尚劳动，肯定劳动价值，将"崇尚劳动"的观念植入心底。劳动在现实社会中表现为不同的形式，有脑力劳动和体力劳动，有简单劳动和复杂劳动等，所有直接或者间接的从事物质生产或精神生产的工作都属于劳动范畴。不论哪种形式的劳动，只要是有益于人民和社会的劳动都是人类历史发展不可或缺的内容和推动力量，都应该得到承认、保护和尊重。正如习近平所指出的，劳动没有高低贵贱之分，任何一份职业都很光荣。不仅要尊重劳动的过程，还要尊重劳动者、尊重和珍惜他人劳动的成果。无论是普通工人、农民所从事的创造社会财富的基础性劳动，还是知识分子的创造性劳动，抑或是创业者、自由职业者的劳动，只要为社会主义事业的发展做出了贡献，都是伟大的，美丽的。

2.热爱劳动

热爱劳动的表现是要爱岗敬业。"爱岗"的价值在于"做事"，"敬业"的意义在于"奉献"，爱岗敬业既可以创造属于自己的幸福，又可以实现自己的人生价值。

（1）劳动是财富的源泉

劳动满足了人们对于温饱的需求，也提升了生活品质，更缔造了人类的幸福。

从"两弹一星"到"嫦娥"探月，从第一艘潜艇到"蛟龙"入海，从杂交水稻到基因组芯片，从第一代计算机"银河"到今天的互联网大数据，这是无数劳动者爱岗敬业、辛勤劳动的成果。没有挥洒过劳动的汗水，没有体会过劳动的艰辛，就很难真正理解劳动的内涵，珍视劳动的价值。清洁工人爱岗敬业，换来了我们生活环境的干净美丽；产业工人爱岗敬业，换来了企业不断发展，为富民强国提供了雄厚的物质基础。因此，作为劳动者，应尽其所能爱岗敬业，在平凡的岗位上做出力所能及的贡献。

（2）劳动是幸福的源泉

兢兢业业地做好本职工作，是一种明智的人生选择和追求。工作在哪里，就在哪里发光发热，竭尽所能为国家、为社会创造财富。一个人能否脱颖而出，固然需要能力突出，更需要态度积极。我们每克服一个困难，其自身的水平就上升到一个新的高度，距离成功就又近了一步。同时，在劳动中，我们会感受到充实，感受到自己被重视，有满满的获得感，因此，劳动也是幸福的源泉。

3.辛勤劳动

辛勤劳动就是指辛勤耕耘、埋头苦干，是劳动者应有的基本要求和前提条件。

（1）辛勤劳动是基本态度

辛勤劳动是个人对劳动应有的首要态度和基本立场，是诚实劳动的条件与基础。辛勤劳动侧重于劳动者在劳动过程中展现出的"筚路蓝缕、艰苦奋斗"的坚定决心、"顽强拼搏、自强不息"的坚毅品格，以及"埋头苦干、任劳任怨"的奋斗精神。它诠释了劳动者在劳动关系中体现的实干精神、效率意识、奉献意识、自觉意识等劳动态度。这种劳动态度具体表现为：劳动者要树立"空谈误国、实干兴邦"的务实精神；劳动者要发扬"立足本职、真抓实干"的吃苦耐劳品质；劳动者要坚信"一勤天下无难事""功崇惟志、业广惟勤"的价值理念，克服不劳而获、"等靠要"等懒人思想。

（2）辛勤劳动是立身之本

辛勤劳动是新时代青年持续奋斗的立身之本和成功保证。习近平总书记指出，在工作中增长才干、练就本领，以真才实学服务人民，以创新创造贡献国家。青年人要将辛勤劳动作为立身之本，用辛勤劳动服务社会、服务人民，获得社会的认可。

（3）辛勤劳动是奋斗之舞

今天中国取得的伟大历史成就是一代代青年人用勤奋努力换来的，同样需要当代青年人不断奋斗，付出更加艰苦的努力、辛勤的劳动，才能不断攻坚克难、劈波斩浪，化解前进道路上的风险与困难。对于肩负民族复兴重任的青年人来说，奋斗是青春最亮丽的底色，每个为人民服务的行业和岗位都是施展才华、竞展风采的广阔舞台。

4.诚实劳动

诚实劳动既是劳动精神的重要底色，也是大学生恪守的精神底线。

（1）传统文化中的诚实劳动

中华民族自古就非常重视诚实。诚实是中华传统美德之一，古人云"诚者天之道也；思诚者，人之道也"，诚实不仅是一个人内在修养的道德，更是市场经济社会中最必不可少的品质。诚实一直以来不仅是治国之道、人与人交往之道、经营之道、为人处世之道，还是一个人安身立命的根本。诚实劳动就是要广大群众做无愧于心的诚实的劳动者，不仅于人无损，还要于国有益。每一个劳动者都要在自己的岗位上脚踏实地、竭尽全力做好自己的本职工作，不弄虚作假，不做损人利己的事。一方面能够有效率地完成自己的工作，实现自己的价值；另一方面也能够获得他人尊重，从而齐心协力、团结劳动，提高整个社会的劳动效率，不仅为自己创造了丰富的物质财富和精神养料，还汇聚了诚实劳动的社会正能量。

（2）法律范围内的诚实劳动

诚实劳动是指在法律范围为自觉践行职业道德规范，严格工作标准，坚持初心、恪尽职守，实事求是地认识和对待劳动过程和劳动成果，是辛勤劳动的升华，它表明了劳动者在劳动关系中体现的责任意识、诚信意识、担当意识、合作意识等劳动态度。这种劳动态度具体表现为：劳动者要培养法治意识、法规意识，在法律法规许可的范围内从事有益于国家和社会发展的体力和脑力劳动，抛弃偷奸耍滑、自作聪明、一夜暴富等错误思想；劳动者要注重权利和义务相统一，不能一味地求取而不履行作为公民应尽的义务，要彰显新时代劳动者的责任意识和担当精神；劳动者要自觉自愿营造和谐温馨、互帮互助、团结协作的劳动氛围。

（二）劳动精神的时代价值

崇尚劳动、热爱劳动、辛勤劳动、诚实劳动的劳动精神，将劳动实践淬炼升华，使之成为中国精神的时代表征，成为新时代精神文明建设的重要支点，促进劳动者的自由全面发展，激发劳动者蕴藏的巨大精神力量，用劳动精神补钙铸魂强筋骨，凝心聚力促发展，在全面建设社会主义现代化国家新征程上创造新的时代辉煌，铸就新的历史伟业。

1.实践性是劳动精神的价值属性

人民是历史的创造者，人民的劳动创造着社会发展所需的物质财富和精神财富。劳动精神是反映马克思主义时代精神的精华，是人民力量在劳动实践中的能动转化。它深化了广大劳动者对劳动的理性认识，传承了中华优秀传统文化中的劳动观念，生动展现了我国工人阶级和广大劳动群众在实现中国梦伟大进程中拼搏奋斗、争创一流、勇攀高峰的时代担当和积极作为。同时，劳动精神坚持和维护人民的主体性，激发人的创造力、想象力、意志力等实践能力，是人本质力量的确证和自我价值的展现。弘扬劳动精神，就是构造劳动认同，尊重人民在劳动中的主体地位，肯定人民在劳动中发挥的巨大作用，肯定劳动人民的实践价值。

2.劳动幸福是劳动精神的实践价值指向

劳动是一切幸福的源泉。正是由于劳动，人类得以从现实的存在样态向人的自由自觉的类本质复归，这是实现美好生活的最高价值指向。弘扬劳动精神，让劳动不再单纯地作为谋生手段，而是作为促进人自由全面发展的实现途径。人们在劳动的过程中释放人的能动属性，澄明人的本质，实现人的自我确证，从而真正实现人对幸福的永恒追求。弘扬劳动精神，追求人的自由全面发展，是马克思主义幸福观的最新表征。

劳动是物质财富和精神财富的创造活动，是一切幸福的源泉。一方面，劳动把人与外在的客观世界相连接，将人的本质力量作用于客观物质世界，不断改变客观世界，创造丰富的物质财富，提高人的生活水平，满足人的物质需求。另一方面，劳动使人的本质力量得以释放，在劳动的过程中创造丰硕的精神成果，满足人的精神文化需求。劳动是实现幸福的途径，不弃微末，久久为功，幸福必将属于劳动者。

3.社会主义现代化建设是劳动精神的价值旨归

劳动精神是推进中国特色社会主义现代化建设的重要抓手。推动社会发展必须依靠广大劳动者砥砺奋进、锐意进取；实现复兴蓝图，必须通过广大劳动者诚实劳动、真抓实干；弘扬劳动精神，让崇尚劳动、热爱劳动、辛勤劳动、诚实劳动的劳动精神在全社会蔚然成风。只有这样，才能充分释放人民群众的创造力，使人民群众焕发劳动热情，激发蕴藏在人民群众内部的巨大潜能，用劳动精神凝魂聚力，强基固本，引领新风尚，开启新征程，助力社会主义现代化建设。

（三）弘扬劳动精神

劳动是创造价值的唯一源泉，劳动精神是劳动者在创造美好生活的劳动实践中所秉持的马克思主义劳动观及呈现的精神风貌。我们应当大力弘扬劳动精神，用劳动创造美好生活，用创新引领社会发展，用奋斗体现人生价值，奋力奏响社会主义的劳动者赞歌，全力谱写中国特色社会主义建设新篇章。

1.擦亮劳动创造美好生活的价值底色

劳动不仅是谋生手段，更是一种生活需要，是人类社会前进的根本动力，也是创造美好生活的重要途径。大力弘扬劳动精神，需要坚持劳动创造美好生活的价值取向，激励人民群众在平凡岗位上成就伟大事业。

人民创造历史，劳动创造未来，广大人民群众是社会前进的主体力量。我们应充分发挥人民群众的主体性作用，把人民群众对美好生活的向往同中华民族伟大复兴的中国梦结合起来，激发广大人民群众投身于经济社会发展工作，以平凡的劳动铸就不平凡的业绩，汇聚中国特色社会主义建设的磅礴伟力。

2.彰显创新引领社会发展的时代本色

创新是当今时代的主旋律，抓住创新这个核心，就抓住了牵动经济社会发展的"牛鼻子"。创新本质上是一种劳动实践，是推动经济社会发展的一种创造性劳动。大力弘扬劳动精神，需要始终坚持创新引领社会发展的前进方向，推进创造性劳动的加快发展，引导人民群众在创造性劳动中促进社会进步。

创造性劳动是衡量社会活力的重要标准，是人类生存发展的根本性要素。人的主体性力量发挥和人的能动性展现，归根结底是创造潜能的释放。实践反复证明，人民群众才是创新的主体，拥有无限的创造潜能。我们应当充分发挥人民群众的创造潜能，注重在劳动实践中发现和培育创新创造人才，实行物质和精神双重激励。同时，促进广大人民群众发扬工匠精神，立足工作岗位创新创造，深入推进理论创新、制度创新、科技创新和文化创新，全面释放亿万人民群众的创造活力和无穷智慧。

3.增强奋斗体现人生价值的生命成色

劳动是幸福的源泉，奋斗是梦想的阶梯，幸福的人生是靠劳动来书写的。任何劳动成果都不是凭空而来的，都需要依靠辛勤的努力奋斗。我们应当传承艰苦奋斗的优良传统，把奋斗贯穿于自己的学习、工作和生活之中，让奋斗成为人生永不褪色的主题，用踏实的劳动丰富人生经验、实现人生目标、彰显人生价值，为党和国家的繁荣发展贡献力量。因此，我们要知道，奋斗是梦想成真的最优途径，是人生价值的最好展现。大力弘扬劳动精神，需要明确奋斗体现人生价值的未来导向，坚定刻苦奋斗的人生追求，汇聚奋斗伟力，在刻苦奋斗中实现人生价值。

三、培育劳模精神

习近平总书记在同全国劳动模范代表座谈时指出："长期以来，广大劳模以平凡的劳动创造了不平凡的业绩，铸就了'爱岗敬业、争创一流、艰苦奋斗、勇于创新、淡泊名利、甘于奉献'的劳模精神，丰富了民族精神和时代精神的内涵，是我们极为宝贵的精神财富。"习近平总书记所概括的这二十四个字，构成了劳模精神的丰富内涵。

（一）劳模精神的核心内涵

爱岗敬业、争创一流、艰苦奋斗、勇于创新、淡泊名利、甘于奉献的劳模精神，是劳动模范在生产实践中职业素养、职业能力、职业品质的生动写照。其中，爱岗敬业、争创一流，是指以尊重、恭敬的态度来对待自己的岗位，热爱自己的工作，通过自身努力去争取更优异的业绩。艰苦奋斗、勇于创新，是指克服艰难困苦，坚持不懈为达到目标而努力，敢为人先、突破常规。淡泊名利、甘于奉献，是指心甘情愿、默默坚守、全身心地工作，不追求功名和私利。

1. 爱岗敬业

爱岗是指热爱自己的工作岗位，热爱本职工作。人生的大部分时间都是在工作中度过的，工作岗位没有高低贵贱之分，没有价值大小之别，它是实现人生价值的第一舞台，只有对自己所从事的职业饱含热爱，才能从事业的奋斗中获得最大的快乐和满足，在平凡的岗位上做出不平凡的业绩。敬业是指要用一种恭敬、严肃的态度对待本职工作，做到对自己的工作极端负责。敬业作为现代人的必备素质之一，是对职业道德的最好阐释。与以往时代相比，现代社会知识更新越来越快，社会分工也更加精细化，在有效提高生产效率的同时也给我们带来了更加严峻的挑战，任何环节出现问题都可能造成无法弥补的损失。

由此可见，作为一种职业道德，爱岗敬业蕴含着职业人员对社会必要性和现实性的尊重，爱岗是敬业的基石，敬业是爱岗的升华，培育和发展爱岗敬业精神对于一个国家经济、社会和文化等的发展起着越来越重要的作用，它既是发展中国家走向现代文明的必要条件，同时也决定着一个国家和民族在未来竞争中能否持续兴旺发达，是已经步入现代文明的发达国家持续前进的内在动力。爱岗敬业是当代中国劳模精神的基础，是身处工作岗位的每一个人最基本的道德素质和要求，是动员、凝聚、鼓舞和推动社会发展的无形力量。

2. 争创一流

争创一流作为一种昂扬向上的精神风貌，是指不断超越自我，创造优异的工作业绩，是走在时代前列的刻度和标志。劳动模范是充满活力的，他们身上总是有着善于"比"敢于"拼"的干劲和勇气，永不满足于原有状态，在高起点上继续求高，在新起点上继续求新，顺应时代潮流，勇于走在前列。争创一流的精神始终将追求最优作为人生目标，力图把工作做到最好，这种积极奋发的精神状态可以激发人的内在动力，挖掘人的创新潜能和创造活力，积极进取、兢兢业业，干出一流业绩。

市场经济需要竞争，争创一流符合现代社会的主流思想，广大劳模以不能等待的危机感、不能拖拉的责任感、不能落后的紧迫感、不能退却的使命感，勇往直前、开拓进取，用一流的技术、一流的管理、一流的产品、一流的品牌、一流的服务、一流的信誉、一流的口碑，树立起行业标杆。我们要学习劳动模范，就要在日常的工作生活中始终保持开拓进取意识和创新意识，专业娴熟、技术精湛，用长远的眼光和开放的思维定一流目标，争当各个行业和岗位的排头兵。正所谓"劳而优则模"，以高标准、高目标要求自我的高尚情操，争创一流，是当代中国劳模精神的灵魂。

3.艰苦奋斗

艰苦奋斗是一种斗争精神，即不怕艰难困苦，英勇顽强地去战胜困难。艰苦奋斗是一种创业精神，即在与艰难困苦做斗争的过程中，奋发向上，锐意进取，辛勤创业。艰苦奋斗是一种献身精神，即为国家和人民利益乐于奉献、勇于献身。

（1）敢于吃苦

《孟子》有云："天将降大任于斯人也，必先苦其心志，劳其筋骨，饿其体肤，空乏其身，行拂乱其所为，所以动心忍性，曾益其所不能。""苦味"在国人心中的含义，大部分都与"励志"有关，不管是勾践卧薪尝胆，每天用"苦味"提醒、鞭策自己，还是"良药苦口"，国人很早就明白，"吃苦"是一件好事。其实，这些苦是相对于普通、平常、正常而言，是比正常人付出的更多、更重一些。有些苦是必须吃的，今天不苦学，少了精神的滋养，注定了明天的空虚；今天不苦练，少了技能的支撑，注定了明天的贫穷。为了日后的充实与富有，苦在当下其实很值得。

（2）勤于奋斗

正是因为有了艰苦的经历，人才能得到磨砺。不经历艰苦，人格很难提升。面对困难和逆境，不要消极悲观，不要哀叹，不要消沉，而要将其看作磨炼心志的绝佳机会，正面面对，勇敢挑战。"千里之行，始于足下"告诉我们：理想的实现需要每个人从我做起，从现在做起，从平凡做起。习近平总书记说："新时代是奋斗者的时代，幸福都是奋斗出来的。"我们只有把握今天，珍惜今天，用理想作纸，用勤奋作笔，才能抒写壮丽的青春，为人生增添光彩。

（3）勇于开拓

从古至今，一个国家、一个民族，在强国富民的创业过程中，靠的就是艰苦奋斗、勇于开拓。在瞬息万变、不断涌现颠覆性创新的信息时代，一个人乃至一个企业应该如何改变命运？我们每一个普通人在这个竞争激烈的社会里，都应兢兢业业地对待工作。我们迷恋的不是辛苦的工作，而是辛苦工作中那一点点创造的可能性，它带给我们自豪，让我们一次又一次地感受更为广阔的世界。

4.勇于创新

勇于创新是劳模精神中"模"属性的闪光点，大学生应该学习劳模勇于创新的精神。

（1）始于梦想

没有目标的生活，犹如没有罗盘的航行；没有梦想的生命，犹如没有色彩的春天。一方面，梦想引领航向。从古至今，无数美好愿景为人类发展指明了方向，从"愚公移山""大禹治水"等神话传说到"天堑变通途""高峡出平湖"等伟大创造，从追求宽裕殷实的"小康"生活到基本实现现代化，无不体现了梦想的意蕴。另一方面，梦想激发斗志、凝聚力量。无论是浴血奋战的革命时期，还是艰苦创业的建设年代和波澜壮阔的改革年代，梦想都是保持生机、激发活力的源泉。进入新时代，人民群众对美好生活的需要日益增长，从吃得饱到吃得健康，从穿得暖到穿得讲究，从安居乐业到天蓝、地绿、水净等，无数个不断生长的梦想与时代偕行。用劳模的优秀品质引领社会风尚，用劳模的精神激励我们坚守信念、立足岗位、开拓创新、建功立业。

（2）成于实干

习近平总书记指出："建成社会主义现代化强国，实现中华民族伟大复兴，是一场接力跑，我们要一棒接着一棒跑下去，每一代人都要为下一代人跑出一个好成绩。"回首新中国走过的几十年风风雨雨，劳模精神展示了中华民族顽强拼搏、自强不息的崇高品格，体现了伟大民族与时俱进、开拓创新的精神风貌。每次灾害来临，总有劳模的身影，在没有硝烟的战场谱写了一曲曲人间大爱。数以万计的劳动模范用智慧和汗水，为祖国创造了巨大的物质财富，更为我们树立了榜样。

（3）与时俱进

产业结构变化、社会分工细化，不会改变劳动是创造价值的唯一源泉。科技和互联网的日益发展正在改变人们的生活方式和思维方式。增强克服恐惧的能力，就要不断地在实践中发现不足，弥补短板。我国经济从高速增长进入高质量发展阶段，需要更多知识型、技能型、创新型劳动者，也为劳动者、奋斗者实现人生出彩搭建了广阔的舞台。只有敢于走出舒适区的人，才能不断得到提升。创新精神是劳模精神的重要内核。创新始于足下，创新不问出身，创新要有方法，不怕艰难，才能取得成功。敢于创新、勇于开拓，不断创新方法、手段、工艺，才能给国家、社会、企业创造新的价值。

5. 淡泊名利

淡泊名利是做人的一种好心态，做人要正确对待名与利。人生需要奋斗，既要得到物质财富，也需要得到精神财富。心静贵在淡泊名利，做人应该节制物欲精神上的追求，增强自律，做最好的自己。

（1）踏实做人

一个踏实的人，不管做什么事情，必然会有条不紊，把事情一件一件都落在实处。踏实的人不投机取巧、不损人利己，踏实做事是成功的最佳捷径。达·芬奇画出的鸡蛋不是一次次乱涂鸦，在失败时，他脚踏实地认真练习，审视自己的不足，苦练基本功，终成赫赫有名的画家。越王勾践在遭遇失败后并没有心灰意冷，他明白成功不会一蹴而就，需要的是脚踏实地的作风，于是才有了"苦心人天不负，卧薪尝胆，三千越甲可吞吴"的神话。踏踏实实做事，实实在在做人，就会有实实在在的收获。社会的发展与进步需要的是那些踏踏实实做事、实实在在做人的人。同时，精准定位、实在做人，是每个人走向成功的最好选择。

（2）励志做事

淡泊名利是一种学会控制自我的人生大智慧。淡泊并不是力不能及的无奈，也不是心满意足的自赏，更不是碌碌无为的哀叹，淡泊是超脱世俗的诱惑和困扰，实实在在地对待一切，豁达客观地看待一切。淡泊名利的人在意的是还未取得的成果，而非已经取得的成绩。诸葛亮曾说："非淡泊无以明志，非宁静无以致远。"太多的人在互相攀比和竞争名利中迷失自己，成为金钱的奴隶。权力是一时的，金钱是身外的；身体是自己的，做人是长久的。淡泊名利的人是谦虚的人，要明白"尺有所短，寸有所长"的道理；淡泊名利的人胸怀宽广，在人与人之间发生摩擦时，在坚持原则的基础上，能够以谦和的态度对待他人。淡泊名利是做人的一种好心态，一个人怎样才能做到淡泊名利呢？靠的是人生理想和志向，靠的是拼搏精神和顽强毅力。人生要奋斗，要拒绝诱惑，更要有自律精神。做人要坚定不移地走自己的路，做最好的自己，有了这个信念，才能追求自己的人生理想不被物欲所迷惑。

6. 甘于奉献

甘于奉献是劳模精神的标志，是劳模精神鲜明的属性。

（1）一争一让

在工作上"争"，是进取心的表现、责任心的体现；在名利上"让"，既是内心的淡泊明志，也展现了品德的谦逊无私。"争"要争对地方，争在工作上、表现上、干劲儿上，人生就会充满正能量。"让"同样如此，让出虚名、让出私利，人生就能更加纯粹而崇高。积极的人生态度，是迈向成功的跳板。人生的方向是由"态度"来决定的，其好坏足以左右我们构筑的人生的优劣。因此，我们要保持清醒，始终树立积极的人生态度。有的人对争名夺利很来劲儿，对待工作却不用心、很没劲儿；有的人只图享受不想奉献，工作能少干就少干，待遇能多得就多得，这些都不是正确的价值取向。对青年人而言，扣好人生"第一颗扣子"，就要树立正确的价值取向，走捷径、图虚名终究靠不住，唯有脚踏实地、经受历练，方能成就自我。

（2）敢于担当

敢于担当，体现的是一种高度自信、自省、自警、自律的精神，内部隐含的更是一种直面困难、锐意进取、追求卓越、精益求精的作风。敢于担当，意味着平庸、低能、拖沓、懒散都与我们绝缘，高标准、严要求才是每个劳动者的正确选择。强化责任、敢于担当，关键是树立主动负责的态度。立足本职岗位，发挥先锋引领作用，需始终坚持精益求精、创优争先的工作态度，用一流的道德素养、业务技能和工作业绩发挥模范带头作用。在做好本职工作、推动任务落实中当标杆、作表率。

（3）乐于奉献

我们在岗位上所做的一切，不仅是对自己的一种考验，也是实现个人价值的过程。但总有一部分人急于追求功名，缺乏扎根一线的耐心。有的人怕吃苦、怕劳累，天天抱怨工作辛苦、薪水太少；有的人不求上进、安于现状，做事偷工减料；有的人善于在领导面前表现，大搞形式主义等。"万丈高楼平地起""甘于奉献，不求回报"，这种"披肝沥胆为工作"的伟大精神启迪了一代又一代中国人。

（二）劳模精神的时代价值

劳模精神是劳动者代表所实践的思想精神和行动范式，具有重要的时代价值。

1.劳模精神是马克思主义劳动观的生动体现

马克思对具有社会历史属性的"劳动"进行了深入剖析，认为在人从自然界分化出来演化成自然人，再进而成为社会人的过程中，劳动发挥着决定性的作用。劳动解放人可以进一步理解为劳动解放人的社会关系，推动不合理的社会关系发生变革，从而使人获得社会关系的解放。社会主义制度下的劳动真正体现出劳动者的自主性，劳动者通过自己的劳动肯定自己，在劳动中感受幸福，在劳动中体现人与人的平等关系，这为劳模精神的产生与发展提供了重要土壤。马克思主义劳动观深刻反映了中国工人阶级和广大群众通过劳动在价值创造中的积极作用，为我们继承和弘扬劳动者伟大的劳动价值精神提供了理论支撑。劳模精神是社会主义劳动者在劳动中推动社会发展和实现精神文明的产物，中国特色社会主义开辟了社会主义在中国发展的独特进程，而劳模精神在这一进程中不断焕发出强大的生命力、创造力、战斗力、感染力、凝聚力、影响力，成为中华民族宝贵的精神财富，在中华民族站起来、富起来、强起来的伟大历史进程中发挥着不可替代的重要作用。

2.劳模精神是我国优秀传统劳动文化的时代结晶

回顾灿烂的中华文明史，中国人民劳动精神的形成与劳动人民的生产和生活实践以及中华民族崇尚劳动的传统文化密不可分。在我国传统文化中，一向推崇对劳动实践的认同、对劳动精神的传承、对劳动文化的传播。远古时代的燧人氏钻木取火、神农氏教民稼穑、大禹治水的劳动故事流传至今。明朝时期宋应星所著的《天工开物》收录了农事、手工制造，诸如机械、兵器、火药、纺织、染色、制盐、采煤等技术，集中体现了古代劳动人民在自然科学、工业制造等方面的劳动创造和发明成就。中华儿女用辛勤的劳动创造了中华灿烂的历史文化，造就了中国人朴实、勤奋的优秀品格。这一品格始终贯穿于社会生产的发展和实践当中，不断推动生产力的进一步发展，艰苦奋斗、甘于奉献、不为名利的劳动精神也在历史文化中熠熠生辉。我国优秀传统劳动文化为劳模精神的形成注入了民族文化基因，让劳模精神成为创造民族辉煌的根本力量和推动民族继续向前发展的精神支柱。同时，劳模精神又是对中华优秀传统文化中崇尚劳动精神的继承与阐发。

3.劳模精神凝聚建功新时代的磅礴伟力

2018年"五一"国际劳动节，习近平总书记在给中国劳动关系学院劳模本科班学员回信中提出："希望用你们的干劲、闯劲、钻劲鼓舞更多的人，激励广大劳动群众争做新时代的奋斗者。"劳动模范是"干出新时代"的排头兵，是践行"实干兴邦"的楷模。激励广大劳动群众争做新时代的奋斗者，就是要让实干担当在新时代蔚然成风，让改革创新在新时代焕发活力，让精益求精在新时代落地生根。只要我们持之以恒地弘扬劳模精神，充分调动起广大劳动人民的积极性、主动性和创造性，就一定能最大限度地点燃起人们饱满的奋斗热情，从而为建功新时代、实现中国梦、凝聚起磅礴的中国力量。

4.劳模精神昭示新时代劳动教育的价值取向

习近平总书记在全国教育大会上强调："要在学生中弘扬劳动精神，教育引导学生崇尚劳动、尊重劳动，懂得‘劳动最光荣、劳动最崇高、劳动最伟大、劳动最美丽’的道理，使其长大后能够辛勤劳动、诚实劳动、创造劳动。"这既是对广大学生涵养深厚劳动情怀的谆谆嘱托，更是对未来劳动者的殷切期待，昭示着新时代劳动教育的价值取向。劳动模范是每个时代劳动精神的典型标杆，是引导广大学生培育践行社会主义核心价值观的宝贵财富和有效参照。应充分发挥劳动模范先进事迹和优秀品质的感召作用，让青少年有机会近距离接触劳动模范、聆听劳模故事、感受劳模精神，在实践中体验劳模精神，在磨炼意志和增长才干中感受劳动的乐趣和价值，从而培育辛勤劳动、诚实劳动、创造性劳动的精神气质。

（三）弘扬劳模精神

伟大的时代需要伟大的精神，伟大的精神要靠劳动创造去体现，劳模是时代的精神符号和力量化身，时代的进步需要劳模精神的支撑。劳模的成就之路给了我们以劳动为生存之基、立身之本的正确导向，在中国特色社会主义伟大事业的建设中，我们应当自觉弘扬劳模精神，争当新时代劳模，引领社会风尚。

1.弘扬劳模精神，涵养劳动情怀

情怀是情感和胸怀的总称，劳动情怀是指人们在长期实践中形成的对劳动这一历史范畴所持有的强烈情感和内在心境，是关于人们的劳动态度、劳动情感、劳动品德、劳动习惯、劳动价值观等内容的总称。具体来说，劳动态度往往直接体现在人们的主观评价与行为模式中，表现为人们对于劳动表现出尊重或鄙视的相对稳定的直接心理倾向。劳动情感与劳动态度中的内心感受、意向具有协调一致性，这是对人们基于情感需要满足的程度而形成的对劳动的良性心理体验和情感依赖关系。劳动品德是人们依据一定的道德行为准则在劳动过程中所表现出来的对他人、对社会的稳定的心理特征或倾向。劳动习惯是人们在反复劳动训练中长久养成的劳动行为方式，它不仅反映了人们是否形成了劳动的潜意识自觉，而且反映了人们的劳动行为是否合乎规范的潜意识自律。劳动价值观是人们在实现个人愿望、满足自身需要时对劳动的价值定位，既反映自身心理诉求，也直接影响本人的实践路径，还决定了其劳动价值的最终归属。

高尚的劳动情怀是高素质劳动者应有的素养和价值态度，也是全面发展的人所应有的内在品质，更是优秀的社会主义劳动者应有的内在心境。只有具备高尚劳动情怀的人才会有积极的劳动自觉和主动的价值创造，才能真正体验到劳动所带来的快乐，获得劳动幸福。时代的进步需要劳模精神的支撑，在中国革命、建设、改革各个时期涌现出来的劳动模范已成为社会最具有时代精神的公众人物，他们对劳动的地位有着理性的认知，追求劳动平等，倡导劳动自由，注重培养劳动技能，树立劳动光荣理念，尊重劳动创造，热爱劳动人民，具有高尚的劳动情怀。我们要学习劳模精神，理解劳动模范的劳动情怀，以劳动模范为榜样，涵养劳动情怀。

2. 弘扬劳模精神，掌握劳动本领

受传统观念和社会大环境的影响，人们对于脑力劳动和体力劳动有着严格意义上的区分，致使社会普遍出现重视脑力劳动、轻视体力劳动的现象。例如孟子主张"劳心者治人，劳力者治于人"，认为读书的目的就是要成为"劳心者"，认为体力劳动是简单机械的，将从事体力劳动视为低人一等的行为。现代社会的很多家庭也认为学生成绩好的目的就是要摆脱体力劳动，过上富足的生活，不忍心让子女苦受累，认为孩子做家务会挤占学习时间，淡化了对子女的劳动教育，使一些青少年四体不勤、五谷不分，缺乏脚踏实地的务实性。广大劳模以"干一行爱一行，专一行精一行"的工作态度，身体力行地向我们阐释了劳动没有高低贵贱之分，只有社会分工之别，不经过实实在在的劳动，不练就高强的本领才干，很难产生真正的劳动情感和吃苦耐劳的优秀品质，也很难适应新时期发展的需要。习近平总书记指出："一切劳动者，只要肯学肯干肯钻研，练就一身真本领，掌握一手好技术，就能立足岗位成长成才，就都能在劳动中发现广阔的天地，在劳动中体现价值、展现风采、感受快乐。"我们应当在自己的专业领域积累知识经验，提升自己的业务技术能力，进而成长为干一行精一行的行家里手。

3. 弘扬劳模精神，提高劳动素养

随着全球化、信息化、网络化的迅速发展，人们在享受到诸多便利的同时也产生了很多问题，许多错误的思想观念乘虚而入，部分青年的理想信念不断弱化、进而形成突出的社会问题，人们在思想养成上面临挑战与危机。"功崇惟志，业广惟勤"，理想指引人生方向，信念决定事业成败。崇高的理想信念是事业和人生的灯塔，指引着我们的方向和立场，也决定我们的精神状态和实际行动，直接关系着人生目标的选择、人生价值的实现。然而，当下很多人缺乏崇高的理想信念，不能以认真的态度对待人生，缺少直面困难和问题的勇气，得过且过、放纵生活、游戏人生，甚至误入歧途，还有部分人缺乏科学的人生态度，好高骛远、空谈理想、眼高手低、浅尝辄止，最终脱离实际、一事无成。可见，笃志、力行在功业成败中起着关键性的作用。理想信念正如我们身体里的"钙"一样重要，没有崇高的理想信念，就会导致精神上的"软骨病"，人生勇气、意志与毅力都会出现严重问题，从而使人极易受到各种不良思想行为的诱惑、误导、传染，难以在时代洪流中成为中流砥柱，甚至被时代洪流所淘汰。坚定的革命信念和理想人格是广

大劳模自我升华、良好发展的重要途径，是实现人生价值的精神支柱。我们应当弘扬劳模精神、学习劳动模范，在精神上补充足够的"钙"，始终保持朝气、锐气，脚踏实地、乐观自信地书写人生新章。

四、弘扬工匠精神

工匠精神是职业精神的重要组成部分，是劳动者重要的精神属性。近年来，工匠精神受到广泛关注，培养大学生工匠精神也成为高校重要的教育目标之一。

（一）工匠精神的基本内涵

执着专注、精益求精、一丝不苟、追求卓越的工匠精神，不仅仅是高技能人才群体特有的品质，更是广大劳动者心无旁骛钻研技能的专业素质、职业精神。其中，执着专注是指对某一技能专心致志、慎终如始、坚持不懈，这是思想层面的要求。精益求精是指在既有成绩基础上仍然严格要求，是技艺、产品、质量、境界不断提升的过程，这是操守层面的要求。一丝不苟是指做事严格认真、坚韧不拔，这是作风层面的要求。追求卓越是指永不自满、永不停滞，追求极致完美的态度和行为，这是品质层面的要求。对于大学生来说，深刻认识工匠及工匠精神的重要理论与实践意义，对于大力弘扬工匠精神，对于个人职业发展和国家经济社会发展具有重要的意义。

1.执着专注

执着专注是对事业的珍视与坚持，是实现个人发展和人生价值的定力所在，也是各行各业厚积薄发、实现持久发展的重要保障。无论做什么样的工作，做任何事情，只要能够坚持自己的理想和志向，对事业保持几十年如一日的热情和坚持，不怕吃苦，甘于奉献，就能在很大程度上完成既定目标，取得优秀的成绩，甚至实现被他人认为难以企及的目标。

当今世界正经历百年未有之大变局，我国发展的内外部环境日趋复杂，难以避免出现诸多困难和挑战。在这样的环境下，实现建设社会主义现代化强国的目标，必须大力弘扬执着专注的工匠精神，以优秀工匠的事迹激励人们，持久专注于工作，保持干事创业的定力和韧性。每个人对工作和事业的执着专注所形成的强大合力，必将托举起各行各业的持续发展，最终汇聚为推动实现高质量发展的磅礴力量。

2.精益求精

精益求精就是追求质量无止境、服务无止境、努力无止境，以追求完美的工作态度，肯下苦功夫，强调慢工出细活，不断推出更高质量的产品和服务。学习精益求精的工匠精神，就是要干一行专一行，重细节、追求完美，通过高标准的工作模式和严格科学的工作方法，致力于生产质量过硬、口碑出色的产品。

我国实现高质量发展，意味着各行各业都要把生产高精尖产品和提供精细化服务作为重要的价值追求。实现这样的目标，必须秉持追求完美的工作态度，弘扬精益求精的工匠精神，生产质量过硬的产品，提供口碑出色的服务，不断提高国内产品和服务的国际竞争刀。

雄厚的专业技术技能是实现精益求精的基础，这意味着劳动力素质的提高是各行各业精益求精不断进步的前提。践行精益求精的工匠精神，各行各业的劳动者都应致力于自我提升，以严谨认真、追求完美的态度不断提高自身专业能力，努力成为推动高质量发展的合格建设者。

3. 一丝不苟

一丝不苟是对工作作风的重要评价标准。作为社会主义事业的建设者，每一个人对工作都不能有丝毫懈怠。"差之毫厘，谬以千里"，小小的疏忽有可能导致巨大的损失，甚至造成不可挽回的局面。步入高质量发展阶段，我国发展前景整体向好，但也面临不少困难和挑战。各行各业的工作者一丝不苟地开展工作，才能把干事创业的风险降到最低，效益做到最大，推动社会主义现代化事业扎实走好每一步，为建设质量强国奠定坚实基础。

做到一丝不苟，应树立高度的责任意识。"大国工匠"们能在自己的本职岗位上把一件事反复做、用心做，把反复做的事做到极致精准，做到"零误差""零次品"，这离不开对事业的尊重、对工作的负责。把责任看得重于泰山，才能在工作中兢兢业业，精益求精，尽全力做好每一个细节。做到一丝不苟，工作中必须按照规则、标准和制度办事，并能够主动根据标准制定好长短期目标和阶段性规划，有条不紊地付诸实施，让一丝不苟融入血液，形成习惯。

一丝不苟不是刻板固守，其重点是发现问题和解决问题。我们要善于在工作中发现问题，挖掘问题的根源，并积极提出解决问题的好办法，尽全力做到"无差"，才能创造出经得起检验的实绩。

4. 追求卓越

追求卓越是工匠精神的灵魂，是指在工作中总是寻求"更上一层楼"的过程。要实现"更上一层楼"，意味着在一丝不苟、脚踏实地工作的同时不甘于平庸，而是目标远大，希望通过努力实现登峰造极的结果；意味着勇于尝试、敢于挑战，致力于通过不断革新、不断突破，追求更加精益求精的目标。追求卓越，关键在于不断创新，通过创新获得新的支艺、生产更好的产品。习近平总书记指出："创新是一个民族进步的灵魂，是一个国家兴旺发达的不竭动力。"大力倡导追求卓越的工匠精神，就是要广泛培养各行业劳动者的创新意识，最大程度激发人民群众的创新才能，在各领域不断取得技术突破和整体提升。

新中国成立以来尤其是改革开放以来，不断创新、追求卓越已成为建设社会主义现代化强国，实现中华民族伟大复兴中国梦的关键推动力。实现高质量发展，更需要面向世界、面向未来，坚定追求卓越的目标取向，倡导勇于探索的新精神，全方位培养创新意识，激发广大人民群众的创新才能，为"中国智造"打下坚实的基础。

劳动视野

认识工匠

工匠的出现几乎与人类的历史一样久远。制造工具最初是把自然之物通过人类的加工使其成为能够打猎或捕鱼的工具，将自然的石块、动物骨头等加工成工具，就是最初的手工艺，这使得前人迈出了人猿相揖别的关键一步。因而手工艺劳动在起源意义上就是创造人类的劳动。手工艺劳动在起源意义上与人类的出现内在关联，同时还持续地创造着人类的生活。手工艺劳动不仅创造物质财富，而且创造美的享受。手工艺劳动从创造人类生活不可或缺的工具发展到满足人类对美的需求，从磨制石器到制作玉器，大大丰富了人类的生活。如陶工所制作的陶器从简单粗陋到不断精致化，使得陶器不仅具有实用价值，同时也具有美的欣赏价值。

在中国传统文化语境中，工匠是对所有手工艺（技艺）人，如木匠、铁匠、铜匠等的称呼。自古以来，任何一个从事手工艺劳动的工匠，都是以其毕生精力献身于这一手工艺领域的。换而言之，工匠就是从小学徒而终身从事某种手工艺的人。早在春秋战国时期，除农业之外的各种手工艺工匠已经形成规模，称为"百匠工的人，如铁匠、铜匠、建筑泥瓦匠工"。这些工匠能够"审曲面势，以饬五材，以辨民器"。随着工业化时代的到来，现代工艺已经从手工艺发展到机械技术工艺和智能技术工艺，技艺水平的发展也标志着人类文明的进步。中国自古以来就是一个工艺制造大国，无数行业工匠的创造是灿烂的中华文明的标识。在我国的工艺文化历史上，出现过鲁班、李春、季冰、沈括这样的出界级工匠大师，还有遍及各种工艺领域像庖丁那样手艺出神入化的工匠。

进入现代工业社会，伴随手工艺向机械技艺以及智能技艺转变，传统手工工匠似乎远离了人们的生活,工匠以新的面貌出现,即现代工业领域里的新型工匠,机械技术工匠和智能技术工匠。我国要成为世界范围内的制造强国,面临着从制造大国向制造强国的升级转换,对态度、技能的要求直接影响到工业水准和制造水准的提升,因而更需要将中国传统文化中所深蕴的工匠文化在新时代条件下发扬光大。

(二)工匠精神的时代价值

党的十九大报告指出,要"建设知识型、技能型、创新型劳动者大军,弘扬劳模精神和工匠精神,营造劳动光荣的社会风尚和精益求精的敬业风气"。工匠精神体现出劳动者精益求精、持之以恒、爱岗敬业、守正创新的高尚品德,是新时代劳模精神的重要载体。大力弘扬工匠精神,有利于建设创新型国家,也是建设质量强国和文化强国的需要。

1.工匠精神是创新型国家的需要

建设创新型国家是党和国家的重大战略方针,是我国基本实现社会主义现代化的重要指标。加快建设创新型国家,不仅需要强化基础研究、加强应用基础研究、加强国家创新体系建设、深化科技体制改革、倡导创新文化,还要培养造就一大批具有国际水平的战略科技人才、科技领军人才、青年科技人才和高水平创新团队,需要一大批实践技能突出、具有娴熟技术、善于解决实际问题的高技能人才。而我国高素质技术工人缺乏的现状,直接影响着制造业的快速发展。人才是创新实践的主体和主导者,具有工匠精神的产业工人是新时代建设创新型国家的生力军。在工业化时代,立足当下社会和经济环境,高素质技术工人需要在传统生产工艺的基础上不断创造新工艺、新技术,以提升生产效率和产品质量。创新是工匠精神的核心,它寓于普通劳动者挥洒汗水、默默奉献的劳动过程中。新时代大力弘扬工匠精神,是培育富有创新精神充满活力的产业工人队伍,稳步提升我国产业工人的整体素质,创造经济发展持续动力,加快建设创新型国家的重要举措。

2.工匠精神是质量强国的需要

质量体现了人类的劳动创造和智慧结晶,体现了人们对美好生活的向往。中华民族历来重视质量。千百年前,精美的丝绸、精制的瓷器等中国优质产品就已走向世界,促进了文明交流互鉴。如今,中国不断提高产品和服务质量,努力为世界提供更加优良的中国产品、中国服务。党的十九大报告多处提到了"质量",指出必须坚持质量第一,建设质量强国。从制造业来看,没有强大的制造业,就没有国家和民族的强盛。新中国成立以来尤其是改革开放以来,我国制造业持续快速发展,建成了门类齐全、独立完整的产业体系,有力推动工业化和现代化进程。然而，与世界先进水平相比，我国制造业仍然大而不强，在自主创新能力、资源和利用效率、产业结构水平、信息化程度、质量效益等方面差距明显，转型升级和跨越发展的任务紧迫而艰巨。这就需要作为无形的人力资本和生产力的工匠精神发挥提升产品质量的作用，在各个层面支撑质量强国战略的实施。工匠精神能够激励工人为提高产品设计、生产、销售和售后服务质量，实现高效率的生产流程和高性能产品而不懈努力，从而有利于最终形成品牌效应。弘扬工匠精神，是推进制造业质量升级、技术升级、产业升级，实现新时代从速度到效益、从旧动力到新动力的更迭转换，成为显著增强我国经济质量优势的积极举措。

（三）弘扬工匠精神

工匠精神是一种严谨认真、精益求精、追求完美的精神。工匠精神不仅表现为注重细节、精雕细琢、追求完美，而且还表现为与时俱进、勇于创新。从工业化历史进程看，几乎每一次引起产业变革的创新创造都离不开工匠精神，工匠精神催生了各行各业的探索者和发明家，推动科学技术和工业制造融合发展。在我国，工匠精神源远流长，创造了世界文明史上的众多奇迹。可以说，工匠精神是中华民族发展壮大的重要精神动力之一。近年来，在市场经济大潮的冲击下，有些地方和企业存在急功近利心理，忽视了工匠精神。实现高质量发展，必须大力传承和培育工匠精神。

1.树立匠心

树立匠心，既要弘扬优良传统，又要紧跟时代步伐、勇于开拓创新。一方面，加强宣传教育。从中华优秀传统文化中汲取营养，不断赋予其新的时代内涵，引导全社会深刻认识培育和弘扬工匠精神的重要意义，大力倡导尊重劳动、尊重知识、尊重人才、尊重创造的社会价值观，重视一线员工和专业技术人员的劳动，形成大力弘扬工匠精神的良好社会氛围。另一方面，完善制度机制。比如，可以建立健全评价机制，设立与工匠精神有关的奖项，评选奖励优秀一线员工和专业技术人员，引导人们在工作中精益求精。

2.培育技能人才

广大技能人才是工匠精神的主要传承者、实践者和创新者。近年来，随着工业技能培训事业的快速发展，我国技能人才队伍不断壮大，但仍然存在总量不足、结构有待优化等问题。培养壮大技能人才队伍，一方面要转变社会观念，提高技能人才的经济待遇和社会地位；另一方面要建立健全职业技术教育体系，发展高水平的现代职业技术教育，实行产教融合、校企合作的技能人才培养方式。企业应建立标准化、系统化的培训体系，为一线员工和专业技术人员提供培训和学习的机会，切实提高其职业技能；将工匠文化作为企业文化建设的重要内容，激发员工钻研生产技艺、不断创新创造的积极性，让更多的大国工匠脱颖而出。

3.打造民族品牌

只有打造更多优质产品、塑造更多中国品牌，中国制造业才能实现品质革命，跻身世界前列。打造精品不是简单的技术和管理问题，而是一项涉及多方面的系统工程。应当认识到，一切物质产品归根结底都是由人的双手创造的，任何一件精品的诞生都蕴含着严谨认真、精益求精、追求完美的工匠精神。打造精品，不仅需要注重改进制造工艺、提升管理水平，更需要一线员工和专业技术人员强化责任意识和职业操守，不断提升专业技能。应引导鼓励员工树立成为"中国工匠"的职业理想，将工匠精神体现到一件件精品上，在打造更多享誉世界的中国品牌中成就自己的精彩人生。

劳动视野

鲁班文化与工匠精神

鲁班，复姓公输，名般，春秋末期鲁国人。鲁班的成就很高，他在机械、农用器具、工用器具、建筑艺术等方面有很多发明创造，被称为土建、工匠的"始祖"。据记载，鲁成公时，楚人伐鲁，为平息事端，鲁国一次贿赂楚国木工、女缝工、布帛工各百人。鲁人有精良的丝织技术，"鲁缟"纤细轻薄，受到广泛赞誉。在对鲁国故城的考古发掘中，就发现了冶铜、冶铁、制骨和制陶等手工业作坊9处，说明鲁城内确有不少的手工业者聚集。鲁国手工工艺水平之高、手工业人数之众、技艺影响之大，由此可见一斑。鲁国普遍的手工工艺发展也需要一些技艺高超的指导者、管理者。西周以来，"工商食官"，到春秋时期，"同业相聚""父子相承"的情况仍然比较普遍，齐国管仲改革时，还曾强化并推行过这一制度，"工之子恒为工"是常见的现象。鲁班作为鲁国的"匠师"，可能就是这样的手工业管理者，也是技艺技能方面的佼佼者。

在不少典籍中，如《墨子》《礼记》《风俗通义》《水经注》《述异记》《酉阳杂俎》以及一些笔记、方志等都著录了不少鲁班的传说。人们为了表达景仰之情，将鲁班想象成具有神奇技艺和无穷智慧的"匠师"。在传说中，他造的木头鸟能飞、木头人能够劳动，他造的灯台点燃后可以分开海水，他的墨斗拉出线来就可以弹开木头，他可以在一夜之间建起三座桥等，木工、瓦工、石匠等许多行业都奉其为"祖师"，为他建庙奉祀。

鲁班是中国古代"大国工匠"的代表人物，鲁班文化根基深厚，内涵丰富。作为中国当之无愧的手工创造第一人，鲁班身上集聚着积极进取、巧技制胜、规矩立身、授业解惑、至善于人、创新垂法、博施济众等精神，在当下仍有重要启示。

放眼世界，但凡工业强国都是技师技工辈出的大国。近年来，人们越发认识到制造业对于国家经济命脉的重要性。在从制造大国向制造强国进军的征途中，我们需要一支素质优良、技艺精湛、具备工匠精神的高技能人才，这是支撑起中国创造的脊梁。进一步发掘、整理鲁班文化，不仅能够为方兴未艾的"鲁班工坊"提供学术文化支撑，也有助于大力倡导工匠精神。鲁班故里山东曲阜就具备弘扬鲁班文化的良好基础。2006年成立的曲阜市鲁班文化研究促进会在"鲁班传说"申遗保护、学术研究、鲁班纪念、中国曲阜鲁班文化节祭典等方面做了大量工作。鲁班与孔子、颜子一样，在鲁国故城内有庙宅合一的祖庙宅。这里的旧址早就被当地作为文物保护单位，为现在的规划预留了位置，现启动了恢复重建工作，集鲁班殿、鲁班博物馆、鲁班文化宫、鲁班研究院、鲁班奖颁奖大厅、鲁班广场"六位一体"的鲁班故里园基本完成，为大力弘扬鲁班文化具备了基础条件。

根深才能叶茂，清源才有活水，深入阐发鲁班文化，讲好鲁班的故事，对于促进文明交流互鉴也意义重大。鲁班工圣文化与孔子儒家文化都在东周时期的鲁国，二者可谓相映生辉，有助于帮助人们深层次理解和认识"德""艺"关系，也有助于立足于科技之上思考科技。儒家提倡的"至诚之道""择善固执""人一能之己百之，人十能之己千之"，鲁班身上承载的匠心、师道与圣德都是极其宝贵的精神遗产，为今天提供了丰厚的精神源泉。

> 自评自测

学生自测表

（根据掌握情况，在符合情况下打"√"）

内容	良好	较好	一般
劳动精神的内涵			
劳模精神的内涵			
工匠精神的内涵			

学完本讲，你有什么心得体会：

_____

劳动实践

寻找古诗词中的劳动

一、实践目标

通过查找文献，找到古诗词中关于劳动的诗句，加深对"三劳精神"的认识。

二、实践方法

查阅资料，摘抄有关劳动的诗句，谈谈心得体会。

三、实践实施

1.寻找关于劳动的诗句。

2.写下心得体会。

3.4—5人一组，进行小组交流。

四、实践成果

提交一份300—500字的心得体会。

五、知识链接

传统文化中的劳动精神

劳动精神是中华民族在创造历史中凝聚而成的精神品质。千百年来，黄河和长江以源源不断、生生不息的汗水滋润了亿万亩肥沃的良田，造就了中华五千年文明。我国古代劳动者正是在农耕过程中凝聚成愉快欢欣的精神状态、辛勤耕耘的精神品质、热爱劳作生活的精神面貌。"锄禾日当午，汗滴禾下土。谁知盘中餐，粒粒皆辛苦。"唐朝诗人李绅写的这首《悯农》，用词质朴，通俗易懂，朗朗上口。前两句形象地描绘了唐代人民辛勤农耕的场景，具有强烈的画面感。"锄禾"是劳动的过程，"汗滴"是劳动者劳动时状态的外在体现。后两句是中国传统的治家格言，用强烈的对比手法表达出了"尊重劳动者，珍惜劳动成果"的精神品质。将人们每天都接触的"盘中餐"与农民的辛勤汗水联系起来，"粒粒"指的是粮食，但也可比作农民的汗水，展现了农民在劳作过程中辛劳与朴实的精神。中华民族是勤劳的民族，人们在劳作过程中发现，只有辛勤劳动，才会收获丰厚的粮食。只有热爱劳动，才会享受到心情的愉悦。只有尊重劳动和珍惜劳动成果，才会有成就感和满足感。于是，辛勤的品质、热爱劳动的态度、尊重劳动和珍惜劳动成果的理念被众多劳动者所认可并流传下来，一代又一代劳动者言传身教，最终汇聚成广大劳动者共同的精神——劳动精神。

第4讲　了解劳动常识

学习目标

深入了解劳动组织、劳动制度、劳动安全、劳动权益。

劳动导学

掌握劳动知识是对新时代劳动者的要求

随着经济社会的发展，人类的劳动越来越社会化。今天，劳动分工越来越细，劳动之中的合作越来越密切。在这种情况下，劳动已经不是劳动者一个人的事情，而是劳动者与合作伙伴、客户、整个社会的交流。因此，劳动者有必要掌握一定的劳动知识，以此应对新时代劳动中所遇到的各种情况。也就是说，今天的劳动越来越趋于规则化，是越来越有序的劳动。

劳动者在从事劳动的时候，要对劳动常识有一定的了解，才能够更好地提升劳动效率、保护自身的权益。大学生作为社会的预备人才即将走入职场，因此，大学生了解劳动常识，对未来的职业发展非常必要。

一、劳动组织

现代社会中生活的人们，每天都要与形形色色的社会组织发生联系，劳动组织更是重要的组织类型。劳动组织是按照一定的劳动规范建立起来的，以为社会提供产品、服务为目的的组织，是劳动者工作于其中的组织。劳动组织具备一般社会组织的构成要素、特征、结构，也有正式组织和非正式组织的区分，同时，劳动组织一方面承接了一定的社会功能，另一方面也受到社会环境的影响。

（一）劳动组织的基本概念

劳动组织的含义有两种：一种是广义上使用的劳动组织概念，另一种是狭义的劳动组织概念。狭义的劳动组织基本上是生产力的概念。在生产力各个基本因素中劳动资料和劳动对象对于劳动者来说是客体，唯有劳动者自己是主体。而劳动组织就是研究如何把劳动的主体力量合理地组织起来，更好地发挥其作用。由于在生产力的结构中，劳动者是能动的因素，其他生产力要素都是由劳动者来运用和推动的，因而将劳动者如何很好地组织成为一个整体，对于生产力的影响无疑是很大的。

现代的劳动组织概念侧重于强调其组织性，认为劳动组织是一种集生产和管理于一体的有机体。我们认为劳动组织就是在合理的劳动分工的基础上，保证在安全生产和文明生产的条件下，使所有人员能协调地工作，有效地利用人力和物力资源以及工作时间，是一个以劳动者为主体的包括劳动者、劳动资料和劳动环境三项要素组成的有机系统。所谓科学劳动组织即运用科学的方法组织生产活动，达到"人、机、环境"的最佳结合，既要提高企业劳动效率和经济效益，又要为劳动者身心健康和体力、智力全面发展创造条件，包括劳动组织形式、轮班形式、劳动组合等方面。

（二）劳动组织的社会功能

其一，经济功能。劳动组织运行的最主要目的就是通过劳动者的生产、经营服务为社会创造财富，满足社会成员的需求。同时，劳动者在劳动组织中得到工资报酬，获得自身生存和发展所需的经济支持。

其二，社会心理功能。劳动者在劳动组织中不仅获得经济收入，也通过劳动组织建立各种人际关系，获得社会地位、社会声望，实现自己的价值，满足自己的精神需求。

其三，继续社会化功能。劳动组织通过组织内的培训教育，把一个普通人塑造为职业人，推动劳动者承担特定的职业角色。

其四，社会控制功能。劳动组织通过纪律、规章制度等劳动规范实现了对劳动者行为的制约，客观上促进了社会秩序的稳定。

（三）劳动组织与社会环境

劳动组织的有效运行，虽然与劳动组织内部的管理密切联系在一起，但它也需要不断地与外部社会环境进行互动。劳动组织的外部社会环境包括经济环境、政治环境、文化环境等。

经济环境影响劳动组织的因素包括：一是政府的经济政策。政府的财政、金融、货币、税收、产业布局规划等方面的政策都会对劳动组织的经营生产活动产生直接的影响。二是总体的经济发展水平，劳动力供给的数量、质量与结构，这些也会影响劳动组织的运行。三是具体的市场状况，如原材料、资金、市场需求、购买力等等。

政治环境的影响因素则是宏观的，包括政治制度、政治组织、政治局势。首先，是政治制度与政府对劳动组织的影响。如18世纪，亚当·斯密的自由放任主义思想在当时英国政府中占主导地位，政府在经济领域力图当好"守夜人"的角色，因而对劳动组织的控制较少。而20世纪20年代进入垄断资本主义时期，国家对劳动组织的控制不断加强。我国在计划经济时代，政府对企业的生产、经营活动进行全方位的指导、控制。改革开放以后，伴随着市场经济的发展，企业经营管理活动的自主性不断加强，逐渐成为市场的主体。其次，是政党作为政治组织对劳动组织的影响。尤其是某一政党成为执政党以后。该政党的路线、方针、政策会直接影响劳动组织的运行。在我国，中国共产党作为执政党对劳动组织就起到政治领导的作用。最后，是政治局势对劳动组织的影响。如果政治局势平稳，劳动组织的运行就会比较顺利，反之则会给劳动组织带来风险。

文化环境与劳动组织交互影响。一方面，劳动组织在自身的活动中创造了组织文化，影响到总体的社会文化。另一方面，劳动组织的目标、经营管理理念、劳动者的思想、管理的方式等无不受到社会文化的影响，被打上深深的文化烙印。

二、劳动制度

劳动制度是对劳动的规范，是劳动活动的管理规则，指导着劳动活动的开展。

（一）劳动人事制度

制度是由正规的成文规则和那些作为正规规则的基础与补充的典型的非成文行为准则组成的，是社会生存和发展所需要的协调性与合作性赖以建立的基础，它是围绕社会基本需求而建立起来的关系系统。在这个系统内，共同的价值、规范、程序都被组织了起来。

社会制度则是为了满足人类的生存需要而形成的社会关系以及与此相联系的社会活动的规范系统。

劳动制度属于社会制度的一种，是人类在一定社会生活中为满足劳动关系发展的需要而建立的有系统、有组织并为社会所公认的劳动行为规范体系。劳动制度有正式的与非正式的区分，正式的劳动制度是支配劳动关系的互为关联的规则，包括广义制度和狭义制度。广义的劳动制度，主要是指国家或有关权力机构制定的、约束人们劳动行为及其劳动关系的法律、法令或其他相应的形式，表现为与人们参加社会劳动、建立劳动关系直接有关的一系列办事程序、规章和规定，这一层次的制度也就是政府的行政性制度，主要是劳动就业、劳动工资、劳动保障等制度。狭义的劳动制度是指与劳动就业直接有关的办事程序、规章和规定的统称，包括劳动者的招收录用、培训、调动、考核、奖惩、辞退、工资、劳动保险、劳动保护等制度，这一层次的制度通常表现为工作组织内的劳动制度。非正式的劳动制度主要是指依靠非正式监控机制而体现的规则。

（二）劳动就业制度

劳动就业制度是指直接或者间接规范劳动者就业行为的制度总称，包括雇佣解雇制度、用工制度、就业培训制度、辞职退休制度和劳动计划管理制度等。在所有的就业制度中，雇佣解雇制度、用工制度最为重要，因此狭义上的劳动就业制度特指这两种制度。

当我们要进入一个劳动组织或者退出一个劳动组织的时候，雇佣解雇制度就会起到规范制约的作用。目前，世界上现行的就业制度大体可以分为以下几种。

契约就业制度就是通过劳动力市场，将劳动力的供给和需求通过劳动契约的方式建立联系，把劳动者配置到各种职业岗位中。契约就业制度又分为两种，即自由契约雇佣制和终身契约雇佣制，区别在于前者是劳动者和雇主签订雇佣合同，规定了雇佣的期限，双方可以经过约定程序变更雇佣期限；而后者是劳动者和雇主签订终身的契约，雇主很少解雇、开除职工。目前，欧美国家大多采用自由契约雇佣制度，而日本的企业则有采用终身契约雇佣制的传统。

行政配置就业制度就是政府采用行政办法把劳动者统一分配到劳动组织中，以固定工形式将劳动者和企业的劳动关系固定下来的一种就业制度。这种制度最大的特征就是充分就业，即政府对劳动者实行统包分配的安置形式。我国以往计划经济体制下的就业制度就是行政配置就业制度。改革开放以来，行政配置就业制度逐渐松解，市场经济体制下的契约就业制度逐渐发展起来。

双向选择就业制度是指用人单位通过各种形式与毕业生直接见面洽谈。学校可向毕业生出具推荐函（信），毕业生则可通过多种途径与用人单位直接面谈落实工作单位，确定单位后，毕业生和用人单位签订就业协议书，经学校和地方毕业生就业主管部门同意后，即可形成就业方案。"双向选择"认为，雇主和雇员之间可以随意进行选择，如果雇员对企业不满意，就可以提交离职申请，并解除与企业之间的契约关系。这意味着，双方在这种互相找寻的过程中地位几乎是平等的。

（三）劳动工资制度

对于劳动者来说，工资是生活的主要经济来源，与个人的生存和发展息息相关。劳动工资制度与工资问题紧密相关，是关于工资形式、工资标准和工资支付的原则和办法的总称。

1.工资制度的分类

工资制度可以从不同的角度进行分类。第一，根据特征不同可分为工资等级制度、工资升级制度、工资定级制度；第二，根据地位不同可分为基本工资制度、辅助工资制度；第三，根据对象不同可分为机关单位工资制度、事业单位工资制度、企业单位工资制度等；第四，根据特点不同可分为绩效工资制度、能力工资制度、资历工资制度、岗位工资制度和结构工资制度。

2.我国现行的劳动工资制度

（1）工资等级制度

工资等级制度指根据工作的复杂程度、繁重程度、风险程度、精确程度等因素将各类工作进行等级划分并规定相应工资标准的一种工资制度，是其他工资制度的基础，也称基本工资制度。其主要特点是从劳动质量方面来反映劳动差别。

（2）工资调整制度

工资调整制度是工资等级制度的补充。其主要内容有考核定级、考核升级、定期自动增加工资、提高工资标准等，使工资制度在变动中趋向平衡和合理。

（3）工资支付制度

工资支付制度指支付职工工资的有关原则、标准和具体立法的一种制度，包括支付原则、各类人员的工资待遇和特殊情况下的工资处理办法等内容。

（4）工资基金管理制度

工资基金指用人单位从其经营收入或者利润中提取的用于支付职工工资的部分基金。工资基金管理制度则是国家和用人单位制定的工资基金的来源、审批、使用等一系列规则和方法。

（四）劳动保障制度

劳动保障制度是国家根据有关法律规定，通过国民收入分配和再分配的形式，对劳动者因年老、疾病、伤残和失业等问题出现困难时向其提供物质帮助以保障其基本生活的一系列制度。劳动保障制度的主要功能是保证劳动者的职业安全，从而保证劳动者及其家庭生活稳定，保证社会安定，保证整个社会经济发展和社会进步。劳动保障制度包括职工的生育保障、疾病保障、失业保障、伤残保障、退休保障、死亡保障等，其中失业保障制度和退休保障制度是劳动保障制度中最主要的制度。

1.失业保障制度

在我国现行的失业保障制度中享受失业保障待遇必须符合以下三个条件：第一，按照规定参加失业保险，所在单位和本人已按照规定履行缴费义务满1年；第二，非本人意愿中断就业；第三，已办理失业登记并有求职要求。当失业人员出现重新就业、服兵役、移居境外、享受基本养老保险待遇、被判刑或劳教，或者拒绝重新就业时，将停止享受失业保障待遇。

我国现行失业保障制度的基本内容包括：

第一，享受失业保障的条件。现行的失业保障制度基本覆盖了城镇所有企事业单位及其职工。

第二，失业保障金的筹集。在费用筹集方面，实行国家、用人单位、职工本人三方负担的筹集原则。城镇企业事业单位按照本单位工资总额的2%、职工本人工资的1%缴纳失业保障费。在失业保障基金入不敷出时，财政将给予必要的补贴。

第三，失业保障金的开支项目。开支项目主要包括失业救济金、失业职工的医疗费、失业职工的丧葬补助费、失业职工直系亲属的抚恤费和救济费、失业职工的转业训练费、失业职工的生产自救费和失业保障管理费等方面。

第四，失业保障金的给付标准。失业保障金的标准一般应高于当地城市居民最低生活保障标准，低于当地的最低工资标准。

2.退休保障制度

退休保障制度既是劳动保障制度的重要组成部分，又是社会保障制度的基本内容。当前，世界各国实行的退休保障制度主要有三种基本类型，即投保资助型退休保障制度、强制储蓄型退休保障制度和统筹型退休保障制度。

（1）投保资助型退休保障制度

这一制度要求劳动者和雇主定期缴纳老年退休保障金，政府依法从财政中拨款作为保障基金的一部分。当前，实行投保资助型退休保障制度的国家最多。

（2）强制储蓄型退休保障制度

这一制度要求较高：拥有一个有政府权威的、专业性能强的统一的社会保障机构，并拥有一批熟悉社会保障业务的工作人员。这个机构要负责制定总投保费率和投保比例，为每个投保劳动者制定一张老年退休保障卡，还要制定退休保障金的储蓄利率。

（3）统筹型退休保障制度

这种退休保障制度的基本特征是国家利用自己的财政资金发放退休金，劳动者个人只需交纳很少的退休保障费，甚至不交。待劳动者退休或失去劳动能力后则一概享有国家法定的保障待遇。

三、劳动安全

安全是劳动的前提。劳动安全虽已是老生常谈的话题，但与我们的生产生活、生命财产息息相关。多少人因为一时粗心大意疏忽了安全的重要性，不但自己受到严重的伤害，也给别人带来无法弥补的伤害。

（一）劳动保护基本内容

劳动保护是指在劳动中进行安全保护的措施和行为。

1.劳动安全的基本内容

劳动安全是指劳动者在生产劳动过程中的安全和健康没有受到威胁，不存在危险、危害的隐患，是免除了不可接受的损害风险的状态。全面完整地理解劳动安全的含义，不仅需要从保障劳动安全的多重主体立场去理解，还要了解劳动安全问题产生的原因。从不同主体来看，劳动安全保护是劳动者依法获得的基本劳动权利之一，在生产劳动过程中劳动者有权要求用人单位提供安全卫生的劳动条件，以保护自身的生命和健康；加强劳动保护，实现安全生产，保护劳动者生命和身体健康是企业用人单位应尽的法律义务；国家可以通过制定一系列劳动保护的法律法规制度，督促企业用人单位履行法律责任，保障劳动者的劳动安全。

在实际的生产劳动过程中，劳动安全问题的产生是多种因素综合作用的结果，需要综合治理。从造成劳动安全问题的原因看，既有人为的因素，即由于劳动者个人缺乏安全知识和安全意识，因操作失误而造成的安全事故；也有物的因素，即因生产环境和安全条件存在安全漏洞而出现的生产事故；还有人为因素和物的因素共同造成的事故。还可以将可能发生的劳动安全问题，按生产劳动岗位性质的不同，区分为以下几类：在矿井中的瓦斯爆炸、火灾、水灾等；在机械加工过程中可能发生的绞碾、电击伤；在建筑施工过程中可能发生的高空坠落、物体打击；在交通运输过程中可能发生的车辆伤害事故；在有毒有害工作场所中可能发生的职业病害等。

除了上述因生产劳动的直接因素导致的劳动安全问题，广义的劳动安全问题还包括由间接因素导致的安全问题，如劳动者工作时间太长会造成过度疲劳、积劳成疾；女职工从事过于繁重的或有害妇女生理卫生的劳动也会对女性劳动者身体造成危害等。由此可见，保障劳动安全不仅指在生产劳动过程中要防止中毒、车祸、触电、塌陷、爆炸、火灾、坠落、机械外伤等危及劳动者人身安全的事故发生，还要防止由于不当的工作时间和工作强度造成的健康问题的产生。因此，为保障劳动者的劳动安全与卫生，不仅需要国家制定相关劳动保护的法律法规，对企业用人单位的生产安全进行严格管理，还需要劳动者个人掌握必要的劳动安全知识，自觉遵守劳动安全规范，养成劳动安全意识，做好个人安全保护。

2.劳动保护的基本知识

劳动保护又称安全与卫生保护，是指以保障劳动者在生产劳动过程中的安全与健康为目的的工作领域及在法律、技术、设备、组织制度和教育等方面所采取的相应措施。为保护劳动者在生产劳动过程中的安全和健康，消除不安全不卫生因素所采取的各种组织和技术的措施，都属于劳动保护范畴，统称为劳动保护。简而言之，劳动保护就是保护劳动者在劳动生产过程中的安全与健康，以及国家为保护劳动者在生产过程中的安全和健康而制定的各种法规，包括安全技术规程、劳动卫生规程、对女职工和未成年工特殊保护以及各种劳动保护管理制度等。

劳动保护的特征：受保护者是劳动者，保护者是用人单位；保护的对象是劳动者的安全和健康；保护的范围仅限于劳动的过程。

具体而言，劳动保护的内容主要包括安全技术、劳动卫生与劳动条件、工作时间与休假、女职工和未成年工特殊保护四个方面。

第一，安全技术保护是指为消除工作中的伤害事故，保证生产过程中的人身、设备和生产安全所采取的各种措施，如针对矿山、建筑、冶金、机械制造、化工交通运输、防火防爆等行业的安全技术规定与标准。

第二，劳动卫生与劳动条件保护是指为保障劳动者的身体健康，防止职业危害、预防职业病所采取的一系列标准规定以及措施，主要预防各种粉尘、有毒物、物理环境危害、致病生物危害等，以及威胁劳动者身心健康的因素。

第三，工作时间与休假保护是指根据法律法规的规定，用人单位有权合理组织劳动者的工作时间、休息休假，有义务按规定发放给劳动者应有的报酬，劳动者有义务遵守企业劳动纪律等规章制度。

第四，女职工和未成年工特殊保护是指根据法律法规规定，用人单位应考虑女职工生理特点及哺育下一代的责任，未成年工生长发育中的特殊性，依法采取各种措施对其开展特殊保护。

（二）劳动安全基本常识

劳动安全基本常识保证劳动安全是劳动者的权利，政府和企业有义务依法提供符合安全卫生标准的劳动条件。为了养成自我劳动安全意识，大学生要学会识别和掌握必要的劳动安全与卫生常识，主要包括安全色与安全标志、劳动防护用品相关知识与使用方法。

1.安全色与安全标志的识别

安全色与安全标志是在特定工作环境中，为了提醒劳动者做好防护而设置的。每一种安全色、每一个安全标志都具有特定的含义，需要正确识别。

（1）安全色

按照我国安全色标准规定，安全色有红色、蓝色、黄色、绿色四种。红色表示禁止、停止，用于禁止标志如机器设备上的紧急停止手柄或按键及禁止触动的部位都使用红色；红色有时也用于防火。蓝色表示指令，必须遵守。黄色表示警告和注意，如厂内危险机器和警戒线、行车道中线、安全帽等。绿色表示安全状态或可以通行，如车间内的安全通道、行人和车辆通行标志、消防设备和其他安全防护设备都用绿色。

（2）安全标志

通常情况下，安全标志分为禁止标志、指令标志、警告标志和提示标志四类。安全标志牌要求被放在醒目的地方。

第一类，禁止标志。禁止人们的不安全行为。其基本形式为带斜杠的圆形框，圆环和斜杠为红色，图形符号为黑色，衬底为白色。

图4-1 禁止标志

第二类，指令标志。强制人们必须做出某种动作或采用防范措施。其基本形式是网形边框，图形符号为白色，衬底为蓝色指令标志。

图 4-2　指令标志

第三类，警告标志。提醒人们对周遭环境引起注意，以避免可能发生的危险。其基本形式为正三角形边框，三角形边框及图形符号为黑色，衬底为黄色。

图 4-3　警告标志

第四类，提示标志。向人们提供某种信息，如标明安全设施或场所。其基本图形是正方形边框，图形符号为白色，衬底为绿色。

图 4-4　提示标志

2.劳动防护用品

（1）劳动防护用品的分类

劳动防护用品可分为头部护具、呼吸护具、眼部护具、听力护具、脚部护具、手部护具、身体护具、防坠落护具和护肤用品9类。

第一类，头部护具。头部护具是用于保护头部，防撞击挤压伤害、防物料喷溅、防粉尘等的护具。其主要有玻璃钢、塑料、橡胶、玻璃、胶纸、防寒和竹藤安全帽等。

第二类，呼吸护具。呼吸护具是预防尘肺和职业病的重要防护用品。主要分为防尘和防毒两大类。防尘主要用于防止粉尘进入呼吸系统，防毒则主要用于防护有毒气体和吸附气味。

第三类，眼部护具。眼部护具用以保护作业人员的眼睛、面部，防止外来伤害。可分为焊接用眼护具、炉窑用眼护具、防冲击眼护具、微波防护具、激光防护楚及防X射线、防化学、防尘等眼部护具。

第四类，听力护具。长期在90dB（A）以上或短时在115dB（A）以上环境中工作时应使用听力护具。听力护具有耳塞、耳罩和帽盔3类。

第五类，脚部护具。脚部护具是防止足部伤害，有防滑鞋、防滑鞋套、防静电安全鞋、钢头防砸鞋等。

第六类，手部护具。手部护具用于手部保护，主要有耐酸碱手套、电工绝缘手套、电焊手套、防X射线手套、石棉手套、丁腈手套等。

第七类，身体护具。身体护具用于保护职工免受劳动环境中的物理、化学因素的伤害。身体护具可分为特殊防护服和一般作业服两类。

第八类，防坠落护具。防坠落护具用于防止坠落事故发生。其主要有安全带、安全绳和安全网。

第九类，护肤用品。护肤用品用于外露皮肤的保护。其可分为护肤膏和洗涤剂。

（2）劳动防护用品使用注意事项

劳动防护用品使用的注意事项包括以下几个方面。

第一，要根据作业场所的危害因素及其危害程度，正确选用防护用品。

第二，要通过教育培训，做到"三会"，即会检查防护用品的安全可靠性，会正确使用防护用品，会维护保养防护用品。

第三，严禁故意或无故弃用防护用品，确保劳动防护用品状况良好，如有损坏，应立即向管理人员报告，及时更换。

第四，用于急救的呼吸器要定期检查，确保有效。同时，应将其妥善存放在能发生事故的邻近处，以便取用。

四、劳动权益

我国是法治社会，劳动者的劳动权益由法律保护。因此，大学生在劳动权益遭受侵害的时候，要拿起法律的武器。

（一）劳动法规常识

劳动法规常识是大学生需要掌握的知识，对于大学生维护劳动权益具有重要意义。

1.《中华人民共和国劳动法》

《中华人民共和国劳动法》简称为《劳动法》，是调整劳动关系的法律，是我国社会主义法律体系中的一个重要组成部分。

（1）《劳动法》概述

《劳动法》是关于劳动的法律，是为了保护劳动者的合法权益，调整劳动关系，建立和维护适应社会主义市场经济的劳动制度，促进经济发展和社会进步，根据宪法制定的法律。《劳动法》始于1994年，目前经过两次修正，最近一次是2018年修正。《劳动法》共13章107条，主要内容有：总则、促进就业、劳动合同和集体合同工作时间和休息休假、工资、劳动安全卫生、女职工和未成年工特殊保护、职业培训、社会保险和福利、劳动争议、监督检查、法律责任和附则。

（2）《劳动法》的调整

《劳动法》的调整对象为劳动关系和与劳动关系有密切联系的其他社会关系。《劳动法》调整的劳动关系的范围包括：企业、个体经济组织、民办非企业单位等组织的劳动关系；国家机关、事业单位、社会团体的劳动合同关系。国家机关、事业单位、社会团体的非劳动合同关系，不由《劳动法》调整，而是由《公务员法》以及其他相关法律调整。

（3）《劳动法》的适用范围

《劳动法》第2条明确规定："在中华人民共和国境内的企业、个体经济组织和与之形成劳动关系的劳动者，适用本法。国家机关、事业组织、社会团体和与之建立劳动合同关系的劳动者，依照本法执行。"

具体的适用范围包括：第一，中国境内的企业、个体经济组织和与之形成劳动关系的劳动者；第二，国家机关、事业组织、社会团体内实行劳动合同制度的以及按规定实行委务合同制度的工勤人员，其他通过劳动合同与国家机关、事业组织、社会团体建立劳动关系的劳动者；第三，实行企业化管理的事业组织的人员。

（4）劳动法律关系

劳动法律关系是指劳动者与用人单位在劳动过程中基于劳动法律规范而形成劳动权利和劳动义务关系。其构成要素有：第一，劳动法律关系的主体。劳动法律关系的主体是指在实现社会劳动过程中依照劳动法律规范享有权利并承担义务的当事人，包括劳动者、用人单位。第二，劳动法律关系的内容。劳动法律关系的内容是指劳动法律关系主体双方依法享有的权利和承担的义务。第三，劳动法律关系的客体。劳动法律关系的客体是指劳动者和用人单位的权利义务所共同指向的对象。劳动法律关系的基本客体是劳动行为，即劳动者为完成用人单位安排的任务而支出劳动力的活动。劳动法律关系的辅助客体主要是劳动条件。

2.《中华人民共和国劳动合同法》

《中华人民共和国劳动合同法》简称为《劳动合同法》，为构建与发展和谐、稳定的劳动关系提供法律保障，是劳动者的保护伞。我国劳动合同制度产生、发展到逐步健全的历程也是我国劳动力市场化实践逐步取得成效的过程。从20世纪80年代起，以劳动合同形式建立劳动关系的实践已经开始，在曲折中不断前行，并最终形成了独特的劳动合同制度。

（1）《劳动合同法》概述

《劳动合同法》是为了完善劳动合同制度，明确劳动合同双方当事人的权利和义务，保护劳动者的合法权益，构建和发展和谐、稳定的劳动关系制定的法律。2007年通过，2008年实施，2012年修订。《劳动合同法》共8章98条，主要内容有：总则、劳动合同的订立、劳动合同的履行和变更、劳动合同的解除和终止、特别规定、监督检查、法律责任和附则。

（2）劳动合同订立的基本制度

劳动合同是劳动者与用人单位确立劳动关系、明确双方权利和义务的协议，建立劳动关系应当订立劳动合同。订立劳动合同应当遵循合法、公平、平等、自愿、协商一致、诚实信用的原则。

第一，劳动合同的形式和具体内容。

建立劳动关系，应当订立书面劳动合同。用人单位自用工之日起，超过1个月不满1年未与劳动者订立书面劳动合同的，应当向劳动者每月支付2倍的工资。劳动合同应当具备以下条款：第一，用人单位的名称、住所和法定代表人或者主要负责人；第二，劳动者的姓名、住址和居民身份证或者其他有效身份证件号码；第三，劳动合同期限；第四，工作内容和工作地点；第五，工作时间和休息休假；第六，劳动报酬；第七，社会保险；第八，劳动保护、劳动条件和职业危害防护；

第九，法律、法规规定应当纳入劳动合同的其他事项。除了前述必备条款外，用人单位还可以在劳动合同中与劳动者约定试用期、培训、保守秘密、补充保险和福利待遇等条款。

第二，劳动合同期限。

劳动合同分为固定期限劳动合同、无固定期限劳动合同和以完成一定工作任务为期限的劳动合同。

固定期限劳动合同，是指用人单位与劳动者约定合同终止时间的劳动合同。用人单位与劳动者协商一致，可以订立固定期限劳动合同。

无固定期限劳动合同，是指用人单位与劳动者约定无确定终止时间的劳动合同。用人单位与劳动者协商一致，可以订立无固定期限劳动合同。有下列情形之一，劳动者提出或者同意续订、订立劳动合同的，除劳动者提出订立固定期限劳动合同外，应当订立无固定期限劳动合同：第一，劳动者在该用人单位连续工作满10年的；第二，用人单位初次实行劳动合同制度或者国有企业改制重新订立劳动合同时劳动者在该用人单位连续工作满10年且距法定退休年龄不足10年的；第三，连续订立二次固定期限劳动合同，且劳动者没有《劳动合同法》第39条和第40条第一项、第二项规定的情形，续订劳动合同的。用人单位自用工之日起满1年不与劳动者订立书面劳动合同的，视为用人单位与劳动者已订立无固定期限劳动合同。

以完成一定工作任务为期限的劳动合同，是指用人单位与劳动者约定以某项工作的完成为合同期限的劳动合同。用人单位与劳动者协商一致，可以订立以完成一定工作任务为期限的劳动合同。

第三，劳动合同试用期。

劳动合同的试用期是用人单位和劳动者为相互了解、选择在合同中约定的一定期限的考察期。劳动合同期限3个月以上不满1年的，试用期不得超过1个月；劳动合同期限1年以上不满3年的，试用期不得超过2个月；3年以上固定期限和无固定期限的劳动合同，试用期不得超过6个月。同一用人单位与同一劳动者只能约定一次试用期。以完成一定工作任务为期限的劳动合同或者劳动合同期限不满3个月的，不得约定试用期。试用期包含在劳动合同期限内。劳动合同仅约定试用期的，试用期不成立，该期限为劳动合同期限。

劳动者在试用期的工资不得低于本单位相同岗位最低档工资或者劳动合同约定工资的80%，并不得低于用人单位所在地的最低工资标准。在试用期内，除劳动者有《劳动合同法》第39条和第40条第一项、第二项规定的情形外，用人单位不得解除劳动合同。用人单位在试用期解除劳动合同的，应当向劳动者说明理由。

第四，劳动合同服务期与竞业限制。

用人单位为劳动者提供专项培训费用，对其进行专业技术培训的，可以与该劳动者订立协议，约定服务期。劳动者违反服务期约定的，应当按照约定向用人单位支付违约金。违约金的数额不得超过用人单位提供的培训费用。用人单位要求劳动者支付的违约金不得超过服务期尚未履行部分所应分摊的培训费用。

用人单位与劳动者可以在劳动合同中约定保守用人单位的商业秘密和与知识产权相关的保密事项。对负有保密义务的劳动者，用人单位可以在劳动合同或者保密协议中与劳动者约定竞业限制条款，并约定在解除或者终止劳动合同后，在竞业限制期限内按月给予劳动者经济补偿。劳动者违反竞业限制约定的，应当按照约定向用人单位支付违约金。

（3）劳动合同履行与变更

用人单位与劳动者应当按照劳动合同的约定，全面行使各自的义务。用人单位应当按照劳动合同约定和国家规定，向劳动者及时足额支付劳动报酬。用人单位拖欠或者未足额支付劳动报酬的，劳动者可以依法向当地人民法院申请支付令，人民法院应当依法发出支付令。用人单位应当严格执行劳动定额标准，不得强迫或者变相强迫劳动者加班。用人单位安排加班的，应当按照国家有关规定向劳动者支付加班费。劳动者拒绝用人单位管理人员违章指挥、强令冒险作业的，不视为违反劳动合同。劳动者对危害生命安全和身体健康的劳动条件，有权对用人单位提出批评、检举和控告。用人单位变更名称、法定代表人、主要负责人或者投资人等事项，不影响劳动合同的履行。用人单位发生合并或者分立等情况，原劳动合同继续有效，劳动合同由承继其权利和义务的用人单位继续履行。用人单位与劳动者协商一致，可以变更劳动合同约定的内容。变更劳动合同，应当采用书面形式。变更后的劳动合同文本由用人单位和劳动者各执一份。

（4）劳动合同的终止和解除

第一，劳动合同终止与解除的情形。

劳动合同的终止，是指符合法律规定情形时，双方当事人的权利义务不复存在，劳动合同的效力消失。劳动合同终止不存在约定终止，只有法定终止。用人单位与劳动者不得再另行约定其他的劳动合同终止条件。有以下情形之一的，劳动合同终止：第一，劳动合同期满的；第二，劳动者开始依法享受基本养老保险待遇的；第三，劳动者死亡或者被人民法院宣告死亡或者宣告失踪的；第四，用人单位被依法宣告破产的；第五，用人单位被吊销营业执照、责令关闭、撤销或者用人单位决定提前解散的；第六，法律、行政法规规定的其他情形。因此，当出现《劳动合同法》规定的上述事实之一时，劳动合同自行终止。

劳动合同的解除，是指当事人双方提前终止劳动合同的法律效力，解除双方的权利义务关系。劳动合同解除分为：意定解除、劳动者提前通知单方解除即劳动者主动辞职、劳动者随时单方解除即被迫解除、用人单位单方通知解除、用人单位提前通知单方解除。除了意定解除以及劳动者在人身受到威胁、被强迫情形下解除劳动合同，不需要履行相应的法定程序外，其他均需履行相应的程序。

第二，经济补偿与经济赔偿。

经济补偿是指劳动合同解除或者终止时，用人单位应当在法定情形下向劳动者支付相应的经济补偿金的制度。需要用人单位支付经济补偿金的情形包括：第一，因用人单位存在《劳动合同法》第38条规定的违反劳动法律法规规定或者合同约定的情形，劳动者行使单方解除权解除劳动合同的；第二，用人单位提出并最终双方协商一致解除劳动合同的；第三，用人单位因劳动者存在《劳动合同法》第40条规定的客观原因解除劳动合同的，也就是无过失辞退劳动者的；第四，用人单位因符合《劳动合同法》第41条规定进行经济性裁员的；第五，除用人单位维持或者提高劳动合同约定条件续订劳动合同，劳动者不同意续订的情形外，固定期限劳动合同期满终止的；第六，因用人单位被依法宣告破产或者用人单位被吊销营业执照、责令关闭、撤销或者用人单位决定提前解散而终止劳动合同的；第七，以完成一定工作任务为期限的劳动合同因任务完成而终止的。

经济补偿按劳动者在本单位工作的年限，每满1年支付1个月工资的标准向劳动者支付。6个月以上不满1年的，按1年计算；不满6个月的，向劳动者支付半个月工资的经济补偿。劳动者月工资高于用人单位所在直辖市、设区的市级人民政府公布的本地区上年度职工月平均工资3倍的，向其支付经济补偿的标准按职工月平均工资3倍的数额支付，向其支付经济补偿的年限最高不超过12个月工资是指劳动者在劳动合同解除或者终止前12个月的平均工资。

劳动者要求继续履行劳动合同的，用人单位违法解除或者终止劳动合同，用人单位应当继续履行；劳动者不要求继续履行劳动合同或者劳动合同已经不能继续履行的，用人单位应当依照前述经济补偿标准的2倍向劳动者支付赔偿金。

（二）劳动权益保障

劳动权益是大学生职业生涯需要关注的问题。

1.劳动者的权利

我国《劳动法》第3条规定："劳动者享有平等就业和选择职业的权利、取得劳动报酬的权利、休息休假的权利、获得劳动安全卫生保护的权利、接受职业技能培训的权利、享受社会保险和福利的权利、提请劳动争议处理的权利以及法律规定的其他劳动权利。"

（1）劳动就业权

劳动就业权具有以下法律特点：劳动就业权是劳动者个人的权利，这一权利由劳动者个人自行支配，他人不得干涉或代替行使；劳动者有劳动的自由，同时也有不劳动的自由，政府虽然鼓励人们积极参加劳动，但也不能实施强迫劳动。劳动就业权作为工作权，一般包括两重含义：一是自由工作或就业的权利，即平等就业权和自由择业权；二是请求提供有报酬的工作机会的权利，即职业保障权。

（2）劳动报酬权

劳动报酬权是劳动者在劳动关系中享有的基本和核心的权利。劳动报酬是劳动关系中的劳动者因付出劳动而获得的以工资为基本形式的物质补偿，是必要劳动的特殊形态。劳动报酬权有两项法律特点：一是这一权利在劳动关系中具有债权性质，即雇主必须支付给劳动者以工资报酬；二是这一权利是劳动者生存权的基本内容之一，因而具有特别重要的意义。劳动报酬问题是个别劳动关系中最重要的问题。

（3）休息休假权

休息休假权实质上是劳动者的生命权和健康权，是关系到劳动者本人以及生命延续的基本人权。劳动者生存的物质前提是生命和健康。为了保证劳动者的生命和健康，就必须对劳动者的劳动时间和劳动强度有所限制，保证劳动者为恢复体力、料理家务、繁衍后代享有充分的休息休假时间。休息休假与工作时间直接相关。工作时间是指劳动者在工作单位必须用来完成工作任务所要付出的时间。限制劳动时间是劳动者休息休假权利的重要内容。劳动时间的确定主要依据两方面原则：一是保证劳动者健康，二是劳动者能够完成相当量的生产任务。这两个方面，都受到历史和社会因素的制约。

（4）劳动安全卫生权

劳动安全卫生权是指劳动者在劳动过程中，为保证自己的生命和身心健康，获得在工作场所的职业安全和卫生保护的权利。劳动安全卫生权是涉及劳动者生命健康的一项重要的劳动者人权，在《劳动法》中，对于职业灾害采用是"非过失责任前"，即劳动者在生产过程中，生命健康受到侵害时，即使用人单位没有过失也要承担一定的赔偿责任。劳动者的劳动安全卫生权的具体标准是由国家颁布的劳动基准法确定的。

（5）职业培训权

职业培训权是指在社会劳动关系中劳动者享有的，在准备就业和实现就业的过程中，为提高个人的技术技能参加国家和企业举办的各种职业培训的权利，市场经济条件下的职业培训权是与劳动就业权联系在一起的，这一权利的行使是为了确保劳动力市场的劳动者就业，这一权利主体相当部分是劳动力市场中有劳动意愿及能力但没有工作的劳动者。劳动者的职业培训权是由国家强力保障，并由政府有关部门和雇主承担实施义务的劳动基准权利。

（6）社会保险权

社会保险权是公民社会保障权的一部分。社会保险权，是指劳动者由于年老疾病、失业、伤残、生育等原因失去劳动能力或劳动机会因而没有正常的劳动收入来源时，通过国家社会保险制度获得物质帮助的权利。从性质上说，社会保险法是社会保险权利保障法，它的直接目的是保障劳动者的社会保险权利。社会保险作为劳动者的一项重要权利是现代社会发展的客观要求，也是社会公平价值在法律中的体现。劳动者的社会保险权主要包括失业保险权、养老保险权、工伤保险权、疾病保险权和生育保险权等。

（7）劳动争议提请处理权

劳动争议提请处理权是指劳动者在遇到劳动争议时，为保障自己的合法权益，享有向行政部门、劳动争议处理部门和司法部门提出和申请依照法定程序公正处理的权利。劳动争议提请处理权是在劳动者权利受到侵害后，为请求公力救济而行使的一种请求权。劳动争议提请处理权的提出，确定了劳动者是劳动诉讼的独立主体，确定了劳动者诉讼的法律地位，确定了劳动者的合法权益可以通过公法救济来得到保障。

2.女职工的特殊保护

女职工保护也是劳动权益的重要内容。根据妇女的生理特点，对妇女劳动者在劳动过程和劳动市场中实施特殊保护，是保证人类健康繁衍生存和劳动力再生产质量的大事。

第一，就业权利的保障。

我国劳动法律规定，妇女享有同男子平等的就业权利。法律的主要规定有：第一，凡适合妇女从事劳动的工作，不得以性别为由拒绝录用妇女或者提高对妇女的录用标准。第二，用人单位不得因女职工怀孕、生育、哺乳而降低其工资、予以辞退、与其解除劳动或者聘用合同。不得以结婚、怀孕、生育、哺乳等为由辞退女职工或者单方面解除劳动合同。第三，禁止性骚扰。在劳动场所，用人单位应当预防和制止对女职工的性骚扰。

第二，女职工禁忌从事的劳动。

禁止女职工从事不利于身体健康的工作。《劳动法》第59条规定："禁止安排女职工从事矿山井下、国家规定的第四级体力劳动强度的劳动和其他禁忌从事的劳动。"《女职工禁忌劳动范围的规定》明确了女职工禁忌从事以下范围的劳动：第一，矿山井下作业；第二，《体力劳动强度分级》标准中规定的第四级体力劳动强度的作业；第三，每小时负重在6次以上、每次负重超过20千克的作业，或者间断负重每次负重超过25千克的作业等。

第三，"四期"保护。

针对女职工生理机能的变化，我国劳动法律对女职工经期、孕期、产期和哺乳期规定了特殊保护。

其一，经期保护。不得安排女职工在经期从事高处、低温、冷水作业。女职工在经期禁忌从事的劳动范围：冷水作业分级标准中规定的第二级、第三级、第四级冷水作业；低温作业分级标准中规定的第二级、第三级、第四级低温作业；体力劳动强度分级标准中规定的第三级、第四级体力劳动强度的作业；高处作业分级标准中规定的第三级、第四级高处作业。

其二，孕期保护。女职工在孕期不能适应原劳动的，用人单位应当根据医疗机构的证明，予以减轻劳动量或者安排其他能够适应的劳动。对怀孕7个月以上的女职工，用人单位不得延长劳动时间或者安排夜班劳动，并应当在劳动时间内安排一定的休息时间。怀孕女职工在劳动时间内进行产前检查，所需时间计入劳动时间。不得安排女职工在怀孕期间从事国家规定的第三级体力劳动强度的劳动和孕期禁忌从事的劳动。

其三，产期保护。女职工生育享受98天产假，其中产前可以休假15天；难产的，增加产假15天；生育多胞胎的，每多生育1个婴儿，增加产假15天。女职工怀孕未满4个月流产的，享受15天产假；怀孕满4个月流产的，享受42天产假。女职工产假期间的生育津贴，对已经参加生育保险的，按照用人单位上年度职工月平均工资的标准由生育保险基金支付；对未参加生育保险的，按照女职工产假前工资的标准由用人单位支付。女职工生育或者流产的医疗费用，按照生育保险规定的项目和标准，对已经参加生育保险的，由生育保险基金支付；对未参加生育保险的，由用人单位支付。

其四，哺乳期保护。对哺乳未满1周岁婴儿的女职工，用人单位不得延长劳动时间或者安排夜班劳动。用人单位应当在每天的劳动时间内为哺乳期女职工安排1小时哺乳时间；女职工生育多胞胎的，每多哺乳1个婴儿，每天增加1小时哺乳时间。

此外，用人单位应该设立保护设施和保健措施。女职工比较多的用人单位应当根据女职工的需要，建立女职工卫生室、孕妇休息室、哺乳室等设施，妥善解决女职工在生理卫生、哺乳方面的困难。

3.未成年工的特殊保护

未成年工是指年满16周岁未满18周岁的劳动者。对未成年工国际劳工公约最早是根据不同行业的就业年龄分别制定不同标准，涉及的公约有近20个。1984年，中国政府批准了国际劳工组织《确定准许使用儿童于工业工作的最低年龄公约》，我国劳动法律对未成年工的特殊保护作了专门规定，主要内容包括：

（1）最低就业年龄的规定

禁止用人单位招用未满16周岁的未成年人，文艺、体育和特种工艺单位需招收未满16周岁的未成年人的，必须严格依据法律规定办理。禁止任何单位使用童工或为未满16周岁少年、儿童介绍工作。

（2）禁止未成年工从事有害健康的工作

不得安排未成年工从事矿山井下、有毒有害、国家规定的第四级体力劳动强度的劳动和其他禁忌从事的劳动。

（3）定期体检

用人单位应当对未成年工定期进行健康检查。

（4）实行登记制度

用人单位招收使用未成年工，除符合一般用工要求外，还须向所在地的县以上劳动行政部门办理登记。

劳动视野

劳动成果的保护

生产生活中的劳动成果多种多样，工人搬运的货物、厨师制作的美食、医生做的每一台手术、导演制作的电视剧、作者撰写的书籍等都是劳动成果。任何一项劳动成果都集合了人类的体力劳动和脑力劳动，例如技术工人在进行焊接时所依靠的并不仅仅是焊接的体力，更包括了焊工对焊接环境、焊接件、焊接状态和焊接要求等的综合判断，这个过程充满了高度复杂的判断环节，这是一项脑力劳动。医生在手术台上做手术，不仅考验医生高超的手术技艺，同时还考验医生对病人病情的即时判断、对手术效果的判断和对病人用药的把控等。随着人工智能的普及应用，很多劳动中的体力部分逐渐被机器人代替，但是依然有一些劳动成果的获取无法脱离人的操作，例如精密产品的精加工、家政服务的提供等。

任何一种劳动都是平等的，因此无论是体力劳动成果，还是脑力劳动成果，都需要被保护。在法律层面，我国制定了很多法律法规来保护不同形式的劳动成果，最为典型的便是《中华人民共和国专利法》。该法的主要目的是保护发明创造专利权，鼓励大众发明创造。此外，在我们购买他人劳动成果时，也有《消费者权益保护法》等法律保护消费者的合法权益不受损害。

在所有劳动成果中，脑力劳动成果在生产生活中的比重越来越大，从日常使用的各类电脑和手机软件到各类网络游戏，再到随处可见的商标、海报、包装影片等，这些脑力劳动成果凝结了大量人类的智慧，体现了人类社会的多元性。很多脑力劳动成果开始影响我们的生活习惯和休闲行为，甚至从根本上改变了我们的衣食住行。随着互联网技术的普及和发展，脑力劳动成果的获取越来越容易，我们动动手指就可以收看自己喜欢的综艺节目、电视剧、电影，查询到自己想要的资料。

但是，获取脑力劳动成果并不是毫无限度的，要注意保护知识产权。知识产权是关于人类在社会实践中创造的脑力劳动成果的专有权利，其显著的特点是专有性，由所有权人专有和独占，其他人不得侵犯。知识产权包括两大类：著作权和工业产权。前者指的是自然人、法人或者其他组织对文学、艺术和科学作品依法享有的财产权利和精神权利的总称；后者指的是工业、商业、农业、林业和其他产业中具有实用经济意义的无形财产权。我国有一系列法律保护不同形式的知识产权，如《中华人民共和国民法典》《中华人民共和国著作权法》《中华人民共和国商标法》等。因此，我们不仅要尊重体力劳动成果，还要尊重信息社会中的脑力劳动成果。在享受丰富的劳动产品时，应尊重和保护他人的脑力劳动成果，不可因为脑力劳动成果获取的便捷性，而侵犯他人的知识产权。否则，这不仅是不道德的行为，还有可能触犯法律。只有给予劳动成果充分的尊重和保护，才能激励创作者创作出更多优秀的作品。

自评自测

学生自测表

（根据掌握情况，在符合情况下打"√"）

内容	良好	较好	一般
了解劳动组织			
了解劳动制度			
掌握劳动安全知识			
学会保护劳动权益			

学完本讲，你有什么心得体会：

_____

劳动实践

开展劳动知识竞赛

一、实践目标

通过劳动知识竞赛，加深对劳动知识的认识。

二、实践方法

采用知识竞赛的形式，班级内进行分组比赛。

三、实践实施

1.划定题目范围。可以进行适度的拓展，如用人单位的类型（见知识链接）。

2.5—10人一组，分组准备。

3.进行笔试和抢答两个环节。

4.根据积分评定成绩。

四、实践成果

知识竞赛成绩。

五、知识链接

用人单位的类型

（一）营利性单位

企业是以营利为目的经济性组织，包括法人企业和非法人企业，是用人单位的主要组成部分，是本法的主要调整对象。个体经济组织是指雇工7个人以下的个体工商户。民办非企业单位是指企业事业单位、社会团体和其他社会力量以及公民个人利用非国有资产举办的，从事非营利性社会服务活动的组织。如民办学校、民办医院、民办图书馆、民办博物馆、民办科技馆等。

（二）非营利性单位

非营利性单位包括：

1.国家机关

这里的国家机关包括国家权力机关、国家行政机关、司法机关、国家军事机关、政协等，其录用公务员和聘任制公务员，适用《公务员法》，不适用本法，国家机关招用工勤人员，需要签订劳动合同，就要适用《劳动合同法》）。

2.事业单位

事业单位适用本法，可以分为三种情况：一种是具有管理公共事务职能的组织，如证券监督管理委员会、保险监督管理委员会、银行业监督管理委员会等，其录用工作人员是参照《公务员法》进行管理，不适用本法。一种是实行企业化管理的事业单位，这类事业单位与职工签订的是劳动合同，适用本条的规定。还有一种事业单位如医院、学校、科研机构等，有的劳动者与单位签订的是劳动合同，签订劳动合同的，就要按照本条的规定执行；有的劳动者与单位签订的是聘用合同，签订聘用合同的，就要按照本法第96条的规定，即法律、行政法规和国务院规定另有规定的，就按照法律、行政法规和国务院的规定执行；法律、行政法规和国务院没有特别规定的，也要按照本法执行。

3.社会团体

按照《社会团体登记管理条例》的规定，社会团体是指中国公民自愿组成，为实现会员共同意愿，按照其章程开展活动的非营利性社会组织。社会团体的情况也比较复杂，有的社会团体如党派团体，除工勤人员外，其工作人员是公务员，按照《公务员法》管理；有的社会团体如工会、共青团、妇联、工商联等人民团体和群众团体，文学艺术联合会、足球协会等文化艺术体育团体，法学会、医学会等学术研究团体，各种行业协会等社会经济团体。这些社会团体虽然《公务员法》没有明确规定参照，但实践中对列入国家编制序列的社会团体，除工勤人员外，其工作人员是比照《公务员法》进行管理的。除此以外的多数社会团体，如果作为用人单位与劳动者订立的是劳动合同，就按照本法进行调整。

第5讲　做好生活劳动

学习目标

了解家庭生活劳动、校园生活劳动和生活垃圾处理等知识，并能够很好地打理自己的生活。

劳动导学

别让你的生活一团糟

大学生活绚烂多彩，但很多大学生的生活却很糟糕，特别在个人卫生方面，很多大学生的生活简直难以入目：有的大学生不叠被子，床上乱糟糟；有的大学生不收拾桌面，东西横七竖八；有的大学生吃完东西不及时清理，甚至有了怪味……良好的生活环境能给人带来良好的心情，也能带来积极向上的生活态度，因此，大学生应该重视生活环境的整洁舒适，加强生活劳动，提升自己的生活质量。

在每天繁杂的生活中，有许多劳动任务需要打理，这些就是人们的日常生活劳动，也叫生活劳动。生活劳动是人们基本的劳动，是维护生存、提升生活质量的必要劳动，在劳动中具有基础性的作用。

一、生活劳动及其重要意义

人们生活的每一天都与生活劳动紧密联系，生活劳动是人们不可或缺的劳动。

（一）生活劳动的含义

所谓生活劳动，顾名思义，就是围绕基本生活内容开展的劳动。家庭生活的内容非常丰富：如针对制作食物的劳动，包括各类食品采购劳动、烹饪劳动等；针对衣物管理的劳动，如洗衣服、熨烫衣服等；针对生活环境的劳动，如打扫房间、剪修草坪等。生活劳动虽然并不起眼，却对每个人的生活非常重要。

一般来说，生活劳动具有以下几个特点：第一，丰富性。生活劳动内涵极其丰富，涉及生活的方方面面。第二，个性化。由于每个人的生活环境和生活状态不同，因而每个人的生活劳动内容不同。第三，常态化。每个人每天都面临着生活劳动，因而生活劳动具有常态化的特征。第四，创新性。每个人都可以根据自己的生活劳动情况，创新社会劳动，找到生活劳动的妙招。

（二）生活劳动的重要意义

生活劳动对每个人的生活有着重要的影响，因此，生活劳动对每个人都具有重要的意义。

1.生活劳动可以提供生活最基本的保障

每个人每天都要面临着生活劳动，通过生活劳动满足自身衣食住行的需求，比如每天通过制作食物来获得充足的营养，通过打扫房间来获得良好的生活环境，由此可见，生活劳动给了人们最基本的生活保障。

2.生活劳动能够给人们良好的生活体验

显然，在脏乱差的环境下生活和在干净整洁的环境下生活的体验是不一样的。通过生活劳动，可以让衣物更整洁，让环境更清洁，让人们的生活体验更好、生活质量更高。

3.生活劳动有助于提升基本的劳动能力

生活劳动的内容具有一定的基础性，通过生活劳动，人们可以掌握基本的劳动技巧，熟练地开展劳动，这对于人们开展生产劳动也奠定了一定的能力基础。

4.生活劳动有助于培养积极健康的心态

在生活劳动中，人们不仅在劳动中获得了劳动的成果，也获得了劳动的快乐。生活劳动有助于培养人们健康积极的心态，帮助人们健康积极地面对生活。

5.生活劳动有助于培养良好的劳动习惯

在生活劳动中，人们可以逐渐养成良好的生活习惯，培养积极向上、热爱劳动的劳动态度，形成优秀的劳动品质，为成为一名优秀的劳动者奠定思想基础。

6.生活劳动有助于积累丰富的劳动经验

在生活劳动中，人们可以加深对劳动的认识，了解劳动的注意事项，发现更多劳动的细节，积累更多的劳动经验，这也有助于人们的职业发展。

二、家庭生活劳动

家庭生活劳动是家庭成员为了维持家庭成员正常生活而付出的没有经济报酬的劳动，是一种无偿劳动。具体的家庭生活劳动一般包括：家庭管理，衣物和鞋类的打理，自己动手的装修、维修和小规模修缮，住宅及周围的清洁和维护，提供食物，照顾儿童等。通过这些劳动，大学生可以在实践中提升劳动素养，形成积极的劳动态度和良好的劳动习惯，培养自觉劳动、热爱劳动的精神，为将来更好的人生发展奠定基础。

（一）衣物熨烫收纳

1.衣物熨烫实用技巧

（1）熨烫步骤

其一，以蒸汽熨烫机为例。熨烫机内注水，注水时应往熨烫机内灌注冷开水以减少水垢的产生，避免喷气孔堵塞。

其二，选择温度。熨烫机一般会有调节温度的旋钮，使用时可根据衣物的材质选用不同的温度，也可根据衣物上的熨烫标识选用合适的温度。

其三，熨烫。熨烫过程中应保持衣物平整，以免熨烫过后衣物再次留下褶皱，同时应在水温达到所调温度后再开始熨烫，因为在温度条件不够时无法形成水蒸气。

其四，熨烫完的衣服不要马上挂入衣柜，而应先挂在通风处，待衣服完全干透之后再挂进衣柜，以免衣物发霉。

（2）不同布料衣物的熨烫方法

其一，棉麻衣物的熨烫方法。

熨烫温度：160℃—200℃。

熨烫手法：第一，动作敏捷，但不能过快；第二，往返不宜过多；第三，用力不宜过猛；第四，熨烫浅色棉麻织品时应保持匀速，以免衣料发黄。

其二，丝质衣物的熨烫方法。

熨烫温度：10℃—120℃。丝质衣物需低温熨烫，过高的温度容易导致衣物褪色、收缩软化、变形，严重时还会损坏衣物。

熨烫手法：第一，垫布熨烫，或熨烫衣物反面；第二，熨烫时熨烫机要不断移动位置，不能在一个地方停留时间过久，以免产生烙印水渍，影响衣物的美观。

其三，皮衣的熨烫方法。

熨烫温度：80℃以下。

熨烫手法：第一，垫干燥的薄棉布进行熨烫；第二，熨烫时用力要轻，以防烫损皮革。

其四，毛织衣物的熨烫方法。

熨烫温度：薄款150℃以下，厚款200℃以下。

熨烫手法：第一，先将湿布盖在布料上，再熨烫；第二，熨烫时，熨烫机应平稳地在衣服上移动，不宜移动过快。

其五，合成纤维衣物的熨烫方法。

合成纤维种类繁多，不同的合成纤维衣物的耐热程度各不相同。初次熨烫前可先找衣物里面不明显的部位试熨，在掌握了适合的熨烫温度后再进行大面积熨烫。

2. 整理收纳衣物

（1）折叠衣物

其一，折叠衬衣。系上纽扣→前身朝下后背朝上抚平对正→以纽扣为中心，等距离将衣身两边向中间对折抚平→袖子折进两折向下转→下摆向上折翻过来使衬衣正面朝上→整理抚平。

其二，折叠西裤。拉上拉链、扣上扣子→从裤脚处将四条裤缝对齐→两条中线对齐→用手抚平→从裤脚至裤腰对折、再对折。

其三，折叠无中缝的休闲裤。拉上拉链、扣上扣子→从裤裆处将两条裤腿对折抚平→从裤腿到裤腰依次对折两次。

其四，折叠秋衣裤。折叠各类睡衣、背心、内衣裤的方法可参照衬衣、裤子的折叠方法。

其五，折叠羽绒服。拉上拉链、扣上扣子→平摊、抚平→左右衣袖平行交叠在胸前→从下方将衣身向上折叠至所需要的大小→双手慢慢挤压出羽绒服内的空气。

其六，折叠棉被、毛毯。将棉被、毛毯沿长度上下对折三次，然后从一端卷向另一端。卷时要用力，避免松散。这种折叠方法占用的空间小。如果空间允许，可将棉被、毛毯沿长度上下对折三次，然后从两端向内折叠成方块状。

（2）摆放衣物

其一，西服。西服上衣是立体剪裁，不宜抚平，尤其是肩部受挤压后影响美观。所以，挂放西服上衣时，要选用两端较宽的宽衣撑，以免肩部变形。西服裤子在存放时，可用带夹子的衣撑夹着折叠好的裤脚悬垂挂放。也可将四条裤缝对齐后横挂于衣撑上或折叠后存放于衣橱内。

其二，丝绸衣物。丝绸衣物要洗净晾干，最好熨烫一遍，再收纳在衣橱内，然后需罩起来，挂在衣橱内，以保持丝绸衣物的干净整洁。这类衣物易生虫、发霉、变色、怕压，可放在其他衣物上层或用衣撑挂起。

其三，针织类衣物。针织类衣物适宜折叠后摆放而不宜挂放。围巾可折叠或卷些防虫药剂（用白纸包好）。成卷摆放。袜子要成双成对摆放，可将两只袜子整齐地折叠在一起，从脚尖处向上卷起，然后翻起袜口将两只袜子包在其中。

其四，羽绒服。羽绒服要拉上拉链/扣上扣子，平摊、抚平，按羽绒服折叠方法折叠后放入衣柜。可在衣服内放置3—5粒用白纸包好的樟脑球。

其五，棉衣。棉衣要扣上扣子，平摊、抚平，左右衣袖平行交叠在胸前，从下方向衣身折叠至所需要的大小，放入衣柜。棉衣容易受热生霉，必须拆洗干净，晒干后再往衣柜内摆放。可在里面放3—5粒用白纸包好的樟脑球。

其六，棉被、毛毯。这类衣物视存放空间大小，按棉被、毛毯的折叠方法折叠成合适的体积摆放。棉被、毛毯吸湿性强，可先装入塑料包装袋中，再放入衣柜，每床棉被、毛毯内放入数粒用白纸包好的樟脑球。

其七，毛呢、毛料衣物。将衣服挂在宽型衣撑上，用专用衣罩罩起来悬挂在衣橱内。毛呢衣物怕挤压、怕虫蛀，可在衣物内放置数粒用白纸包好的樟脑球。

其八，毛皮衣物。将衣物挂在通风凉爽处晾干，用光滑的小竹竿敲打皮面除去灰尘。将毛皮衣物铺平，理顺皮毛，然后毛里对毛里折叠起来，用布包好装进塑料包装袋中，放入衣柜。毛皮衣物怕潮湿、怕高温、易生虫，包装时在毛里处放几粒用白纸包好的樟脑球。尽量在天气转暖不穿时及时收放。

（3）收纳鞋帽

一般存放鞋时，应在保养或洗刷后，用鞋撑或纸团撑起鞋内空间，然后再放入鞋盒。布鞋晒干后可直接放入鞋盒，毛绒里皮棉鞋，存放时应在鞋内放入数粒用白纸包好的樟脑球。针织帽子洗净晒干后可直接存放在衣橱内，呢质、挺括的帽子应挂放在衣橱内，必要时可用物品填充，以防变形。

（二）日常生活清洁

1.家具清洁

家具上有灰尘，不要用鸡毛掸子之类的工具拂扫，飞扬的灰尘会重新落到家具上。应该用半干半湿的抹布抹除家具上的灰尘，这样才会抹干净。对家具进行清洁保养时，一定要先确定所用的抹布是否干净。当清洁或拭去灰尘之后，一定要翻面或者换一块干净的抹布再使用。此外要选对护理剂。想要维持家具原有的亮度，可以用家具护理喷蜡和清洁保养剂等家具保养品。前者主要针对各种木制、聚酯、油漆、防火胶板等材质的家具；后者适用于各种木制、玻璃、合成木或美耐板等材质的家具，以及混合材质的家具。抹布使用完后，切记要洗净晾干。至于带有布料材质的家具，如布艺沙发、休闲靠垫，则可以使用清洁地毯的清洁保养剂。使用时，先用吸尘器将灰尘吸除，再将地毯清洁剂少量喷在湿布上擦拭即可。

2.常用家电清洁

（1）电视清洁

液晶屏是液晶电视的核心部分，自然也是清洁的重点。使用柔软的布沾少许玻璃清洁剂轻轻地擦拭（擦拭时力度要轻，否则屏幕会因此而短路损坏），不要使用酒精一类的化学溶液，不要用硬质毛巾擦洗屏幕表面，以免将屏幕表面擦起毛而影响显示效果，也不能用粗糙的布或是纸类物品，因为这类物质易产生刮痕。当不开电视时，请关闭显示屏（不要仅限于遥控器的关闭状态），以防止灰尘堆积。不要用指尖（经常对屏幕点触）或尖物在屏幕上滑动，以免划伤表面。另外保持使用环境的干燥，远离化学药品。

（2）电冰箱清洁

首先，将冰箱中其他物品以及可拆除的部件移出，取出的食物在室外放置时间不宜超过2小时。其次，清洗冰箱内可移动部件。用热水或肥皂水对冰箱中取出的部件进行清洗，用干净的毛巾擦拭干净。注意，不要将玻璃部件直接放进热水，以免炸裂，可待其温度恢复到室温后再用热水清洗。最后，对冰箱内部进行清洁、消毒。观察冰箱内部是否有结霜情况，如果有霜，应在清洁前先除霜。用热水或肥皂水清洁冰箱内部，并用干净的水擦拭掉肥皂水，尤其注意擦拭冰箱门、封条等不能移动的部位，包括门把手在内的冰箱外部也要进行消毒清洁，避免交叉污染。清洗擦拭后，用消毒剂进行消毒。通常选用次氯酸消毒液、84消毒液、75%酒精等擦拭消毒，使用时按照产品说明书操作。用清水擦洗晒干后，将取出的食物、可移动部件等放回冰箱。注意，使用消毒液消毒时，必须佩戴手套，做好防护。

（3）洗衣机清洁

一般新买的洗衣机在使用半年后，每隔3个月都应用洗衣机专用洗洁剂清洗一次。清洁洗衣机时，可先往一条干毛巾上倒上200毫升的米醋，然后把浸满米醋的毛巾放到洗衣机里，盖上洗衣机的盖子，按下电源键，调成甩干，再按下启动键，使桶的内部均匀地沾上米醋，保留1个小时，这样可以软化污垢。接着，倒半袋小苏打，往小苏打里倒入清水，把小苏打溶解一下，洗衣机内部加满水，把小苏打液倒进去，泡2个小时，2个小时后盖上洗衣机盖子漂洗两次。另外要注意，平时不用洗衣机的时候，应经常打开洗衣机的盖子让洗衣机内部保持干燥状态。洗完的衣服应立刻拿出来晾晒，不要闷在里面。

（4）空调清洁

空调清洗可用柔软的布蘸少量的中性洗涤剂擦拭空调器，而且清洗时水温应低于40℃以免引起外壳、面板收缩或变形；室内进风过滤网应每隔20天清洗一次，室外机组也应定期除尘。

（5）饮水机清洁

清理饮水机机身里的水垢时，可以先排尽余水，然后再打开冷热水开关放水，取下饮水机内接触矿泉水桶的部分，用酒精棉仔细擦洗饮水机内胆和盖子的内外侧，为下一步消毒做准备。按照去污泡腾片或消毒剂的说明书，兑好消毒水倒入饮水机，使消毒水充盈整个腔体，静置10—15分钟，但更建议从进水口倒入少许白醋或鲜榨柠檬汁，再将里面加满水，静置2小时，这样不用担心清洁剂残留对人体造成危害。

3.居室日常清洁

其一，清场。将影响清洁作业的家具、工具、材料、用品等集中分类放置到合适的位置。垃圾清扫后转移到室外或倒进室内垃圾桶。

其二，清洁墙面。掸去墙面的浮尘。

其三，清洁窗框。先湿抹，再铲除多余物，最后用干净的清洁巾擦净。

其四，清洁窗户玻璃。清洁窗户玻璃一般使用以下方法：擦窗器法；水刮法；搓纸法。

其五，清洁窗槽和窗台。首先用吸尘器吸出窗槽污垢，不易吸出的污物，用铲刀或平口工具配合湿润的清洁布尝试清理，尽量使用旧的清洁布或废布。窗槽清理完毕，将窗台收拾、擦净。

其六，清洁纱窗。可用水冲洗纱网，再擦净纱窗窗框。晾干之后安装。

其七，清洁卧室、客厅、餐厅、书房、阳台的开关、插座、供暖设施、柜体、家具类表面等。

其八，清洁厨房。依序为顶面、墙面、附属设施、橱柜内部、橱柜外部、台面、地面（如果厨房为清洁使用水源地，厨房地面可安排在后期进行）。

其九，清洁卫生间顶面、附属设施、墙面、台面、洁具。

其十，清洁踢脚线。踢脚线上沿吸尘，然后擦净。

其十一，清洁门体。依序是门头、门套、门框、门扇、门锁。

（三）家庭烹饪基础

1.烹饪原料

烹饪的原材料可分为蔬菜、水产品、畜禽、粮食作物和果品五类。

其一，蔬菜是人们日常饮食中必不可少的食物之一。蔬菜可提供人体所必需的多种维生素和矿物质等营养物质。

其二，水产品包括捕捞和养殖生产的鱼、虾、蟹、贝、藻类等，水产食品营养丰富，风味各异，富含蛋白质、脂肪、矿物质和维生素。

其三，畜禽类食品可加工烹制成各种美味佳肴，是一类食用价值很高的食物。畜禽类食品富含蛋白质、脂肪、维生素及铁、锌等矿物质。

其四，粮食作物是谷类作物（包括稻谷、小麦、大麦、燕麦、玉米、谷子、高粱等）、薯类作物（包括甘薯、马铃薯、木薯等）、豆类作物（包括大豆、蚕豆、绿豆、小豆等）的统称，亦可称食用作物。其产品含有淀粉、蛋白质、脂肪及维生素等。

其五，果品是指多汁且有甜味的植物果实，不但含有丰富的营养还能够帮助消化，是对部分可以食用的植物果实和种子的统称。果品主要为人体提供维生素、矿物质和微量元素。

2.烹饪调料

烹饪常用的调料有油、盐、酱油、醋等。

其一，油具有传热、增加菜的色泽和营养成分的作用，常见的有花生油、菜籽油、大油、橄榄油等。

其二，盐具有调味、杀虫的作用，不宜多吃。市面上销售的盐通常有粗盐、精盐、食用盐等。食用盐通常由岩盐或海盐制成，一般添加有碘。

其三，酱油是中国传统的调味品。用豆、小麦、麸皮酿造的液体调味品。色泽呈红褐色，有独特酱香，滋味鲜美，有助于促进食欲。酱油一般有老抽和生抽两种：老抽味较淡，用于提色；生抽味较咸，用于提鲜。

其四，醋是调味品中常用的一个品类，味较酸，醋在中国菜的烹饪中有举足轻重的地位，常用于熘菜、凉拌菜等，可以让菜的味道变得丰富，吃起来更加爽口。

3.烹饪火候

其一，大火。是一种最强的火力，用于"抢火候"的快速烹制，它可以减少菜肴在加热时间里营养成分的损失，并能保持原料的鲜美脆嫩，适用于炒、烹炸、爆、蒸等烹饪方法。

其二，中火。也叫文火，有较大的热力，适于烧、煮、炸等烹调手法。

其三，小火。也称慢火、温火等。火焰较小，火力偏弱，适用于煎等烹饪手法。

其四，微火。微火的热力小，一般用于酥烂入味的炖、焖等菜肴的烹调。

4.烹饪安全

（1）用火安全

在利用燃气灶等明火烹饪食物时，应注意：第一，烹饪过程中不要远离厨房，以防汤水溢出浇灭燃气灶火苗造成燃气泄漏事件。第二，厨房内禁止存放酒精、汽油等易燃危险物品，以免引起意外失火。第三，保持燃气灶周围空气流通。第四，若闻到煤气味，怀疑燃气泄漏，应立即关闭燃气阀门和附近的火源，同时打开门窗进行通风，注意不要开关任何电器，包括手机。若煤气味强烈，则应立即外出打电话报警并通知邻居疏散。

（2）用电安全

在用电饭煲、电磁炉等电器烹饪食物时，应注意：第一，湿手不得接触电器及电器装置，以防触电。第二，电器用完后应关掉开关并拔下插头，防止电器因长时间通电而损坏。

（3）烹饪工具使用安全

在使用烹饪工具的过程中，应注意：第一，玻璃器皿、瓷器不能放置在台面边缘，以免掉落伤人。第二，在使用刀具前，应检查其是否存在裂纹、松柄、锈蚀等现象，避免在使用过程中发生意外。第三，刀具在使用完后应插入刀套或刀鞘内，不得放在操作台边缘及过高处，以免坠落伤人。

（四）家庭绿植养护

绿植不仅能为居室带来新鲜空气，还能装扮居室，制造亲切自然的气氛，令人平心静气、轻松舒适。在养护的过程中也能让我们的身心愉悦健康，让我们生活更富有活力。

1.室内绿化植物的选择

事实上大部分盆栽植物都能摆放于室内，而居室的主人、条件、环境不同决定了室内绿化植物选择须遵循"因地制宜，适室适花"的原则，科学研究表明，大多数观叶植物能在室内半阴和具有明亮散射光的条件下正常生长，因此人们可根据使用需求和植物特性相结合来选择相应的植物。在居家绿化植物材料选择上，应该遵循以下三个条件。

（1）温度条件

我国南北方住宅的温度条件不同，根据室内温度条件选择适宜的绿化植物与品种，是室内居家绿化成功的关键。

（2）光照条件

室内一般是封闭的空间，光照条件较差。最好选择的是耐较长时间隐蔽的阴生观叶植物或半阴生植物为主。在漫射光线下，它们也能生长，并不影响观赏价值。在较大面积南窗前，离窗0.5—0.8米阳光充足的位置，可选用喜阳植物，如扶桑、兰花之类。需要注意的是任何植物在放置一段时间后都需要转换位置，避免植物由于向光生长习性导致偏冠而影响其美感。

（3）空气湿度条件

这个因素对亚热带和热带观叶植物影响较大。尤其在北方地区干旱多风的季节，或在冬季室内需要取暖的季节，室内湿度较低，对于空气湿度要求较高的观叶植物应慎重选择。

2.不同空间的绿植配置

室内绿化植物的配置，应根据不同的使用场所来选用，居室绿化讲究的是美，需要一定的艺术手法来表现绿的形式与内涵，达到满足室内环境装饰以及人们审美需求的目的。居家绿化植物配置的基本手法可分为：摆放式、垂吊式、壁挂式、镶嵌式等。同时，根据房间功能不同，可以选择不同的植物：如客厅是待客的地方，可以选择典雅大方的君子兰等；餐厅以用餐为主，选择改善环境的富贵竹较好；书房是读书写作的地方，可以放置宁静文雅的吊兰；卧室是休息的地方，可以放置恬静安逸的龙舌兰等。

3.室内绿植的养护常识

（1）温度与光照

多数室内观叶植物花卉生长的适宜温度为10℃—30℃，超过此区间花卉生长会受到抑制，温度低于5℃或者高于50℃会死亡。热带花卉耐低温差，寒带花卉耐高温差。因此冬季要防寒，夏季要遮阴降温。

光照是绿色植物花卉光合作用的源泉。不同的植物花卉对光照的强度、长短有不同要求，一般室内观叶植物花卉喜阴，应该避免烈日暴晒，但也需保持适当的光照。

（2）浇水管理

室内植物的养护中非常重要的一环就是对植物进行浇水管理。一般情况下给室内植物浇水应该遵循宁干勿湿的原则，需要浇水时应一次性浇透，万不可浇拦腰水。另外，还需要根据植物的生长特点来决定浇水量的多少，如处于生长期就需要大量浇水，处于休眠期就应该少浇水。仙人球、芦荟等植物自身水分充足，不论哪一生长时期都应该少浇水。

季节不同，植物的需水量也要有所不同。一般来说，春季、夏季和秋季补充水分要充分、及时。夏季气温高，最好能每天早晚各浇一次水，而冬季气温低，要严格控制土壤中的水分，以提高植物的抗寒能力。

（3）土壤与施肥

绿色植物花卉生长要求土壤的结构好、肥分充足、酸碱度适宜。结构好主要是质地疏松、吸排水性好、持水性强、透气性好。肥力取决于氮、磷、钾及微量元素的含量，氮促进枝繁叶茂，磷促进花果生长，钾促进根系发达。肥力不足会导致发黄、枯死。通常每两个月施肥一次，入秋后应停施氮肥，多施钾肥，利于越冬。

（4）病虫防治

绿色植物花卉的病害主要有煤烟病、白粉病、缺铁性黄化病等。发生病害时需要及时清除病叶、病株，改善通风透光，加强土、肥、水管理，洗净染病枝叶，必要时辅以一定比例食醋、多菌灵等药剂喷洒。

绿色植物花卉的虫害主要为蚜虫、介壳虫、红蜘蛛等，较轻时可用清水洗净、严重时可用药剂喷杀。

> **劳动视野**

加强日常生活劳动教育是社会发展的必然要求

一、我国古代十分重视日常生活劳动教育

远古时代，先民以采集和狩猎为主，在恶劣的自然环境中，以劳动与天地抗争。夸父追日、女娲补天、精卫填海、大禹治水、愚公移山等众多故事反映了先民们努力生存的劳作内容。虽然在古代劳动过程中物质性占主导地位，但劳动的精神性得到丰富和发展。劳动在围绕生存技能提高的同时，逐渐与教育相结合，形成简单的劳动教育。

就个体而言，我国古代劳动教育主要以家庭为重点进行，以家风家训形式加以肯定。如朱子治家格言：黎明即起，洒扫庭院，要内外整洁；既昏便息，关锁门户，必亲自检点。作为明末清初著名的理学家、教育家，朱子对子女的劳动要求表述得十分明确：黎明天将亮时就要早早起床，起床后要洒水打扫庭院，保持屋内屋外干净整洁。夜幕降临了就要休息，要亲自将门窗锁好并进行检查，不可假手于人。通过严格践行日常生活起居中最简单的劳动，使子女养成早起早睡的良好生活习惯和自己动手的良好劳动习惯，培养持之以恒的勤劳品质。再如曾国藩家族有名的"八字家规"：书、蔬、鱼、猪、早、扫、考、宝。其中"早"即"起早"，"扫"即"扫屋"。作为一代名臣，他也同朱子一样，将每日早起、打扫房屋纳入家规进行严格要求。我国古代名人将这些平凡琐碎的家务劳动纳入家风家训中，足见他们高度认可劳动对孩子良好品行养成方面的重要作用，肯定参与日常生活劳动是古人实现"修身、齐家、治国、平天下"抱负的重要基础。

就社会来看，我国古代同样注重营造尊重劳动的社会风尚。作为农耕文明国家，日常生活劳动与生产劳动紧密结合。如皇家历来重视农历二月初二。晋代文史学家皇甫谧的《帝王世纪》里记载，"三皇"之首伏羲重农桑，务耕田，每年新春二月二都要"御驾亲耕"。司马迁在《史记》中记述周武王率文武百官亲耕。宋元时期二月初二既是"耕事节"，又是"劳农节""踏青节"。明清自雍正以后，每年二月初二，皇帝都会到专门开辟的"一亩园"扶犁耕田。再如著名的"亲蚕礼"更以隆重的仪式表达皇家对劳动的推崇。《春秋·谷梁传》记载："天子亲耕，王后亲蚕。"为表达对农业、蚕业的至高崇敬，每年仲春吉日，由皇后亲自主持祭祀蚕神的仪式，以祈求来年风调雨顺。我国古代统治阶层高度重视农业生产劳动，这与农耕国家的特点密不可分。通过自上而下的推崇，热爱劳动的社会风尚得以肯定。"智如禹汤，不如常耕""日出而作，日落而息""晨兴理荒秽，带月荷锄归"……古人用诗句赞美劳动、称颂劳动，在精耕细作中，中国劳动文化得到长久的延续，勤劳则成为中华民族最悠久的传统美德。

二、国外高度重视日常生活劳动教育

国外高度重视日常生活劳动教育，在中小学阶段就通过课程体系设置重视日常生活劳动教育。《劳动教育的国外模式与课程实施》中指出：英国"面向未来生活"的劳动教育模式包含烹饪与营养必修课，旨在培养中小学生学会烹饪这项关键的生活技能；美国的家庭特别注重对孩子劳动习惯、劳动精神的培养；在日本"家校、社会相结合"的劳动模式中，家庭劳动以家务活动为主要内容。

另外，国外的劳动教育特点鲜明。首先，国外劳动教育内容比较全面。他们在中小学阶段就相对完整地融入了培养独立意识的日常生活劳动教育。如德国的劳动教育课设五种专用教室，其中烹饪教室、缝纫和编织教室重在培养学生独立生活的家政技能。瑞典在小学阶段设置的家政课包括食品、膳食和健康方面内容，要求学生会安全使用厨具，能根据个人能量和营养需要准备膳食。其次，国外劳动教育安排比较系统。他们根据学生的年龄特点进行劳动内容的进阶式设计。如日本在小学阶段结合第一产业侧重让学生参与手工制作等体验性活动，初中阶段注重劳动方面的体验性学习，以树立劳动观念，高中阶段参与学习第二、三产业相关的劳动体验活动，着重加强职业观念。最后，国外劳动教育方式比较日常化。日本学校的家政课重在培养学生烹饪基础、衣服整理和保持房间舒适的能力。芬兰的家政课要求学生学会选择、制作食物；学会合理使用水、天然气等与生活起居相关的知识和技能。国外的日常生活劳动教育内容丰富、部署系统、注重日常实用性，非常值得我们借鉴。

纵观古今中外，加强日常生活劳动教育是社会发展的必然要求。明确实施重点在于通过劳动，引导学生有计划地实施、参与日常生活各项劳动任务，要躬身入局，劳动不能光说不练；摒弃"万般皆下品，唯有读书高"的错误意识，要明确"持续开展日常生活劳动，自我管理生活"是个人生存生活的基础，是个人全面发展的必要途径，是实现美好生活的必经之路。学校加强劳动教育的目的在于让学生做好"为了劳动"的准备，即从劳动精神面貌、劳动价值取向和劳动技能水平等方面让学生做好踏上社会进行劳动的准备，而"一屋不扫何以扫天下"又再一次印证了加强日常生活劳动教育是成为"劳动者"之前的必要准备。

三、校园生活劳动

校园生活劳动作为大学生劳动教育体系的一部分，是大学生劳动教育关于理论和实践的结合，大学生在学校学到的劳动教育知识，首先就应当运用到校园劳动中，校园生活劳动是大学生参加的主要劳动，也是培养大学生树立正确劳动观的主要场所。

（一）宿舍卫生整理与美化

宿舍卫生整理与美化是大学生校园劳动的重要内容。

1.宿舍卫生整理的意义

个人的生活习惯往往是各人自身修养的重要体现。大学是很多同学在生活上真正独立的开始，因而更应该注意个人习惯的养成。宿舍是大学生在学校的"家"，宿舍卫生整理的重要性体现在几个方面。

首先，学生宿舍作为大学生在校的主要生活场所，其环境舒适整洁有助于学生更好地学习和生活，使学生保持心情愉悦，进而提高学习效率，更好地享受美好的大学生活。

其次，宿舍作为学生们共同的生活空间，其环境状况既是每个成员个人生活习惯的集中体现，又会影响每个同学的生活习惯养成。强调宿舍卫生整理，既有利于学生形成良好的个人生活习惯，塑造干净整洁、积极向上的个人形象，也有利于学校将养成教育和学风建设相结合，创建文明校园。更重要的是，宿舍卫生整理可以增强学生吃苦耐劳的精神，培养团队合作意识，将"劳动最光荣、劳动最崇高、劳动最伟大、劳动最美丽"落实到行动当中，使学生更加理解体力劳动的不容易、不可或缺，体验劳动的成就感。

总之，宿舍卫生整理可以帮助学生形成严谨、细致的生活作风，养成良好的个人习惯，培养责任意识，塑造团队精神，助力自身不断进步与成长。

2.宿舍卫生整理的标准

宿舍卫生整理的总体目标应该达到"三个六"。

第一是六个"干净"：墙面、地面、玻璃、门窗、桌椅橱、其他物品六个方面干净整洁。

第二是六个"无"：无异味、无杂物、无违规电器、无乱摆乱挂、无蜘蛛网、无烟蒂酒瓶。

第三是六个"整齐"：被褥床铺叠放整齐，桌椅摆放整齐，书本立放整齐，其他个人物品挂放整齐，个人鞋类摆放整齐，暖壶及其他用具置放整齐。

除了总体目标外，每个宿舍成员每天还应自觉做到"六个一"，自觉遵守"六个不"，维护好宿舍的良好生活环境。

所谓"六个一"是指：叠一叠被褥，扫一扫地面，擦一擦桌面，整一整柜子，理一理书架，倒一倒垃圾。

所谓"六个不"是指：公共设施不损坏，果皮、纸屑不乱扔，异性宿舍不出入，宿舍聊天不喧哗，危险物品不存留，违规电器不使用。

除此之外，还要在宿舍内杜绝一切不文明行为，比如养宠物，在宿舍楼内大声喧哗、抽烟，在门口丢垃圾等。

3.做宿舍美化的实践者

美化宿舍既可以凸显个性，又可以让人心情愉悦，产生归属感。在美化宿舍的过程中，首先要做到简单、大方。学生集体宿舍因空间有限，不需摆放过多物品进行装饰，否则会显得杂乱无章。其次要做到温馨、舒适。宿舍是放松休息的地方，在美化时可重点烘托温馨、舒适的氛围，让室内充满家的温暖气息。此外，还要突出文化气息。学生宿舍也是学习的场所，在美化时，要从色彩、风格上考虑这个因素，营造一个安静朴实、书香飘溢、适宜学习的空间。

美化宿舍的重要手段之一就是打造特色宿舍，在干净整洁的基础上按照主题特色去布置宿舍。在打造特色宿舍的过程中，首先，充分考虑个人的生活学习习惯、兴趣爱好、文化背景等因素，选择具有共同基础又与众不同的宿舍文化主题。常见的特色宿舍主题有学习型宿舍、运动型宿舍、环保型宿舍、创业型宿舍、浪漫型宿舍、国风型宿舍等。其次，围绕选定的宿舍文化主题，做出别出新意的整体美化设计。最好全体成员共同商议，确定特色建设方案，然后共同参与建设，这样有助于培养民主协商的意识，还可以增进室友间的感情。最后，宿舍成员共同制定与文化主题相匹配的活动，比如行为习惯养成计划、寝室团建活动等。

宿舍是每一个成员的"家"，它由多个小空间组成，因此在宿舍美化时除了考虑宿舍的整体风格，每个人也可以考虑自己的审美喜好和兴趣，增加一些别具特色的小设计，打造属于自己的别具一格的"私密空间"，彰显自己的个性。

在美化、改造宿舍的过程中，还要始终坚持节约用料、变废为宝的理念。低碳、绿色、环保不仅是当前的社会需求，也是青年一代的时尚风潮，理应成为大学生的生活方式。比如有的同学在美化宿舍时充分利用牛奶盒、饮料瓶、废纸箱等被忽略的生活垃圾和旧物品，做成各种实用的日用品，不仅创意十足，更向周围的人传递了绿色环保的生活态度。

（二）校园卫生整理与美化

校园卫生整理与美化也是大学生劳动教育的重要内容。

1.教室保洁内容与要求

其一，早上和放学后需安排专人打扫室内卫生和清洁区。教室应经常开窗通风，保持室内空气新鲜，地面和课桌桌面保持干净，无果皮、纸屑等废弃物，无垃圾死角。

其二，课桌凳椅摆放整齐，讲台干净，教具、粉笔摆放有序。讲台各类设备要整理，有序放置在相应地方。

其三，教室门窗经常擦洗，窗帘定期清洗，墙壁无灰尘及蜘蛛网。窗台无灰尘，并及时清理杂物。

其四，前后黑板无乱写、乱画现象，黑板报或宣传栏要保持完好，并定期更换。黑板要及时擦干净，板槽内无粉笔灰末等杂物，做到定期清洗黑板。

其五，教室布置要整齐美观，讲究文化氛围，不得在墙壁及桌凳上乱写、乱画、乱刻和胡乱张贴。如有违规，要及时清除。

其六，教室内垃圾不准长时间放置，及时处理垃圾池、垃圾箱等。打扫工具如拖把、扫帚等要摆放整齐，不得东倒西歪，并保持干净干燥。

其七，教室四周墙壁瓷砖保持干净，定期擦拭。

其八，教室内的一切设备，任何人不得损坏和私自拿走。学生离开教室时应主动关灯，关好门窗。

其九，教室外走廊内外侧的墙壁，无灰尘、蜘蛛网、脚印等。走廊走道无果皮纸屑等垃圾，地面无痰迹、无积水。

其十，实训教室应保持干净整洁，不得乱扔果皮纸屑、废弃物等。各类用品和展品不得随意使用、翻动。实验实训前应检查实验所需药品器材是否齐全完好，如有缺漏损坏，应及时报告教师。要爱护实验室仪器设备，爱惜药品、材料，如在实验中损坏，应及时报告教师。实验完毕，应整理仪器装置，清洁器皿，搞好卫生，并经教师检查后再离开实验实训教室。

2. 休闲空间、走廊保洁内容与要求

其一，休闲空间、走廊的地面、道路等干净整洁、无垃圾、无丢弃物、无落叶、无杂草、无污水痕迹。草坪、花坛及绿化景点内干净整洁、无垃圾和丢弃物，草坪、花坛及绿化景点等每日清扫1次并保洁。草坪、花坛及绿化景点花草及时修剪枝叶，维护造型，定期施肥灌溉。

其二，休闲空间、走廊的废物箱及垃圾桶内的垃圾每日至少清倒1次。废物箱、垃圾桶每周至少清洗擦拭2次，做到废物箱、垃圾桶内的垃圾杂物少、不满溢、外表干净。

其三，休闲空间的喷泉、景观水塘和水渠等水域无废弃物和漂浮物。对喷泉、景观水塘和水渠等要每日巡视打捞杂物1次，做到无废弃物和漂浮物，喷泉池每年至少清理清洗换水1次。

其四，休闲空间、走廊地面、道路面和阶梯面等每日清扫1次并保洁。地面、路面和阶梯面等基本见本色。

其五，休闲空间、走廊等处室外扶手、栏杆、休闲椅凳及大理石贴面等每周至少清扫擦拭2次，做到干净整洁，无乱贴物。

3. 机动车道、人行道保洁内容与要求

其一，机动车道、人行道要求每天清扫2次。清扫时，用大扫把对机动车道、人行道全面清扫，做到"五无""五净"。"五无"指无堆积物、无果皮纸屑、无砖瓦土石、无污泥积水、无痰迹。"五净"指路面净、果皮箱净、沙井沟眼净、道路石牙眼净、树根周围净。

其二，每周清扫1次雨水井、沙井等垃圾杂物，保持通畅。

其三，禁止在道路两侧灯柱、垃圾桶及宣传栏张贴小广告，及时清除道路灯

柱、垃圾桶、宣传栏上的广告。

其四，清理道路两侧环卫设施。果皮箱要放置垃圾袋，外观应整洁无垢，每周清洗箱体1次，箱内垃圾日产日清，无积压、溢满，周围地面不得有垃圾堆放。垃圾要及时收集运走。

其五，每周清洁1次路标等信息标志。

4.广场、台阶、水沟等保洁内容与要求

其一，广场地面保持干净，白色垃圾、烟头、积水等不得长时间留存。落叶季节应加强清扫次数，确保广场地面无落叶堆积。广场地面、路沿、台阶，每天清扫2次，循环保洁。台阶、路沿杂草及时清除，排水沟每日清扫1次。广场地面根据不同材质定期进行清洗，一般每个月清洗1次。地面保持洁净，现本色。

其二，广场周边放置垃圾箱，套上垃圾袋并及时清理，垃圾不得溢满。及时运走垃圾，垃圾箱旁边不得堆放垃圾。定期擦拭垃圾箱箱体，外表无污渍、无痰迹。

其三，所有室外台阶处，定期进行拖洗，不得有泥土和灰尘堆积现象。定期清理台阶缝隙杂草、杂物。

其四，校园所有广场、主干道每月冲洗不少于1次。每学期开学前冲洗1次，标准以地面无尘土为准。特殊时期，如学校重大节庆等，视校园当时情况而定及时安排清洗。

其五，不得往广场、道路两边排水沟倾倒垃圾，及时清理排水沟，确保排水畅通无阻。

劳动视野

做校园里的绿色使者

党的十九大报告提出，要"像对待生命一样对待生态环境""为把我国建设成为富强民主文明和谐美丽的社会主义现代化强国而奋斗"。建设美丽中国，保护生态环境是功在当代、利在千秋的伟大事业。同学们要清醒地认识到保护生态环境的紧迫性和艰巨性，清醒地认识到加强生态文明建设的重要性和必要性，积极做绿色环保的践行者。

一、树立绿色低碳环保意识，形成绿色价值取向

习近平总书记指出："必须树立和践行绿水青山就是金山银山的理念。"良好

的生态环境就是生产力和社会财富，生态环境在经济社会发展中也具有重要的价值。我们既要金山银山，又要绿水青山，高校应主动制定并实施碳达峰、碳中和规划，这是"绿水青山就是金山银山"生态文明思想在高校的进一步贯彻落实。不仅能显著减少全社会排放量，更能起到环境育人和社会带动作用，校园碳中和本身也会推动科技研发和推广应用。

二、养成绿色低碳习惯

绿色发展的理念需要每个人的实践。大学生要从小事做起，不买不必要的物品，不穿的衣物及时投放到衣物回收箱，闲置的文具、书本、笔记本可以送给其他有需要的同学，或者通过跳蚤市场进行置换，自备水杯、餐具，减少使用一次性纸杯和餐具。在宿舍、教室要节约用电、用水。复印或打印资料时尽量正反双面使用，节省纸张。外出选择绿色出行，少乘机动车，人人争做绿色低碳标兵、处处体现绿色低碳文化，时时参与绿色低碳行动。

三、主动宣传绿色低碳的生活方式

绿色低碳的生活方式与每个人的生活息息相关，体现我们对绿色发展理念的认同度和践行力，对绿色发展和生态文明的最终实现具有关键作用。我们要时时刻刻传播绿色低碳的"种子"，带动周围的人养成绿色低碳的生活方式，每一位同学都应以实际行动参与低碳校园的建设。

除此之外，大学生还可以通过科技创新手段将绿色环保理念转变为环保发明，将其应用到实际生活中。环保发明既可以有效提高大学生的科技创新能力和社会实践能力，又完美地诠释了"节能减排，全民行动"的低碳宣言。

只要我们坚持从我做起、知行合一，就一定能换来蓝天常在、青山常在、绿水常在，一定能开创社会主义生态文明的新时代，赢得中华民族永续发展的美好未来。

四、生活垃圾处理

"垃圾是放错地方的资源"，进行垃圾分类，实现变废为宝，是生态文明建设倡导绿色循环低碳生活方式的重要内容。实行垃圾分类，首先，可以减少垃圾处理量，避免潜在污染，保护生态环境。其次，综合利用好垃圾可以促进资源回收利用，获得更高的经济利益。最后，有利于提升国民素质，推进社会文明，达到生态效益、经济效益和社会效益大丰收。大学生应该加强参与垃圾分类的自主意识，不仅自己做好垃圾分类，还应当参与到垃圾分类相关知识的宣传、推广中。

（一）垃圾分类的意义

相对于快速发展的社会经济和日益美好的社会生活，公民对生活垃圾的分类处理意识和具体分类方法还不熟悉，垃圾混投、混运、混处理现象严重影响了环境卫生和资源再利用。党的十九大报告提出推进绿色发展，这为实施生活垃圾分类投放、分类收集、分类运输、分类处置提供了政策依据。2017年，国家发展改革委、住房城乡建设部共同发布了《生活垃圾分类制度实施方案》，为中国生活垃圾分类制度的实施制定了路线图。

2018年11月，习近平总书记在上海市考察时指出，垃圾分类工作是社会新时尚，需要全民参与。垃圾分类体现了每一位公民追求美好健康环境的内在需求，体现了新时代人民对美好生活向往的重要维度，也是全社会共同关注的热点。全民参与垃圾分类，具有以下几点重要意义。

1.垃圾分类可以有效减少环境污染

我国现有的垃圾处理方式主要是填埋和焚烧两种。用填埋的方式处理垃圾，是指在远离生活场所的地方建立垃圾场，将垃圾统一运输到垃圾场进行填埋。虽然填埋时会采用相应的隔离技术，但也难以杜绝垃圾中有害物质的渗透，这些有害物质会随着循环进入整个生态圈，污染水源和土地，并通过植物或动物，最终影响人类的身体健康。此外，焚烧垃圾同样会产生大量危害人体健康的有毒气体和灰尘。

在生活垃圾中，有许多是可循环利用的物品，比如纸张，处理它们并不需要填埋和焚烧。如果我们能够做好垃圾分类，将纸张进行单独处理，就能有效地减少由垃圾填埋和焚烧所造成的环境污染。

2.垃圾分类可以促进资源循环利用

垃圾的产生就是人们将自己不用的资源当成垃圾抛弃，这种废弃资源的方式对于整个生态系统都会造成不可估计的损失。国家推行生活垃圾分类处理，就是让放错了地方的资源回归到正确的位置。例如，垃圾中的可回收纸张能够有效减少对森林资源的使用和浪费，可回收的果皮蔬菜等生物垃圾可以作为绿色肥料给土地施肥。此外，垃圾分类还有利于改善垃圾品质，将原本需要填埋焚烧的垃圾进行无害化处理。总之，垃圾分类是处理垃圾公害的最佳出路。

3.垃圾分类可以节省土地资源

用于垃圾填埋和堆放的垃圾场需要占用大量的土地资源，且垃圾场都属于不可重复使用的土地资源，至少不能重新作为生活区被使用。同时，生活垃圾中有不易降解物质的存在，会使土地受到严重腐蚀。据相关数据统计预测，推行垃圾分类后将有近三分之二的可回收垃圾被再次利用，换句话说，就是减少了生活垃圾的产生，从而节省了大量土地资源。

4.垃圾分类可以提高民众的价值观念

实行垃圾分类被全球公认为一个国家发展的必然路径。垃圾分类能够让民众学会如何节约资源、重新利用资源，不仅有助于公民更加关注环保问题，保护公共环境，养成良好的生活习惯，提高个人的公德意识和公民素养，而且有助于公民转变思维，创新地利用一切可重复利用的资源，形成节约意识和创新意识。

学校作为人口密集的公共场所，垃圾分类任务繁重、紧迫。而大学生是未来社会的中坚力量，又是垃圾分类的直接受益者，更应该从自身做起，用举手之劳维护美好家园。

（二）让垃圾分类成为新时尚

垃圾分类不仅有益于社会发展，而且是时尚的活动。

1.可回收物

可回收物是指适宜回收利用和资源化利用的生活废弃物，如废纸张、废塑料、废玻璃制品、废金属、废织物等。可回收物主要包括：报纸、纸箱、书本、广告单、塑料瓶、塑料玩具、油桶、酒瓶、玻璃杯、易拉罐、旧铁锅、旧衣服、旧包、旧玩偶、旧数码产品、旧家电等。

可回收物投放要求：第一，轻投轻放；第二，清洁干燥、避免污染，废纸尽量平整；第三，立体包装应清空内容物，清洁后压扁投放；第四，有尖锐边角的，应包裹后投放；第五，采取一定的强制性措施。如日本根据垃圾的性质将回收垃圾的时间进行了分类，避免大家混装。居民一旦错过某种垃圾的投放时间，需等待下次垃圾车的到来。这种强制性措施的实施，很好地促使了日本国民垃圾分类意识的形成。

2.有害垃圾

有害垃圾是指对人体健康或者自然环境造成直接或潜在危害的废弃物。有害垃圾主要包括：废电池（充电电池、铅酸电池、镍镉电池、纽扣电池等）、废油漆、消毒剂、荧光灯管、含汞温度计、废药品及其包装物等。

有害垃圾投放要求：第一，投放时请注意轻放；第二，易破损的应连带包装或包裹后轻放；第三，易挥发的应密封后投放。

3.厨余垃圾

厨余垃圾是指居民日常生活及食品加工、饮食服务、单位供应等活动中产生的垃圾。厨余垃圾主要包括：丢弃不用的菜叶、剩菜剩饭、果皮、蛋壳、茶、骨头等。

厨余垃圾投放要求：第一，厨余垃圾应当提供给专业化处理单位进行处理；第二，严禁将废弃食用油脂（包括地沟油）加工后作为食用油使用；第三，纯流质的食物垃圾，如牛奶等，应直接倒进下水口；第四，有包装物的厨余垃圾应将包装物去除后分类投放。

4.其他垃圾

其他垃圾是指危害较小，但无再次利用价值，如建筑垃圾类和生活垃圾类等，一般采取填埋、焚烧、卫生分解等方法，部分还可以使用生物处理。其他垃圾主要包括：砖瓦、陶瓷、渣土、卫生间废纸、瓷器碎片等难以回收的废弃物。

其他垃圾投放要求：第一，采取卫生填埋可有效减少对地下水、地表水、土壤及空气的污染；第二，难以辨识类别的生活垃圾投入其他垃圾容器内。

自评自测

学生自测表

（根据掌握情况，在符合情况下打"√"）

内容	良好	较好	一般
熟练家庭生活劳动			
应对校园生活劳动			
合理对待垃圾分类			

学完本讲，你有什么心得体会：

劳动实践

打造舒适的房间

一、实践目标

充分认识到舒适房间打造的意义、内容和方法，提升打造舒适房间的实操能力。

二、实践方法

通过装饰自己的宿舍或者家庭房间，来提升生活劳动的能力。

三、实践实施

1.按照房间格局，精心准备一张设计图纸。

2.对现有房间进行清理，对现有物品进行分类，保证所有物品都能够物尽其用。

3.彻底打扫卫生。

4.刷乳胶漆或者粘贴壁纸。

5.摆放家具，并将自己所有的个人物品摆放到位。

6.调整好房间内的灯光。

7.将自己喜欢的装饰品装饰到位。

四、实践成果

可用照片或者录像的形式展示房间的效果。

五、知识链接

打造舒适房间的知识

（一）空间布局

其一，确定功能区域。合理规划区域，如休息区、学习区、娱乐区等，让空间得到最大化的利用。

其二，开放式设计。将各个区域融合在一起，使空间显得宽敞。例如，将床位放在角落，床头柜与书桌相连。

其三，灵活利用空间。对于小空间来说，要灵活利用墙面和角落。例如，可以在墙面安装书架或置物架。

（二）色彩搭配

其一，冷暖色调。暖色可以营造温馨的氛围感，延展空间视觉体验，比较适合小格局卧室。蓝色又叫治愈色，可以消除紧张情绪和助眠。浅灰色的协调性比较好，可以搭配多种颜色。在色彩搭配上，可以选择冷暖色调相结合的方式。例如，温暖的灯光和家具可以与冷色调的墙面和地板形成对比，增加空间的层次感。

其二，明亮与柔和。为了使空间更加温馨舒适，可以选择柔和的色彩搭配，如浅蓝色、米色和灰色。同时，避免使用过于刺眼的颜色，以免让人感到不适。

其三，墙面与家具颜色搭配。对于小空间来说，可以选择淡色调的墙面，这样会使空间显得更加宽敞明亮。同时，家具的颜色可以选择与墙面相近的颜色或互补色系来增加整体协调性。

（三）家具与装饰

其一，简约风格。建议选择线条简单、颜色干净利落、风格简约的家具，适合小空间使用。

其二，实用性。卧室的家具要有实用性。例如，带有储物功能的床铺和书桌；窗帘选择布帘和纱帘的组合，可以兼顾隐私和遮光。

其三，装饰品。装饰品来点缀空间，可以增加空间的趣味性。例如，墙上挂有趣的照片或画作，桌面放置小巧精致的花卉或玩偶等。

（四）照明设计

其一，自然采光。尽量利用自然光来照亮卧室，使其舒适自然，同时，可以考虑使用照明设备，补充自然采光不足。

其二，合适的灯具。选择柔和的灯光来营造温馨的氛围，要避免使用刺眼的灯光，以免对眼睛造成伤害。

其三，局部照明。为了突出某些区域，可以设置局部照明。例如，在书桌上方设置台灯或壁灯等。

（五）绿色与自然元素

其一，绿植点缀。小巧的植物可以增加卧室的生机和活力。例如，在窗台上放置一些绿植或花卉等。

其二，空气净化。卧室放置一些具有空气净化功能的植物或香薰等，保持空气清新。

其三，自然材质。选择家具或装饰时，可以选择自然的材质来增加卧室的舒适度。例如，木质家具或石材装饰等。

（六）个性化与舒适性

其一，个人风格。卧室是展示生活态度的场所，在布置房间时，可以根据自己的喜好和个性来选择装饰和家具，打造一个符合自己个性和品位的卧室，感受当下的美好。

其二，舒适性。为了增加舒适度，可以选择一些舒适的家具和装饰。例如，选择柔软的沙发、温暖的床铺和舒适的椅子、桌子等。此外，合适的隔音措施也是很重要的，设计时一定要考虑好这个问题，以确保能够享受到安静的生活环境。

其三，可塑性。考虑到房间环境的可塑性，可以随时根据需要进行调整和改变。例如，随着季节的变化或个人喜好的变化来更换装饰和家具等。

第6讲　投身生产劳动

了解传统农业劳动、传统工艺劳动和工业生产劳动。

农业是根本

有了农业，人类才开始定居，才有了畜牧业、手工业的两次社会大分工，并且至今还在支撑着人类社会的生存与发展。毫不夸张地说，农业是人类文明之母。古埃及、古巴比伦、古印度和中国之所以被誉为人类文明的发祥地，主要原因就是这些地区率先进入了农业文明时代。

中国是世界上最重要的八大农业起源中心之一，大约在距今1万年前，中国就进入农业文明时代，并且最早培育成功了小米和大米。河北武安磁山遗址发现的粟的遗存，以及在浙江余姚河姆渡遗址发现的稻谷的遗存，数量都达到10万斤以上，遗址的年代距今7000年。中国的水利灌溉也非常先进，始建于5100年前的浙江余杭良渚古城遗址，面积达100平方公里，近年在古城外围发现了11条水坝的遗址，可以拦蓄出13平方公里的水面，总库容量约4600万立方米，具有防洪、灌溉、运输等多种功能。

中国幅员辽阔，人口众多，绵延五千年而不衰，得力于农业的支撑。时至今日，中国依靠仅占世界7%的耕地，养活了占世界20%的人口，这是中国农业对人类的杰出贡献，值得世人尊敬。

生产劳动是重要的劳动类型，是人类物质财富和精神财富的主要来源，可以说，没有生产劳动，人类的生活就难以保障，人类文明就难以进步，生产劳动是人类生活和社会进步的重要基础，是劳动的中心和重心。

一、生产劳动及其重要意义

生产劳动是人们改造社会、获取物质和精神财富的路径，是最重要的劳动类型。

（一）生产劳动的含义

生产劳动，顾名思义，就是围绕生产工作开展的劳动活动。生产劳动是体现人的本质的社会性劳动，是人类发挥主观能动性改造客观世界的物质性活动，在人类社会发展的历程中发挥了重要作用。

《辞海》将生产劳动的内涵划分为两个不同的范畴，狭义上的生产劳动是指创造物质财富的劳动。广义上的生产劳动是指创造一切物质产品、精神产品以及提供生产和生活所需要的各种服务的劳动。一般情况下，我们认为生产劳动是指创造物质财富的劳动。

生产劳动一般有如下几个特点：第一，基础性。生产劳动产生物质财富，为人类生存和社会进步奠定基础。第二，多样性。生产劳动是多种多样的，覆盖面极广。第三，创新性。生产劳动具有创新性，在生产劳动中的创新是人类进步的重要推动因素。

（二）生产劳动的重要意义

生产劳动的重要意义主要体现在以下几个方面。

1.有助于积累物质财富

通过生产劳动，可以生产出人们的生活必需品，可以生产出改造世界的工具，可以建造人们生活的房屋，可以生产出行的车辆，正是由于有生产劳动，人类才积累了大量的物质财富。

2.有助于促进社会文明

通过生产劳动，在物质丰富的基础上，有助于建设人类文明秩序，繁荣社会文化，加强人与人之间的交流，促进社会文明的进一步发展。由此可见，生产劳动对社会的发展具有重要的作用。

3.有助于改善人们生活

通过生产劳动，可以建造宜居的房屋，可以生产各种车辆，可以生产各种衣物和日用品，这些生产的物品极大地丰富了人们的生活，也改善了人们的生活品质。

4.有助于促进科技创新

正是由于生产劳动的不断发展，人们开始在生产中试图改进生产劳动，这也为科技创新提供了动力。科技创新既是在生产劳动中发现需求点，也是在生产劳动中不断创造、提升。

二、传统农业劳动

传统农业劳动是基础的生产劳动，对我国经济社会发展意义重大。

（一）农业生产劳动

农业是利用动植物的生长发育规律，通过人工培育来获得产品的产业，比如棉、麻、菜、果、药、畜等，这些动植物的生长与繁殖，还和土壤、地形、水、光照等自然条件息息相关。因此，做好农业生产劳动关系到很多方面，大学生应该先学习农业生产的理论知识，然后把理论知识融入实践。

1.农业生产概述

农业生产作为第一产业，是种植农作物的生产活动。农业生产包括粮、棉、油、麻、丝、茶、糖、菜、烟、果、药、杂（指其他经济作物、绿肥作物、饲养作物和其他农作物）等农作物的生产。农业生产劳动一直以来和生活息息相关，尤其是我们的衣食都是靠农业生产创造出来的，因此，农业生产劳动作为劳动教育的一部分，是需要大学生认真学习和实践的。没有农业生产劳动，就没有农业的存在与发展，也就没有整个社会和国民经济存在与发展的基础，所以农业生产劳动是支撑国民经济建设与发展的基础产业劳动，不可或缺。把农业生产劳动纳入大学生日常劳动中，也是紧随时代的步伐，可以让大学生收获劳动带来的幸福感、尊严感和崇高感。

广义的农业包括种植业、畜牧业、渔业、林业、副业五种产业形式。种植业是利用土地资源进行种植生产的产业；畜牧业是利用土地资源培育或者直接利用草地发展畜牧的产业；渔业是利用土地上水域空间进行水产养殖的产业；林业是利用土地资源培育采伐林木的产业；副业是对这些产品进行小规模加工或者制作的产业，它们都是农业的有机组成部分。农业生产劳动是最基本的劳动，是我们赖以生存的劳动形式。要使全体大学生都意识到接受农业生产劳动的必要性，就必须从思想上让大学生做好参加劳动的准备。习近平总书记指出："劳动是推动人类社会进步的根本力量。"从第一产业发展到第二、第三产业，都是劳动在推动人类的进步，劳动是一切成功的必经之路。从个体来看，劳动既是谋生的手段，也是创造幸福生活的源泉；从整个国家来看，勤奋劳动能让国家繁荣昌盛。习近平总书记指出，人世间的美好梦想只有通过诚实劳动才能实现；发展中的各种难题，只有通过诚实劳动才能破解；生命里的一切辉煌，只有通过诚实劳动才能铸就。劳动能发展社会，推动社会进步，而每个人离不开社会，自然也离不开劳动，辛勤劳动、诚实劳动不仅能给我们创造财富，还能实现中国梦。因此，社会的建设和发展离不开劳动，中国梦的实现自然也离不开劳动。青年一代，需要去亲身体验，去认识劳动者为了创造美好生活而付出的艰苦努力，到实践中去参加农民的劳动训练。

2.种植业劳动

种植业是最基础的农业生产，种植农作物是农业劳动生产中最普遍的劳动。首先，种植之前需要整地，要做好整地保墒、备足底肥，对土地进行深翻、整平。其次，要熟悉农具的使用，主要是铁镐、铁耙、铁锹等的使用。再次，播种不同的种子对土壤、水分等的要求不同，因此，需要在对种子了解的基础上进行播种，具体播种的顺序是：处理种子→刨坑→起垄→浇水→播种→填埋。最后，播后进行埋压，不过播后埋压的工具和时间，要视土壤的水分而定，一般应随播随压。但是土壤过湿的田地应适当推迟埋压时间，以防板结，影响出苗。这只是播种的过程，在整个作物生长的过程中，还会受到阳光、雨量、肥料、虫害等的影响，这都需要大学生在参加农业生产劳动时去考虑、去实践，这样才能生产出日常食用的蔬菜、水果等。

3.牧业、渔业、林业、副业生产劳动

除了进行种植业生产劳动外，还可以体验畜牧业、渔业、林业生产劳动。在畜牧业中、人工饲养和繁殖是一门很深的学问。动物和植物一样，对生存环境有一定的要求，比如养鸡、养牛等，生存要求是不一样的，如果饲养得不好，产出的农产品的质量就会受到影响。因此，大学生应该实地考察，做好记录，并亲身体验饲养家畜、获得农产品的艰辛。在渔业中，因为渔业有鲜活、易变腐的特性，所以在进行渔业生产劳动时要注意保鲜。此外，渔具的使用、渔业生产中的捕捞和养殖、渔业的加工运输等都是搞好渔业生产的重要环节，大学生在做渔业生产劳动的时候，应该做好各个环节。不仅要拥有足够的知识储备，还要有丰富的实践经验，才能发展好渔业生产。林业生产劳动对大学生来说，主要是做好植树造林。每年的3月12日是植树节，大学生在那一天会种下很多树，优化周围的环境。除了这一天，大学生还应该多参加林业劳动，种草种树，既能体验农业生产劳动，也对保护环境尽了一份力量。副业劳动相对于青少年来说，体验得比较少，比如采集野果、野菜、采矿、编织等。总之，作为社会主义的建设者和接班人，我们要贯彻习近平总书记关于劳动教育的论述，要认真学习习近平新时代中国特色社

会主义思想，认真领悟习近平劳动思想的基本内涵，牢固树立为人民服务的人生价值观。我们还要学会尊重劳动规律、掌握劳动技巧，要热爱劳动、崇尚劳动。在农业劳动生产中，大学生要多参与、多体验，通过各种劳动形式去亲身实践农业生产劳动，做到敢于探索、勇于挑战，争取成为知识型和技能型的劳动者。

大学生应该进农村、下田地，积极参与农业生产，去了解农业生产的过程，通过自己的双手去创造农产品。在日常生活中，一部分人只知道去超市购买米、油、盐、肉、蔬菜、水果等，却不知道它们的生产过程，不知道农业劳动者的艰辛与不易，所以需要实地训练，自耕自种，体会劳动的不易与艰辛，从而积极投身于劳动人民的生活中。

（二）中国农耕文化

中国是传统农业国，农耕文化曾经覆盖中国社会的方方面面，是中华优秀传统文化的主要成分，也是构建中华民族核心价值观的重要精神文化资源。农耕文化的内涵可概括为"应时、取宜、守则、和谐"八个字。

1.应时的文化

与农业生产联系最直接的是时间与节气。在中国古代，人们基本上生活在按照自然节律和农业生产周期而安排的时间框架之中。夏代的历日制度《夏小正》已把天象、物候、气象和相应的农事活动联系在一起便于民间掌握。后来，又把一年分为二十四节气，人们依节气安排农事活动。直到今天，节气依然是人们开展农业生产活动的依据。农业生产本就是一种根据节气、物候、气象等条件而进行的具有强烈季节性特征的劳作活动，其时间性很强。因此，顺天应时是几千年来人们恪守的准则。应时，体现了前人对自然规律的重视。

2.取宜的文化

取宜主要是对"地"来说的，即适宜、适合。中国传统农业强调因时、因地、因物制宜，把"三宜"看作一切农业举措必须遵守的原则。种庄稼最重要的是因地制宜，"取宜"是农业生产的重要措施。我们的祖先在农事活动中很早就懂得了"取宜"的原则，周祖农耕文化中的"相地之宜"和"相其阴阳"理念，就是"取宜"的实践经验总结，在指导人们认识自然和从事农业生产中发挥着重大作用。

3.守则的文化

"则"，即准则、规范、秩序，它是人与自然长期互动形成的实践原则。农耕文化作为中国传统文化的根基，蕴含着"以农为本、以和为贵、以德为荣、以礼为重"等许多优秀的文化品格。农耕文化是中国传统文化的重要源头，对中华民族坚韧不拔、崇尚和谐、顺应自然、因地制宜、勇于创新等优良品质的养成，起到了重要作用，是中华民族绵延不绝、生生不息、发展壮大的精神厚土。

4.和谐的文化

农业是农业生物、自然环境与人构成的相互依存、相互制约的生态系统和经济系统，这就是农业的本质。天、地、人"三才"观把农业生产看作各种因素相互联系的、运动的整体，它所包含的整体观、联系观、动态观，贯穿在中国传统农业的各个方面。在"三才"理论体系中，人与天、地是并列的，人与自然不是对抗的关系，而是协调的关系。几千年来，中国的农耕文化影响着中国的历史进程、影响着世界文明的发展。农耕生活的平实性与和谐性，使中华民族爱好和平，并且重视和平。中国的农耕文化连绵不断，是宝贵的精神财富。它铸就了中华民族自强不息的精神，使中华民族历经磨难而不倒；铸就了形式多样的民俗文化，使人民的生活丰富多彩；特别是铸就了中华民族以和为贵的理念，孕育了中华民族天人合一的思想，追求人与自然和谐、人与社会和谐、人与人和谐的思想。和谐理念塑造了中华民族的价值取向、行为规范，支撑中华民族不断走向可持续发展的道路。"应时、取宜、守则、和谐"，就是在天、地、人之间建立一种和谐共生的关系，这是农耕文化的核心理念。

时至今日，农耕文化仍然是农村社会的主要文化形态和主要精神资源，是中国劳动人民几千年生产生活智慧的结晶，体现和反映了传统农业的思想理念、生产技术、耕作制度以及中华文明的内涵。长期以来，人们为了适应生产和发展的需要，创造了多样性的农业生产和丰富博大的农耕文化，在它的形成和发展过程中，浸透着历代先贤的血汗，凝聚着民族的智慧，它集中升华了亿万民众的实践经验、教训和成功，反映了中华民族对人与自然之间的关系、规律的认识与把握。保护传承和利用好传统的农耕文化、人文精神与和谐理念，不仅在维系生物多样性改善和保护生态环境、保障食品安全、促进资源持续利用、传承民族文化、保护独特景观、推动乡村旅游等方面具有重要价值，而且对保持和传承民族特色、地方特色、传统特色，丰富文化生活与促进社会和谐等方面发挥着十分重要的作用。

劳动视野

传统节日农俗

一、贴窗花

贴窗花是古老的传统节日习俗，新春佳节时，中国许多地区的人们喜欢在窗户上贴上各种剪纸窗花。窗花不仅烘托了喜庆的节日气氛，而且也为人们带来了美的享受，集装饰性、欣赏性和实用性于一体。剪纸是一种非常普及的民间艺术，千百年来深受人们的喜爱，因它大多是贴在窗户上的，所以人们一般称其为"窗花"。窗花的内容丰富、题材广泛。窗花还有神话传说、戏曲故事等题材。另外，花鸟虫鱼及十二生肖等形象亦十分常见。窗花以其特有的概括和夸张手法将吉事祥物、美好愿望表现得淋漓尽致，将节日装点得红火富丽、喜气洋洋。

二、晒秋

晒秋是一种典型的农俗现象，具有极强的地域特色。生活在山区的村民，由于地势复杂，村庄平地极少，只好利用房前屋后及自家窗台、屋顶架晒或挂晒农作物，久而久之就演变成一种传统农俗现象。这种村民晾晒农作物的特殊生活方式和场景，逐步成了画家、摄影家追逐创作的素材，并塑造出诗意般的"晒秋"称呼。

三、舞狮

舞狮，是中国优秀的民间艺术，古时又称为"太平乐"。舞狮有南北之分，南狮又称醒狮。狮子是由彩布条制作而成的，每头狮子一般由两个人合作表演，一人舞头，一人舞尾。表演者在锣鼓音乐下，装扮成狮子的样子，做出狮子的各种形态动作。在表演过程中，舞狮者要以各种招式来表现南派武功，非常富有阳刚之气。狮子被认为是驱邪避害的吉祥瑞物，每逢节庆或有重大活动必有舞狮助兴，长盛不衰，历代相传。舞狮活动也广泛流传于海外华人社区，有华人之处，必有舞狮，这成了扬民族之威、立中国之魂的重要仪式，以及海外同胞认祖归宗的文化桥梁，其文化价值和影响十分深远。

四、元宵节

元宵节，是中国的传统节日之一，又称上元节、小正月、元夕或灯节，时为每年农历正月十五。正月是农历的元月，古人称"夜"为"宵"，正月十五是年中第一个月圆之夜，故称正月十五为"元宵节"。根据道教"三元"的说法，正月十五又称为"上元节"。元宵节主要有赏花灯、吃汤圆、猜灯谜、放烟花等传统民俗活动。此外，不少地方元宵节还增加了游龙灯、舞狮子、踩高跷、划旱船、扭秧歌、打太平鼓等传统民俗表演。

五、清明节

清明节，是中华民族最隆重盛大的祭祖大节，属于礼敬祖先、慎终追远的一种文化传统节日。清明节凝聚着民族精神，传承着中华文明的祭祀文化，抒发了人们尊祖敬宗、继志述事的道德情怀。扫墓，即为"墓祭"，谓之对祖先的"思时之敬"，春秋二祭，古已有之。清明节民俗丰富，归纳起来是两大节令传统：一是礼敬祖先，慎终追远；二是踏青郊游，亲近自然。清明节不仅有祭扫、缅怀、追思的主题，也有踏青郊游、愉悦身心的主题，"天人合一"传统理念在清明节中得到生动体现。经历史发展，清明节在唐宋时期融会了寒食节与上巳节的习俗，杂糅了多地多种民俗，具有极为丰富的文化内涵。

六、端午节

端午节，本是南方吴越先民创立用于拜祭龙祖、祈福辟邪的节日。因传说战国时期的楚国诗人屈原在五月五日跳汨罗江自尽，之后人们亦将端午节作为纪念屈原的节日，也有纪念伍子胥、曹娥及介子推等说法。总的来说，端午节起源于上古先民择"飞龙在天"吉日拜祭龙祖、祈福辟邪，注入夏季时令"祛病防疫"风尚；把端午视为"恶月恶日"起于北方中原，附会纪念屈原等历史人物纪念内容。端午节素有划龙舟、吃粽子、挂菖蒲、挂艾叶、喝雄黄酒等习俗。

七、中秋节

中秋节，又称祭月节、月光诞、月夕、秋节、仲秋节、拜月节、月娘节、月亮节、团圆节等，是中国民间的传统节日。中秋节源于天象崇拜，由上古时代秋夕祭月演变而来。中秋节自古便有祭月、赏月、吃月饼、玩花灯、赏桂花、饮桂花酒等民俗，流传至今，经久不息。

中秋节起源于上古时代，普及于汉代，定型于唐朝初年，盛行于宋朝以后。中秋节是秋季时令习俗的综合，其所包含的节俗因素，大都有古老的渊源。中秋节以月之圆兆人之团圆，为寄托思念故乡、思念亲人之情，祈盼丰收、幸福，成为弥足珍贵的文化遗产。

三、传统工艺劳动

传统工艺劳动是古人劳动智慧的结晶，可以帮助大学生提升劳动能力。

（一）传统工艺的含义

中国传统工艺是指世代相传，具有百年以上历史以及完整工艺流程，采用天然材料制作，具有鲜明民族风格和地方特色的工艺品种和技艺。从事传统工艺领域设计、制作工作的专业人员叫做传统工艺师。

传统工艺面临的现状比较复杂，有些技艺面临失传的境地，主要是工艺复杂、经济效益低下、后继无人等，国家已经出台许多政策在挽救，比如《非物质文化遗产保护法》，社会媒体也在大力宣传，得到越来越多的人关注，人们以各种方式在努力挽救，相信这些传统工艺能够重新焕发生机。

（二）传统特色工艺

我国传统工艺繁多，以下是几种有代表性的传统特色工艺。

1.刺绣

刺绣是用针线在织物上绣制的各种装饰图案的总称。刺绣分丝线刺绣和羽毛刺绣两种。就是用针将丝线或其他纤维、纱线以一定图案和色彩在绣料上穿刺，以绣迹构成花纹的装饰织物。它是用针和线把人的设计和制作添加在织物上的一种艺术。刺绣是中国民间传统手工艺之一，在中国至少有两三千年历史。中国刺绣主要有苏绣、湘绣、蜀绣和粤绣四大门类。刺绣的技法有错针绣、乱针绣、网绣、满地绣、锁丝、纳丝、纳锦、平金、影金、盘金、铺绒、刮绒、截纱、洒线、挑花等。刺绣的用途主要包括生活和艺术装饰，如服装、床上用品、台布、舞台、艺术品装饰等。

2.纺织

中国的纺织技术历史悠久，闻名于世。远在六七千年前，人们就懂得用麻、葛纤维为原料进行纺织，公元前16世纪（殷商时期），产生了织花工艺和"辫子股绣"，公元前2世纪（西汉）以后，随着提花机的发明，纺、绣技术迅速提高，不但能织出薄如蝉翼的罗纱，还能织出构图千变万化的锦缎。传统纺织工艺使中国在世界上享有"东方丝国"之称，对世界文明产生过十分深远的影响，是世界珍贵的科学文化遗产的重要组成部分。

3.制盐

盐是人们生活中的日常必需品。盐因产地不同有海盐、井盐、池盐、岩盐之分。盐的出现是人类文明的一大标志，按照《淮南子·修务训》的说法，盐的发明可能在伏羲与神农之间的年代，是一个叫宿沙氏的诸侯从海水中煮出来的，这恐怕是最早的海盐。井盐大概出现于秦始皇时期四川的临邛地区（今邛县），《华阳国志·蜀志》中有"井有二水，取井火煮之，一斛水得五豆斗盐"的记载。关于古代制盐工艺的记载，以明末宋应星的《天工开物·上篇·作咸》所叙述的最为详细，这种制盐工艺显然是从宋元或更早以前流传下来的方法，但至今基本上仍在沿用。总之，我国有着悠久的制盐史，是产盐最早的国家。

4.造纸

造纸是古代中国劳动人民的重要发明。分有机制和手工两种形式。机制是在造纸机上连续进行，将适合于纸张质量的纸浆，用水稀释到一定浓度，在造纸机的网部初步脱水，形成湿的纸页，再经过压榨脱水，然后晒干成纸。

手工则用有竹帘、聚酯网或铜网的框架，将分散悬浮于水中的纤维抄成湿纸页，经过压榨脱水，再晒干或烘干成纸。机制和手工造出来的纸最大区别在于：

手工纸采用人工打浆，纸浆中的纤维保存完好；机制纸采用机器打浆，纸浆纤维被打碎。这就使得手工纸在韧性拉力上大大优于机制纸。中国是世界上最早发明纸的国家。据考古发现，西汉时期（前202—8），我国已经有了麻质纤维纸。

5.陶瓷

陶瓷是陶器与瓷器的统称，是我国的一种工艺美术品。远在新石器时代，我国已有风格粗犷、朴实的彩陶和黑陶。陶与瓷的质地不同，性质各异。陶，是以黏性较高、可塑性较强的黏土为主要原料制成的，不透明、有细微气孔和微弱的吸水性，击之声浊。瓷是以黏土、长石和石英制成，半透明，不吸水、抗腐蚀，胎质坚硬紧密，叩之声脆。中国陶瓷是中国文化宝库中的瑰宝，是最富民族特色的日用工艺品。随着中国历史的发展，对外经济、文化的交往，陶瓷艺术传播到世界各国，许多国家瓷器工艺的发展都直接或间接地受到中国陶瓷工艺的影响。陶瓷也与茶叶、丝绸并称为中国三大特产而名扬中外，成为中国的代名词。

劳动视野

蒙古族民族特色工艺品

一、皮雕画

皮雕画最早可以追溯到游牧民族逐水草而居时期，经过漫长的演变，如今皮雕画除保持古朴韵味外，更加融入了现代民族工艺技法。蒙古皮雕画精选草原天然优质牛皮，经过特殊描绘、着色、层染、抛光、定形等一系列工艺，纯手工制作完成。它完整保持了原皮质坚韧、光泽自然、质感柔和细腻等诸多特点，呈现出一种名贵、高雅的气质，既是绘画艺术与雕刻艺术结合的经典之作，也是古老民间传统手工与现代工艺加工的完美结晶。皮雕画中浓缩的草原风情让人们在欣赏时感受到浓郁的草原气息。

二、骨雕产品

采用优质黄牛腿骨为材料，经过骨雕大师精雕细刻，采用漂白、打磨、抛光、包嵌、雕刻、防潮等21道工序订造而成，所有产品上面均镶有天然玛瑙、松石。骨雕产品一般包括骨雕马、骨雕羊、骨雕骆驼等，是收藏、馈赠的高档手工礼品。

三、银制蒙古族套盒

银制蒙古族套盒集蒙古族特色物品于一盒，可以让人充分领略蒙古族的风俗习惯。蒙古族银器以其特有的使用性和艺术性的完美结合，充分体现了蒙古族艺术文化的价值，成为中国文化的一道风景线。套盒内部一般装有银碗、结盟杯、哈达、银筷子等物品。其中，蒙古族银碗，光洁锃亮，碗托錾刻精细花纹。用银碗敬酒是蒙古族人最高的敬意；结盟杯，选优质牛角，打磨抛光，晶莹剔透犹如玛瑙，以牛角盛酒，一饮而尽，以示友谊的真挚与永恒；献哈达，是蒙古族人民最高的礼节。

四、皮酒壶、皮囊

皮酒壶、皮囊基本上分造型皮囊酒壶和软皮囊酒壶两种。其中造型酒壶又有元宝型、羊腿型等多种款式，内置玻璃或瓷质酒瓶，使用纯牛皮绳手工编织而成；软皮囊酒壶除壶嘴部分外，其他部分为密封纯牛皮。

五、蒙古刀

草原人民深爱的饰品，它不仅实用而且美观，更是牧民生活中不可缺少的用具。它可以用来宰畜、吃肉、健身、防身，也可镇宅避邪，还可以当装饰品。蒙古刀刀身用优质钢材打造、精磨而成，表面雕有精美的花纹或镶嵌五颜六色的珍贵宝石。

六、牛角梳

用牛角梳梳头，可以去垢而不沾，解痒而不痛，温润而不挂发，还有加速头皮血液循环、消炎凉血、镇痛止痒、防止静电、不脱发、安神健脑等独特的保健作用。

四、工业生产劳动

工业文明是以工业化为重要标志、机械化大生产占主导地位的一种现代社会文明状态。其主要特点大致表现为工业化、城市化、法制化与民主化、社会阶层流动性增强、教育普及、消息传递加速、非农业人口比例大幅度增长、经济持续增长等。这些特征也可视作推动传统农耕文明向工业文明转轨的重要因素。

（一）中国工业文明

工业是现代化经济体系的重要基础，工业文明是现代经济社会发展的基础性文明。党的十九大报告指出，加快建设制造强国，加快发展先进制造业。这必将有力推动我国经济发展质量变革、效率变革、动力变革，谱写工业文明新章。虽然工业文明的发展历史不过200多年，但它所创造的物质财富、带来的社会变革是以往一切世代的总和都不能相比的。作为世界文明重要发祥地的中国，也曾孕育出工业文明的萌芽，"四大发明"以及瓷器、造船航海、都江堰水利工程等成果至今享誉全球。新中国成立后，尤其是改革开放以来，我国建立了门类齐全的工业制造体系，人们的思想观念和行为方式发生深刻变革，社会主义工业文明蒸蒸日上，创造的"中国奇迹"令世界赞叹。从一定意义上，可以说一部新中国经济建设和改革开放史，就是一部工业文明发展史。

党的十八大以来，党中央着眼新时代经济社会发展新特征，提出新发展理念，实施《中国制造 2025》等，标志着我国新时代工业文明思想已经形成。我国工业文明发展应当建立在生态环境可持续、社会公正和人民群众积极参与的基础上，既追求的是使人民日益增长的美好生活需要不断得到满足、个人得到全面发展，又保护生态环境、实现中华民族永续发展。不仅思想理念领先，我国还拥有世界第一的制造业规模，门类齐全、独立完整的产业体系，强大的综合配套能力，亿万高素质劳动者大军，在载人航天、超级计算、高铁装备、通信技术等领域处于世界先进水平。我们必须保奉和发挥好这些优势，进一步强固工业文明发展的脊梁和支撑。

从长远来看，我国工业优势不应建立在低劳动力成本基础上，而应充分发挥综合优势，实现创新能力、质量水平和人力资源优势多重提升，丰富提升工业文明的内涵和质量，不断向全球领先水平迈进。当前，在与国际水平并驾齐驱的中低端产业领域，应着力于推进理念创新、技术创新、模式创新，研发生产具有自主产权、精细制造的高性价比产品，在积极参与全球竞争中向国际产业分工的中高端挺进。这不仅是中国工业制造的出路，也是中国工业文明发展的重要途径。

（二）积极参加工业生产劳动

工业生产作为国民经济中最重要的物质生产部门之一，大学生不仅需要去了解工业生产劳动的内容，而且应当积极参与到工业生产劳动中去。

首先，参加工业生产劳动之前，需要掌握与工业技术密切相关的普通专业知识，因为工业生产劳动是需要技术的劳动，如电工、焊工、车工、钳工等，这些都是需要掌握特定技能和技巧才能从事的劳动，所以学好理论知识是参加工业生产劳动的必备步骤之一。每一项工业生产技术都有自身的特点，但一般来说，所有优秀的工人、生产技术员和工程师都掌握几门专业，比如，不直接驾驶挖掘机、拖拉机或者联合收割机的车工或钳工，应当比挖掘机手、拖拉机手或者联合收割机手更清楚地了解这些工业机器的性能与构造。作为一个挖掘机手，只有当其善于修理机器，特别是专于修理电气设备的时候，才会被看作优秀的挖掘机手。这种情况下，在很大的程度上有利于扩大大学生所掌握的专业综合技术基础，生产教学的教育作用才会更为突出。

其次，参加工业生产劳动，能为大学生职业发展提供一定的启迪。以汽车工业为例，走访汽车生产车间，引导大学生了解汽车工业的发展历程，认识汽车工业生产的内容、品种规格、生产规模、现代化生产程度等，让大学生进一步理解汽车和城市生活的关系。大学生实地参观汽车流水线，并且通过工业实践了解现代车间作业，学会运用技术完成工业基础作品制作。通过动手操作，学习车辆保养、汽车空调的使用与维护、车轮更换、发动机舱内油液保养等劳动技能，让大学生体验劳动的艰辛，学会珍惜劳动成果，深刻认识到劳动者的劳动要素、技术要素、资本要素、管理要素对工业生产的重要影响，锻炼自己分析问题和解决问题的能力。大学生可以根据不同专业参加不同的工业生产劳动，比如在能源企业、钢铁企业参加劳动，学习能源的开发、钢铁的铸造过程，可利用高新科技、前沿技术参加生产劳动，学习新材料技术、信息技术与生物技术等。在大学生的生产劳动中，与工业有关的具体劳动越多，跟各种各样的机器、设备、机械以及劳动工艺的接触就越多、越频繁，就会更深刻地了解到劳动的多样性，认清工业生产的前景和发展，为自身今后的发展提供思考与启迪。

最后，大学生参加工业生产劳动，能够学到更多的技能与技巧。掌握这些技能技巧，大学生工业生产劳动的能力也会有明显的变化，从一开始是按照师傅的指令做事，到后面可以完全地策划规划工业生产。大学生在完成这些任务时，独立性越强，他们所表现出来的技能技巧和创造精神就会越多，生产劳动就干得越好，自然而然地，操作技术也就更加熟练。

总之，在整个工业生产劳动中，大学生需要参观学习、理论学习、实践学习，下到工厂各个部门跟着技术熟练的师傅们进行生产劳动，从思想上一开始就要做好参加劳动的准备，跟着师傅参与完成持续时间相对较长的劳动任务，并获得相应的物质成果，还要经常把理论中掌握的技能与技巧应用到实践中，并在实践中不断地加以完善，逐步熟练某种具体工业生产的新技能和新技巧，更加深入地研究工业生产劳动。

自评自测

学生自测表

（根据掌握情况，在符合情况下打"√"）

内容	良好	较好	一般
对传统农业的认识			
对传统工艺品的了解			
对提升工业生产能力的认识			

学完本讲，你有什么心得体会：

劳动实践

采摘

一、实践目标

让学生认识到从事农事的意义、内容和方法，提升从事农事的能力。

二、实践方法

采用实地采摘的形式，班级为进行分组比赛。

三、实践实施

1.选定采摘地点。

2.5—10人一组，分组准备。

3.介绍采摘知识（见知识链接）。

4.单位时间内，根据采摘的数量和质量评定成绩。

四、实践成果

根据采摘成果，撰写不少于500字的心得体会。

五、知识链接

采摘的基本知识

采摘是收获水果或者蔬菜的一种方式，通常是指将水果或者蔬菜的可使用部分（包括植物的果实、叶子等）摘下来，收集起来的过程。千百来年，对于处于农业社会的我们来说，采摘一直是收集食物的重要方式。

在采摘的时候，可以分为徒手采摘和有工具采摘两种。徒手采摘一般是指用食指与拇指挟住果实的连接部分或者叶子的根部，将其拉断的过程。有工具采摘一般指用专门的剪刀，剪断果实的连接部分的过程。一般来说，我们的采摘活动指徒手采摘。

第7讲　开展服务劳动

理解服务劳动的含义、服务劳动的特点，了解服务劳动的内容，明确服务劳动的实施路径。

劳动导学

服务业是高尚和有活力的行业

在传统的对待行业的看法中，服务行业是"伺候人"的行业，似乎不能算作正规的行业。但事实上，服务业是高尚且有活力的行业，经济越发达、社会文明程度越高，服务业的占比就会越大。之所以说服务业高尚，是因为服务业"想顾客之所想，急顾客之所急"，既帮助顾客解决各种问题，又促进社会经济发展；之所以说服务业有活力，是因为服务业具有与时俱进的特点，而且种类丰富多元，是吸纳就业、活跃经济的重要力量。

服务是与生产并行的概念，广义的服务，既包括营利性服务，也包括非营利性服务，既包括面向社会的服务，也包括面向家庭、面向个人的服务。本章涉及的服务劳动，主要是相对于生产劳动而言的服务性劳动，是营利性的劳动领域。

一、服务劳动及其重要意义

提到服务劳动，就不得不提到服务行业，服务行业是相对于农业、工业、商业之外的产业部门，并与农业、工业、商业相列。随着人类社会的发展，服务行业获得了前所未有的发展，逐渐成为国民经济发展的重要驱动力。

（一）服务劳动的含义

一般来说，服务劳动是指劳动者运用特定的设备和工具，直接满足消费者对服务产品的需要的劳动。深刻理解服务劳动，要从以下几个方面入手。

第一，服务劳动的对象是人的直接需求，所以，我们可以理解服务劳动是直接对人的劳动，满足人直接的需求，这与维护生产设备的服务要区分开来，因为维护生产设备的服务劳动依然属于生产劳动的一部分。

第二，服务劳动要运用特定的设备和工具，这里需要说明的是，服务劳动也有着精细的行业划分，不同服务领域有着不同的特点，因此，服务行业同样存在着行业壁垒。

第三，服务劳动的评价标准，一是满足消费者的需求，二是要使消费者感到满意，这也是服务劳动与众不同的地方。

（二）服务劳动的重要意义

服务劳动是社会劳动的重要组成部分，也是经济发展的重要推力。一般来说，经济发展的时期，服务劳动则有巨大的空间；经济陷入低谷的时候，服务劳动也会因为经济发展的停滞而萎缩。目前来看，服务劳动的意义有以下几个方面。

1.满足人们的不同需求

每个人有不同的需求，人们的需求是多种多样的，正因为多种多样的需求，才催生了不同的服务行业。在这种情况下，服务劳动是满足人们的不同需求的，比如有的人有美白的需求，有的人则有美黑的需求；再如有的人有修眉的需求，有的人则有修脚的需求。又如有的人有洗浴的需求，有的人则有游泳的需求。服务劳动的细分领域是多种多样的，而服务劳动所追求的，也是精准地满足消费者的需求，这也是服务劳动的发展动力和发展趋势。

2.吸纳大量的社会就业

目前来看，随着农业机械化程度的加深，粮食生产也向机械化方面发展，对农业人员的需求逐渐减少。同时，随着工业自动化的发展，很多生产流水线也实现了自动化，对产业工人的需求也急剧萎缩。在这种情况下，从工业领域和农业领域转移过来的人群，更多地流向了服务领域。目前来看，服务领域已经成为吸纳社会就业的重要领域。这与服务领域的特点息息相关。一方面，服务领域涉及门类众多，有较多的就业岗位，可以吸纳大量的就业人群，成为社会就业的主要部分。另一方面，随着人们需求的不断改变，大量服务岗位被挖掘出来，成为吸纳就业的新生领域。正因为如此，服务行业在吸纳社会就业方面，已经远远超过农业和工业领域，成为就业领域的主要蓄水池。因此，未来将会有大批服务业劳动者，提供优质的服务劳动，在满足人们需求的同时，解决自身就业的问题。

3. 增加经济发展活力

与工业和农业相比，服务业有着较短的运行周期。一般来说，农业生产的周期是一年或者半年，周期较长。虽然工业生产周期较短，但生产的品类较为单一。与工业和农业不同，服务业涉及众多领域，每个领域都有着较短的运行周期，因此，服务业的繁荣会带来资金的高效流动，会增加经济社会发展的活力。不难看出，经济发达的社会，服务业的占比往往很高，而且呈现越来越多元化的趋势。因此，加强服务劳动，输出服务产品，对于增加经济发展活力，有着重要的推动作用。

4. 带动其他产业发展

工业、农业、商业和服务业有着千丝万缕的联系。服务业的发展也会直接或者间接地带动工业、农业、商业的发展。由于服务业需要许多实体产品的支撑，因此，在服务业发展的同时，工业和农业就会获得相应的发展。同时，服务业的发展也依赖于商品的流通，也会促进商业的发展。因此，不难看出，服务劳动的加强同样有利于促进工业劳动、农业劳动和商业劳动，对社会劳动的总体发展起到重要的作用。

二、服务劳动的主要特点

服务劳动作为重要的劳动类型，与生产性劳动和商业劳动有着较为明显的区别，这些区别也形成了服务劳动的主要特点。

（一）对象的普遍性

服务劳动具有对象普遍性的特点。对于服务劳动来说，所面对的对象是广大消费者，是面向广大人群。在这一点上，服务劳动所要面对的对象远远超过工业劳动与农业劳动所面对的劳动对象的范畴。应该说，对于服务劳动来说，服务对象包含着不同年龄段、不同地区、不同职业的人们，这也使得劳动对象具有普遍性。同时，也要求服务劳动者拥有很强的适应能力，去适应来自不同地区、不同文化的消费者。

（二）产品的无形性

服务劳动具有产品无形性的特点。对于服务劳动来说，其产品是无形的，因此，服务劳动的产品很难量化。对于农业劳动来说，生产的粮食、蔬菜是农业劳动的产品。对于工业劳动来说，生产的各类工艺品是工业劳动的产品。这两类产品都是看得见、摸得着的。但服务劳动的产品往往是无形的，即使部分服务劳动的产品是实体产品，也是对农业产品和工业产品进行一定的加工和改造，其劳动的价值往往体现在功能化的附加值上。

（三）产品的迭代性

服务劳动具有产品迭代性的特点。对于服务劳动来说，其服务产品具有更新迭代的特点。与工业劳动和农业劳动相比，服务劳动与人们的需求更加贴近。因此，服务劳动的劳动产品要紧密衔接人们的需求，根据人们需求的变化，不断地调整服务劳动的产品来满足人们的需要。比如，随着近年来智能手机的普及，很多人因为过度使用手机，造成了肩颈部位的疼痛，在这种情况下，针对肩颈的按摩服务应运而生，很多按摩机构还为此实施了针对性按摩，在缓解顾客病痛的同时也体现了服务的价值。

（四）流程的复杂性

服务劳动具有流程复杂性的特点。一般来说，与工业劳动和农业劳动相比，服务劳动的流程相对复杂。农业劳动的流程相对简单，通常情况下，包括耕地、播种、施肥、除草、秋收等环节，也就是说，农业劳动的流程往往很规律。相对而言，工业劳动的流程就更加规律，在没有工艺改造的基础上，工业劳动基本采用流水化作业，整个工业劳动的过程一目了然。但服务劳动不同，服务劳动的产品往往是在服务者与消费者之间互动产生的，这使得每次服务活动所面临的情况都是崭新的。因此，对于服务劳动来说，虽然有着较为明确的服务规范和服务流程，但在具体的服务活动中，依然有着很多未知的情况，使服务劳动的过程趋于复杂。

（五）态度的重要性

服务劳动具有态度重要性的特点。农业劳动是与土地打交道，利用自然条件，开展种植业，生产粮食和蔬菜。工业劳动一般是与机器打交道，利用机器和原材料，生产各类工艺品。在农业劳动和工业劳动中，人们只要勤恳地工作，通常不会有过多的其他要求。但服务劳动不同，服务劳动是与人打交道，也就是为了满足消费者的需求，而消费者的需求又是多元的。在服务劳动的过程中，除了解决消费者面临的问题、给予消费者一定的帮助外，服务者的态度也至关重要，这也是在服务劳动中总是强调服务态度的原因。如果服务者的态度不好，那么即使提供了能够解决消费者问题、给予消费者帮助的劳动，消费者依然会不满意。如果服务者的态度足够好，那么即使在服务内容上有所欠缺，消费者往往也能够原谅并表示满意。

（六）交流的艺术性

服务劳动具有交流艺术性的特点。服务劳动是与人打交道的劳动，因此交流是服务劳动中不可避免的环节。在服务劳动中，沟通的技巧是十分重要的。由于服务劳动每次面临的服务对象不同，因而不可能有普遍适用的交流规则。在服务劳动中，服务者需要根据消费者的情况，把握好消费者的性格特征，根据消费者的情绪波动，基于消费者的认知基础，与消费者进行有效的沟通。总的来说，在服务劳动中，服务者需要"因人而异"，学会与不同的消费者进行交流，充分展示交流的艺术性，在服务劳动中实现有效交流、顺畅交流。

（七）调整的经常性

服务劳动具有调整经常性的特点。每次服务劳动所面临的情况是不同的，不仅面临服务对象不同，面临的服务环境也不同，也面临着不同的服务问题。在这种情况下，服务劳动就不能像农业劳动和工业劳动一样，过于依赖制定的规则和现有的经验。服务者要根据具体的情况，实现具体问题具体分析，经常性地调整劳动服务的流程和方案，根据消费者不断变化的需求，来进行针对性的服务，进而提升服务的质量。

（八）评价的主观性

服务劳动具有评价主观性的特点。一般来说，农业劳动和工业劳动都有较为客观的评价，比如农业劳动可以根据生产粮食的产量和质量进行评价。同样，工业劳动也可以根据工业品的产量和质量进行评价。但由于服务劳动的产品在大多数情况下是无形的，因此评价服务劳动往往具有主观色彩。通常地，服务劳动的评价权往往掌握在消费者手里，这也是俗语"顾客是上帝"产生的原因。正因为顾客掌握着服务劳动的评价权，使得服务劳动的开展要围绕着消费者满意这一中心展开。

三、服务劳动的主要内容

服务劳动的内容非常繁杂，同时也非常丰富，可以说是五花八门。根据服务的内容，服务劳动可以分为以下几个常见门类。

（一）餐饮劳动

餐饮劳动是面向餐饮服务的劳动，是最常见的服务劳动。

1.餐饮劳动的概念

《中华人民共和国食品安全法实施条例》（以下简称《食品安全法实施条例》）将餐饮服务定义为："指通过即时制作加工、商业销售和服务性劳动等，向消费者提供食品和消费场所及设施的服务活动。"对该概念进行剖析后，我们可以发现餐饮服务包含了这样几层含义：第一层含义指其食品加工制作具有即时性，一般为现制现卖，工艺较食品生产企业来说简单很多，加工制作时间也很短；第二层含义指餐饮服务是一种商业销售行为，带有营利性质；第三层含义指餐饮服务是一种服务型行业，它紧紧围绕消费者的意愿提供餐饮以及相关的服务性劳动；第四层含义指餐饮服务向消费者提供的主要服务为提供食品；第五层含义指餐饮服务还提供消费场所和就餐设施，如供消费者就餐使用的餐桌、餐椅、碗筷、餐巾纸等。

2.餐饮劳动的分类

2023年6月15日，国家市场监督管理总局令第78号公布《食品经营许可和备案管理办法》（以下简称《办法》）。《办法》第11条将食品经营项目分为食品销售、餐饮服务、食品经营管理三类。在食品经营项目中单独设立食品经营管理类，并明确食品经营管理包括食品销售连锁管理、餐饮服务连锁管理、餐饮服务管理等；在餐饮服务类中增加半成品制售项目，删除糕点类食品制售，将其按照加工工艺分别归入热食类食品制售和冷食类食品制售的范畴。另外，《办法》第62条明确食品销售连锁管理、餐饮服务连锁管理、餐饮服务管理、半成品定义，规定半成品制售仅限中央厨房申请，进一步规范了"散装食品"的定义，明确未经食品生产者预先定量包装或制作在包装材料、容器中的食品，食品销售者在经营场所根据需要对食品生产者生产的食品进行拆包销售或进行重新包装后销售的食品，均纳入散装食品的范畴。

（二）保健劳动

保健劳动是针对保健服务的劳动，也是服务劳动的重要内容。近年来，随着人们生活水平提高，人们越来越重视养生保健。实际上，保健劳动并非医疗活动，并不是针对人体疾病进行的治疗活动，而是维持身体健康、提升人体机能的服务活动。由于保健劳动可以帮助人们解决健康上的小问题，提高人们的生活质量，因此，近年来，保健劳动获得了充分的发展，迎来了越来越大的市场空间。

目前来看，针对人体的保健劳动，主要是为了提升人体的机能，解决人体机能上的小问题：如对于头发稀疏的消费者，开展的养发护发活动；对于肩颈问题的消费者开展的按摩活动；对于出现足部功能障碍的患者开展的足部护理活动等。

（三）中介劳动

中介劳动是针对中介服务的劳动。中介服务是指为各类经济活动和居民生活提供咨询、介绍信用信息、招聘人才、传授技能、帮助客户寻找合作伙伴等服务的业务活动。中介服务的形式多种多样，包括个人中介、法人中介、机构中介等，涉及的领域也很广泛，如金融、法律、信息、咨询、知识产权等。

中介服务劳动通常包括以下项目：第一，金融中介服务，如银行、证券公司、保险公司等，提供存款、贷款、投资、保险等金融服务；第二，法律中介服务，如律师事务所、公证处等，提供法律咨询、代理诉讼、起草合同等法律服务；第三，信息中介服务，如咨询公司、市场调查公司等，提供市场信息、行业分析、投资咨询等咨询服务；第四，人才中介服务，如人才市场、猎头公司等，提供人才招聘、测评、培训等人力资源服务；第五，知识产权中介服务，如专利代理公司、商标代理公司等，提供知识产权咨询、申请、维护等知识产权服务。

（四）维护劳动

维护劳动是针对维护服务开展的劳动，是针对人或者物品的维护工作。在人们的日常生活中，许多东西需要不断地进行维护来维持其功能，因而，开展维护活动，提供维护服务，也成为服务劳动重要的内容。

维护劳动所涉及的范围是非常广泛的：如人们希望有健康光泽的肌肤，进行定期的肌肤护理服务；人们希望各类皮具能够保持光泽，对皮具进行定期的养护服务；人们需要对使用的器具进行定期的检查与修理服务；人们需要对生活的环境进行定期的景观设计和植被维护服务等。总的来说，维护涉及生活的方方面面，对保持生活质量、提高生活水平起到了关键的作用。

（五）物流劳动

物流劳动是针对物流服务开展的劳动。物流工作直接影响人们的生活，是服务劳动的重要内容。服务者通过人工或者交通工具，为消费者提供物流服务，可以为消费者的生活提供极大的便利。

物流劳动是一项传统的服务劳动，传统的交通运输业均属于物流劳动。近年来，随着互联网的兴起，物流劳动赢得了新的发展契机，目前来看，物流劳动涉及的跑腿行业、快递行业以及外卖行业都获得了蓬勃的发展。

（六）休闲劳动

休闲劳动是针对休闲服务开展的劳动。休闲服务是近年来新兴起的发展迅速的服务形式。随着城市化的发展、人们生活水平的提高，人们对于休闲服务的要求越来越高，同时，休闲服务也迎来了巨大的市场。

休闲服务作为新兴的服务形式具有丰富的内容：如针对休闲娱乐的赛会活动的组织与策划，这些劳动为人们提供休闲娱乐的赛会活动；针对旅游休闲活动的策划与组织，这些劳动带人们见识世界的美好；酒店的管理与服务、休闲娱乐设施的维护与管理，这些劳动给人们带来优质的体验等。和其他劳动相比，休闲劳动除了解决满足人们休闲活动的需要，同时要关注人们内心的愉悦。

劳动视野

新兴服务业的蓬勃发展

我们正迎来的"服务经济时代"，与1968年美国著名经济学家富克斯定义的"服务经济时代"有着不小的区别，服务业的许多传统认知也正在被颠覆。最主要的表现就是服务经济的结构发生了很大变化。如今，基于知识密集或创新驱动的新兴服务业和现代服务业已占据相当重要的地位，服务业生产率更是显著提升。关于"新兴服务业"，学术界说法不一。我们理解的"新兴服务业"，是基于现代理念、信息技术和服务模式创新发展起来的具有广阔市场潜力的现代服务业。新兴服务业的范围很广，按照其定义，我们可以把新兴服务业归纳为三大类：一是为新的市场需求服务的服务业，即新的服务行业。例如，环境服务业、节能服务业、海洋服务业、邮轮旅游业、信息通信服务业、文化创意业、人力资源服务业等。二是在传统服务业基础上由于运用新资源、新技术或新方法发展起来的新兴服务业。例如，电子银行业、电子认证、卫星科技服务、检测认证服务业等。三是由新的服务模式所形成的产业或业态。例如，分享经济、地理服务信息、远程教育、远程医疗、网络购物、连锁经营、折扣店等。

与传统服务业相比，新兴服务业具有"四高一低"五个基本特征：一是高人力资本含量。新兴服务业的从业者大多接受过良好的教育或培训，拥有较丰富的知识和较高的技术技能。二是高技术含量。大多新兴服务业是由高新技术催生或者高技术制造业衍变出来的服务产业或者新业态，技术含量较高，基本属于知识密集型服务业。三是高风险性。信息技术的广泛运用、服务模式或者商业模式推陈出新，极大地提高了新兴服务业生产率并降低了运营和服务成本，但高收益也往往伴随着高风险。四是高增值性。新兴服务业大多是技术创新和制度创新而诱导出新的需求，既是资本的主要追逐的投资对象，也是消费者热捧的消费需求对象，即社会边际收入的主要支出对象。在资本和消费者双重追逐下，必然有着较大的价值增值空间，例如，通信增值服务、电子商务、数字娱乐产业、新媒体资讯、电子竞技、粉丝经济等新兴服务业莫不如此。五是低消耗。新兴服务业主要以"知识和创意"为中间投入，对物质和资源的需求相对较少，是典型的低消耗、少污染的部门。

四、服务劳动的实施路径

实施服务劳动，根据不同的劳动内容，提升劳动的质量和水平，要注意以下几点。

（一）确定服务内容

开展服务劳动，要确定服务的内容，具体来说包括以下几点：第一，要确定服务的对象，在明确服务对象的基础上，才能够更好地实施服务劳动，做好各项服务；第二，要确定服务的细节，要将服务的每个环节都弄清楚，充分考虑到消费者的需求，这样才能拿出有质量的服务；第三，要确定服务劳动的注意事项，根据不同的服务内容、不同的消费者，来确定注意事项。

（二）厘定服务标准

开展服务劳动，要厘定服务标准，具体来说包括以下几点：第一，要根据服务劳动的具体情况，制定完善服务标准，确保服务标准方便易行，同时也能满足消费者的需求；第二，要根据服务劳动的标准，开展具体的服务，将服务的标准落实到服务工作中，提升服务的质量；第三，要不断地根据具体情况的发展，调整服务的标准，做到与时俱进，让服务标准能够符合服务劳动的发展，不断满足消费者的需求。

（三）规范服务流程

开展服务劳动，要规范服务流程，具体来说包括以下几点：第一，服务工作是一项复杂的工作，一定要根据消费者的需求情况和服务提供的情况，掌握好服务的基本流程；第二，在具体的服务工作中，要根据具体情况，及时调整服务流程，保证带给消费者良好的服务体验；第三，在服务工作中要不断地积累经验，不断地思考、调整，进而优化服务流程，使服务工作有更好的效果和更高的效率。

（四）明确注意事项

开展服务劳动，要明确注意事项，具体来说包括以下几点：第一，服务工作中的注意事项首先要考虑消费者的安全，还要把服务工作中的安全放在第一位；第二，要考虑服务工作的效率，要使服务工作沟通顺畅，提升服务工作的效率；第三，要考虑消费者的禁忌，对于不同民族、不同文化、不同体质的消费者，要充分考虑到消费者的情况，进行精准化服务；第四，要考虑消费者的动态的要求，要根据当下的条件，最大限度地满足消费者的要求。

（五）熟练服务技巧

开展服务劳动，要熟练服务技巧，具体来说包括以下几点：第一，要勤于实践，勤学苦练，不断提升自身的服务技巧；第二，要向前辈学习，积累经验，不断丰富自身的服务技巧；第三，要开动脑筋，潜心研究，通过思考与实践，不断创新自身的服务技巧。

（六）应对紧急情况

开展服务劳动，要应对紧急情况，具体来说包括以下几点：第一，要养成应急意识，要明白在服务工作中，随时都有可能突发紧急情况，要对突发的紧急情况有充足的心理准备；第二，要有识别紧急情况的知识，对待不同的紧急情况，要能够辨别紧急情况产生的原因，可能造成的后果，重视紧急情况；第三，要有处置紧急情况的能力，对于突发的紧急情况，要能够第一时间紧急求助，或者在紧急情况的突发现场做适当的处置，来应对紧急情况的发生。

（七）注意服务回馈

开展服务劳动，要注意服务回馈，具体来说包括以下几点：第一，要重视反馈，要用平和的心态，接纳消费者的反馈，无论是积极的反馈还是负面的反馈，都应该高度重视起来；第二，要总结反馈，对于消费者的反馈，要进行深度总结，找到反馈背后的原因，在做得好的地方要再接再厉，对不足之处要加以改正；第三，要主动要求反馈，在服务的过程中，可以向消费者要求反馈，通过消费者的反馈，提升自身的服务水平。

（八）创新服务劳动

开展服务劳动，要创新服务劳动，具体来说包括以下几点：第一，要有服务创新意识，要针对服务工作中的不足，通过创新来解决问题；第二，要有创新的办法，可以借鉴其他人的服务经验，或者借鉴其他行业的解决办法，来创新服务工作；第三，要有百折不挠的勇气，在服务工作创新过程中，难免会有一些曲折和挫折，这个时候不要气馁，要不断改进和创新服务劳动，才能真正提升服务劳动的质量。

自评自测

学生自测表

（根据掌握情况，在符合情况下打"√"）

内容	良好	较好	一般
服务劳动的含义			
服务劳动的特点			
服务劳动的内容			
服务劳动的路径			

学完本讲，你有什么心得体会：

_____

劳动实践

送一次快递

一、实践目标
通过送一次快递，加深对服务劳动的认识。

二、实践方法
采用模拟服务的形式。

三、实践实施

1.5—10人一组，分组准备。

2.分组、分工，虚拟快递业务，角色有快递员、顾客、商家、驿站派送员等。

3.虚拟快递业务。

4.小组成员之间更换角色，多次模拟快递业务。

四、实践成果

写一份不少于500字的心得本会。

五、知识链接

快递驿站工作流程及内容

（一）快递入库

快递包裹到达驿站后，需要用快递代收系统对每件快递进行入库处理，这一流程在专业系统的辅助下，可以一键扫码完成入库，之后再将对应的取件标签贴在包裹上即可。

（二）快递摆放

快递可以提前根据包裹大小或包装类型进行简单分类，完成快递入库之后，则可以按照取件码将包裹摆放在对应的货架上。

（三）快递出库

根据用户提供的取件码在对应的货架上找到快递后，使用系统或出库仪等设备对包裹进行出库处理，如果店内的监控设施完善，也可以让用户自行取件并出库，出库前注意核对用户的快递信息即可。

（四）寄件工作

驿站的寄件工作一般包含实名认证、收寄验视、快递包装、面单打印、称重收费、信息录入等方面。

（五）其他工作

除了以上介绍的基本工作内容，运营者还应注意保持店内环境清洁，以及店内基础设备的管理与养护等。

第8讲　适应职业劳动

学习目标

了解现代职业教育与劳动教育的关系，锤炼专业技能，培育职业精神，转换职业角色。

劳动导学

职业的基本内涵

职业是劳动者能够稳定地从事并赖以生活的工作。这就意味着并非所有的工作都能成为职业。某项工作只有能够吸引劳动者长期稳定投身其中，并且成为其经济生活的来源，才是职业。比如，一个人喜欢写作，但不发表作品赚取版税，就不是职业，但如果发表到网络平台，靠阅读量赚钱，就是职业。职业是劳动者在社会分工体系的某一个环节上稳定地从事某项工作而获得的职业角色。也就是说，一般劳动者只有固定从事某项工作才能获得一种职业角色，成为职业劳动者。

职业劳动是大学生劳动的主要内容，大学生是未来的职场人，了解职业劳动，适应职业劳动，对于大学生的职业发展至关重要。

一、现代职业教育与劳动教育的关系

职业教育是指为了培养高素质技术技能人才，使受教育者具备从事某种职业或者实现职业发展所需要的职业道德、科学文化、专业知识与技术技能等职业综合素质和行动能力而实施的教育。现代职业教育，顾名思义，是指满足现代社会需要的职业教育，既包括中等、高等职业学校教育等学历教育，又包括就业前培训、在职培训、再就业培训及其他职业性培训等非学历教育。目前，在职业教育方面，要求以习近平新时代中国特色社会主义思想为指导，坚持以立德树人为根本，以服务发展为宗旨，以促进就业为导向，适应技术进步和生产方式变革以及社会公共服务的需要，深化体制机制改革，统筹发挥好政府和市场的作用，加快现代职业教育体系建设，深化产教融合、校企合作，培养高素质劳动者和技术技能人才。

现代职业教育与劳动教育既有相同点也有不同点，是交集的关系。

（一）现代职业教育与劳动教育的相同点

现代职业教育与劳动教育的相同点，是二者都是基于劳动的教育。现代职业教育培养高素质劳动者和技术技能人才，为社会源源不断地输送劳动力，提升社会劳动的人力资本，促进经济发展和社会进步。今天，现代职业教育培养的人才已经遍布各行各业，成为各行各业的优秀劳动者。劳动教育全面提升人的劳动意识、劳动精神、劳动技能和劳动素质，这些也都有利于培养优秀的劳动者，促进经济发展和社会进步。

（二）现代职业教育与劳动教育的不同点

现代职业教育与劳动教育的不同点，主要体现在以下几个方面：第一，教育对象不同。现代职业教育的教育对象是预备级的职业人，也就是即将走上职场的人，而劳动教育的对象可以是各个年龄段、各个职业的人，比如劳动教育可以在小学开展，职业教育却不能。第二，教育内容不同。现代职业教育的教育内容是为了特定产业、特定行业甚至特定岗位开展的，而劳动教育的内容却很广泛，涉及生产、生活各个方面；同时，现代职业教育的教育内容由于专业性强，因此内容较深奥，劳动教育内容较浅显，更侧重于劳动普及。第三，教育目的不同。现代职业教育是为了培养优秀的专业劳动者，劳动教育则是为了提升人的劳动素质。

（三）现代职业教育与劳动教育的关系思辨

现代职业教育与劳动教育是特殊与一般的关系，也是专业和基础的关系，更是互相促进的关系。其一，现代职业教育是特殊的劳动教育，劳动教育具有一般性；其二，现代职业教育是特殊专业的劳动教育，劳动教育具有基础性；其三，现代职业教育与劳动教育互相促进，现代职业教育有助于提升劳动素质，劳动素质的提升也有助于提升专业能力。

二、锤炼专业技能

现代职业教育是专业教育，重点是提升学生的专业技能，专业技能是职业人安身立命的根本，大学生要学好专业知识和技能，应该加强专业实践，提升专业技能。

（一）专业实践的重要意义

中国有句古语"耳闻之不如目见之，目见之不如足践之"，马克思也曾说过，"一步实际行动比一打纲领更重要"，说明了"行胜于言"的道理。对于大学生来说，作为未来的职业人，"行"最主要的就是专业实践。专业实践是培养青年的重要载体，既能帮助青年在专业实践过程中了解社会、融入社会，又能使青年在服务社会中提高自身专业技能和综合能力。

1.专业实践是大学生提高职业能力水平的有效途径

2015年5月国务院印发《中国制造2025》，这是我国实施制造业强国战略的第一个十年行动纲领，意在推动新一代信息技术和传统制造深度融合，实现制造业跨越式发展，实现我国由制造业大国向制造业强国的蜕变，是实现中国制造强国梦的重要路径。对于大学生来说，通过专业实践提高在制造业领域的职业能力水平至关重要。国家对制造业技术能力要求的提升，将促进高端制造业的快速发展并将加快高校培养高素质专业技术人才的步伐，加快调整人才培养模式，培养高技能人才。对于大学生来说，社会实际需求对学生的知识技能结构的调整有着重要的影响，如我国目前高层次人才尤其是复合型人才缺乏，导致就业结构滞后于产业结构，这就需要广大高校学生在进入社会之前，充分利用专业实践的机会，深入社会需要的产业进行充分实践，磨炼技能技艺，使自己成为复合型人才，这样才能够在产业转型升级的社会里有立足之地。

2.专业实践是高校培养人才的重要环节

高质量发展是高校教育的必然趋势，也是从发展的角度对高校学生进行全面教育的要求，其中就包括专业实践环节。在这个过程中，高校要对专业实践的发展需求和内涵进行全面研究，采取科学的方式和有效的渠道来全面提升整体教学质量，提高专业实践的有效性、针对性和科学性。此外，还必须明确专业实践各阶段的教育建设目标，对专业实践的一系列行为进行详细规划，全面加强产教融合课程建设，全面提升学生的专业能力、实践能力和技能水平。

随着智能制造时代的到来，大量新技术、新工艺、新创意被率先运用于生产工艺流程和生产岗位，在专业技能上引发了突破性的革新和革命。高校专业实践课的操作性强、大量运用机器、技术技能要求高的工作特质呼吁学生要关注本专业领域的前沿信息，及时学习和掌握各种应用于实际操作中的新技术。

3.专业实践是大学生全面发展的重要路径

2020年，中共中央、国务院印发了《关于全面加强新时代大中小学劳动教育的意见》（以下简称《意见》），提出高校应注重围绕创新创业，高等院校需结合学科和专业积极参加实习实训、专业服务和创新创业活动等，重视新知识、新技术、新工艺、新方法应用，创造性地解决实际问题。对于高校来说，要使学生全面发展，就要注重《意见》中提出的两个核心的关键词："实习实训""社会实践"。

随着大学生专业知识的积累、智能结构的建立，在充分发掘其潜力、提高其独立分析判断和解决问题能力时，专业实践教育发挥着不可替代的重要作用，专业实践作为一项具有一定社会性、创造性的复杂工作，与理论教育相结合，对促进学生能力全面发展有着重要意义，因此，以学生为主体的专业实践教育是一种值得推崇的较好的教育方式。

（二）专业实践的重要功能

目前劳动力供给减少，加剧了企业"用工难""招工难"问题，企业用工成本进一步攀升。为控制用工成本，企业可能采取缩减招工规模等方式，这将使市场整体用工需求下滑。尽管如此，企业对高技能人才的需求仍然持续升温。

随着中国经济的飞速发展，其经济发展形势也在发生质的变化，促进经济增长由主要依靠增加物质资源消耗向主要依靠科技进步、劳动者素质提高、管理创新转变。目前，产业核心技术攻关、创新能力提升、产业链关键环节培育和引进、重点企业发展、产业化项目建设等投入巨大，需要大量专业人才。

1.以专业实践提升专业技能

高校要把专业实践作为提升专业技能的核心环节。在教学中，要基于人才培养定位、职业面向的分析，尤其是对当地产业结构的分析，通过深入企业调研和毕业生跟踪调研、分析就业岗位群的工作任务与岗位能力，融合相关技能标准，明确人才培养目标。围绕人才培养目标，校企协商共同构建专业实践教学体系，把内容联系紧密、内在逻辑性强、属同一层培养能力范畴的一类课程作为一个板块进行建设，打破课程间的壁垒，使项目内容有机融合、互相促进。通过系统规划、循序渐进地组织专业实践教学，实现"岗位基础能力→岗位单项能力→岗位综合能力→岗位适应能力"螺旋式递进。

2.以专业实践提升职业素养

目前，企业录用员工最看重的六种素质依次是综合素质、敬业精神、专业技能、沟通与表达能力、团队精神、诚信精神。这些都是职业素养的核心要素。职业素养是职业内在的规范和要求，是在工作过程中表现出来的综合品质，包含职业道德、专业技能、职业行为、职业作风和职业意识等方面。大学生在专业实践过程中，尤其是在校外企业的专业实践中，要将自己作为职场中的一部分，不管做什么都一定要做到最好，发挥出实力，用心去做，通过专业实践，增强自身的责任感和使命感，提升自己的职业素养，使自己成为高素质的高技能人才。

3.以专业实践明确职业伦理

随着科学技术的不断进步，我国正在逐步实现工业大国向工业强国的转变，需要大量顶尖高技术人才，同时这些高技能人才需要对职业领域的公众健康、安全和人文等社会影响有足够的认识，具备高度的社会责任感、正确的价值观和义利观、强烈的职业伦理道德意识，能对专业工作进行道德价值判断。专业实践对有效培养学生的职业伦理有得天独厚的优势。大学生在专业实践过程中，能真实感受到这一职业领域从业人员的行为标准、职业精神和态度、职业活动中的社会分工等，从而前瞻性地培养自己在这一领域的职业道德、技术伦理，使自己具备良好的职业伦理。

（三）专业实践的社会价值

新中国成立初期，经济基础非常薄弱，技能型人才少之又少。所以，当时许多商品要从国外引进，如"洋火""洋布""洋车"这些被老一辈冠以"洋"字的物品，记录着当时国内技术基础薄弱的历史，许多产品和技术都要依靠舶来。

20世纪70年代末到80年代初，中国逐渐走上改革开放的道路，经济发展走上了快车道，产业也在慢慢地转型，这对职业提出了新的要求，也使中国的职业教育迎来了新的发展机遇。可以说，中国的职业教育是伴随着改革开放的号角发展起来的，其专业技能培养方向也伴随着中国经济的发展而出现不同的培养思路。当前阶段，我国已经建立起世界上规模最大的职业教育体系，为各行各业输送了数以亿计的技术技能人才。这些技术技能人才分布在我国第一二三产业的各个领域，为我国经济社会的快速发展提供了强大的人力资源支撑，也成为我国实现产业转型升级进程中不容低估的生产力大军。

新时代，中国的高铁走出国门、"天宫"遨游太空、网络支付快捷便利、5G技术引领潮流，"中国制造"遍布世界，并向"中国质造"和"中国智造"挺进。经济的腾飞离不开千百万能工巧匠，社会的进步离不开数以亿计的高素质劳动者。

高校作为专业技能人才的摇篮，有着不可替代的作用。它为学生提供专业实践机会，提高学生的专业能力、职业素养、综合素质，这是具有专业特征的劳动教育。正是这样的专业劳动，培养出数以百万计的工匠，实实在在地开创了中国制造的奇迹。

三、提升职业修养

大学生是未来的职业人，提升大学生的职业修养至关重要。一般来说，提升大学生的职业修养，主要从培养职业意识、担当职业责任、培育职业精神三个方面入手。

（一）培养职业意识

职业意识作为人们对职业认识和反映的思想与观点，具体来说，职业意识有以下内容。

职业理想意识。职业理想是人们对符合自己意愿的职业种类及所需要达到的职业成就的追求和向往。职业理想是大学生体现人生社会价值、为社会做贡献、实现社会理想的根基。

职业定位意识。职业定位就是对自己职业目标的界定，它有两层含义：一是确定你自己是谁，你适合做什么工作；二是告诉别人你是谁，你擅长做什么工作。职业定位是为了把自己的职业目标与自己的潜能以及主客观条件谋求到最佳匹配。

职业目标意识。目标意识是指从业者在职业活动中必须有明确的职业发展目标，并采取有效的措施去实现目标。职业目标意识包含以下三层含义：第一，从业者应当确定自己的职业发展目标；第二，以职业发展目标为指引，去开展职业活动；第三，实现职业发展目标。

职业团队意识。团结协作意识是指在职业活动中，从业者个人以及所在的部门与其他劳动者、协作单位之间要精诚团结、互助互爱、密切协作，以共同的目的、共同的工作目标和共同的相互负责的态度来做好工作，实现特定目标的职业素养。

职业竞争意识。职业人能否找到合适的职业，其关键在于是否具有竞争意识。职业人可以通过知识和工作经验的积累（外因）和挖掘自己内在的潜质（内因）来获得匹配自己的职业。

职业创新意识。这一点主要体现在职业人是否具备强烈的创造欲、敏锐的观察力、准确的记忆力和良好的思维能力。

就业择业意识。就业意识是指人们对自己从事的工作和任职角色的看法。择业意识是指人们对自己希望从事的职业的看法和要求，是择业主体对择业目的、意义、方式、空间等方面的看法和态度。

培养大学生就业意识，可以让大学生主动提升自己，主动向职业人的角色靠近。培养大学生的职业意识，一般有两条路径：一是通过系统地教学，让大学生充分了解职业意识；二是让大学生通过实习实训实践，加深对职业意识的体验和理解。

（二）担当职业责任

职业责任是指人们在一定职业活动中所承担的特定的职责，它包括人们应该做的工作和应该承担的义务。职业活动是人一生中最基本的社会活动，职业责任是由社会分工决定的，是职业活动的中心，也是构成特定职业的基础，往往通过行政方式甚至法律方式加以确定和维护。

职业责任是每个职业人应当承担的工作和义务，大学生应该主动担当职业责任，努力成为一个有责任心的职业人。在担当职业责任的时候，大学生应该做到：第一，明确职业责任，了解自己的工作内容，知道自己所属单位的责任；第二，担当职业责任，做到勇挑重担，不逃避、不推诿，迎难而上，攻坚克难；第三，履行职业责任，认认真真、兢兢业业地完成工作，将职业责任落到实处，解决工作中的问题，做一个合格的职业人。职业责任是职业人必备的素质，也是大学生职业素质的重要内容。

（三）培育职业精神

职业精神具有较强的职业特征，是指在长期的职业活动中人们所表现出来的特有精神动力，是人们在职业生活中所体现出的行为表现。从实践角度分析，职业精神具有以下四个方面的内涵：第一，职业精神在实践中体现为敬业。在职业精神实践环节中，敬业是其首要内涵，即社会中的从业人员要对各类职业，尤其是自身从事的职业表现出充分的热爱和尊重。敬业作为一种文化精神，是需要从业者在自身的职业实践中努力追求的文化价值和职业伦理。敬业既是从业者对社会责任的承担，也是对自身价值的不断肯定和完善。第二，职业精神在实践中体现为勤业。古语云，"业精于勤"。在职业精神中，勤业是重要的实践内涵，即从业者在对待所从事的职业要体现为勤。这就不仅要求从业者要有端正对待事业的态度，还要不断努力工作和学习，提升自己的职业素养和能力。第三，职业精神在实践中体现为创新。在从业人员的职业发展中，唯有进行不断创新才能推动职业竞争力的提升。因此，创新是职业精神的较高实践体现。第四，职业精神在实践中体现为立业。立业就是时时刻刻以工作为重，勤勤恳恳地完成自己的日常工作，不断提高和完善自己，以便将本职业做到更好。

培育大学生的职业精神要从以下三个方面入手：第一，明确职业精神。职业精神具有特定的职业特征，要根据职业的不同，明确各自职业精神。同时，让大学生知道职业精神的重要性，不仅可以维护从业者自身的职业尊严与信誉，也能适应社会对该职业的从业需求。第二，树立职业精神。通过系统教学或言传身教帮助大学生树立职业精神，加深大学生对职业精神的认识。第三，践行职业精神。通过职业实践，将职业精神体现在事业实践中，使知行合一，达到职业精神不仅入脑、入心，还要入言、入行。

劳动视野

职场礼仪

职场礼仪是指人们在职场中所应当遵循的一系列礼仪规范，是职业人成熟的表现，对职业发展有着重要的作用。

一、介绍礼仪

在交际礼仪中，介绍是一个非常重要的环节。介绍的原则是将级别低的介绍给级别高的，将年轻的介绍给年长的，将未婚的介绍给已婚的，将男性介绍给女性，将本国人介绍给外国人。例如，如果你的首席执行官是琼斯女士，而你要将一位叫作简·史密斯的行政助理介绍给她，正确的方法是："琼斯女士，我想介绍您认识简·史密斯。"如果在进行介绍时忘记了别人的名字，不要惊慌失措。可以这样继续进行介绍："对不起，我一下想不起您的名字了。"与进行弥补性的介绍相比，不进行介绍是更大的失礼。

二、招呼礼仪

对已踏入社会，尤其是在企业界工作的人而言，打招呼的方式非常重要。初入职场，经常会被上司、前辈要求"切实地打招呼"，或许有人会觉得没有必要，不过，打招呼在建立关系时，的确能发挥润滑剂的功效。而且打招呼也是自我推销的好手段。例如，在公司外碰到客户，可以在打招呼时强调"我是××公司的"，这样就可以给对方留下深刻的印象。

三、谈话礼仪

刚踏入社会的新人，想在工作上有所进步，首先要克服的障碍就是得体地应对各种情况，说话的技巧就显得尤为重要。尤其是面对客户的时候，如果不能够很熟练地应对，对方就会产生不愉快的感觉，因此必须在言语的选择上下功夫。最好做到以下四点。

第一，说话时注视对方。讲话时如果不注视对方，往往会令对方感到不安。

第二，保持微笑。笑容的威力很大，可以让四周的人和自己都沐浴在幸福感之中。不过，不该笑时露出笑容，可能会引起对方的疑惑，应该注意。

第三，专注地聆听。对方讲话时，能察其言、观其色，才能做出正确的回应。只听而不回应，让对方唱独角戏，是失礼的应对，自己也会感到疲倦。

第四，偶尔变化话题和说话方式。

四、握手礼仪

握手是人与人的身体接触，能够给人留下深刻的印象。当与某人握手感觉不舒服时，人们常常会联想到那个人消极的性格特征。强有力的握手、眼睛直视对方将会搭起积极交流的舞台。愉快的握手是坚定有力的，这能体现自己的信心和热情，但不宜太用力且时间不要过长，几秒钟即可。

五、电子礼仪

电子邮件、传真和移动电话在给人们带来方便的同时，也带来了职场礼仪方面的新问题。在许多公司里，电子邮件充斥着笑话、垃圾邮件和私人便条，与工作相关的内容反而不多。应注意的是，电子邮件是职业信件的一种，而职业信件中是不应有不严肃的内容的。

传真应当包括自己的联系信息、日期和页数。未经别人允许不要发传真，那样会浪费别人的纸张，占用别人的线路。

六、道歉礼仪

即使社交礼仪做得再好，也不可避免地会在职场中冒犯别人。如果发生这样的事情，真诚地道歉就可以了，不必有太大的情绪波动。表达出自己想表达的歉意，然后继续进行工作。将自己所犯的错误当成一件大事只会扩大它的破坏作用，使得接受道歉的人更加不舒服。

七、电话礼仪

在接听电话时要言语文明、音调适中，要让对方感受到自己的微笑。同时，也不要忘记给每一个重要的电话做详细的电话记录。

八、迎送礼仪

当客人来访时，应该主动从座位上站起来，引领客人进入会客厅或者公共接待区，并为其送上饮料，如果是在自己的座位上交谈，声音不要过大，以免影响周围同事。切记，始终面带微笑。

九、名片礼仪

递送名片时应用双手拇指和食指执名片两角，让文字正面朝上；接名片时要用双手。如果接下来要与对方谈话，不要将名片收起来，应该放在桌子上，并保证不被其他东西压住。参加会议时，应该在会前或会后交换名片，不要在会中擅自与别人交换名片。

四、转换职业角色

转换职业角色是大学生成为劳动者的必由之路。

（一）优秀职业人的素质

1.具备职业精神

职业人要想适应职场环境，必须具备明确的工作目标和强烈的责任心，有良好的职业态度，能踏实、高效地完成本职工作，塑造值得信赖的职业形象，获得上级、同事及客户的信任。

2.良好的职场礼仪

优秀的职业人应当具备良好的职场礼仪，打造符合职业要求的形象，塑造良好的职业化行为，对外展现个人态度、个人修养、个人能力，同时也能代表组织的良好形象及管理水平。

3.良好的职业心态

优秀的职业人都拥有好奇心和求知欲，勇于面对挫折与挑战，勇于承担任务及责任，能够坦然接受失败，具备强大的抗压能力，善于解决问题、处理矛盾，化压力为动力。

4.过硬的职业技能

优秀的职业人需要具备持续学习的能力，高效合作的团队协作能力，能够快速融入团队的沟通与适应能力，足够专业与理智的自控能力，能够主动出击、创造机遇的执行力和行动力，具有敏锐的思维觉察与创新能力。

（二）学生角色与职业角色的区别

学生角色和职业角色在其角色特征方面存在着很大差别，具体表现为以下几个方面。

作为学生角色，其特征表现为：接受任务、储备知识、培养能力，经济无法完全独立，一直生活在家长和学校的庇护下，社会经验缺乏，人际交往较为简单。

而作为职业角色，其特征则表现为：工作目的性明确，家庭经济压力大，环境变化大，工作负荷量大，更强的社会责任感，承担各类风险，生活独立，与同事心灵沟通较少，生活较为单一，人际关系复杂。

（三）大学生角色转换的内容

1. 从"情感导向"转向"职业导向"

大学生进入职场后应按照职业操守行事，即使认为自己非常有能力，也要遵章办事而不是意气用事，任由自己的性情和喜好待人接物、处理岗位工作。

2. 从"思维导向"转向"行动导向"

大学生要脚踏实地、兢兢业业地工作。很多大学生在参加工作之前都很有自己的想法，说起事情来也头头是道，但是到了岗位上却出现诸如眼高手低、提出的解决问题方案不具有可行性等问题。因此，大学生在角色转换过程中一定要变思维为行动，少说多做。

3. 从"知识导向"转向"任务导向"

角色的转变使学习的出发点和路径都发生了改变。大学生在校园里更多的任务是掌握书本知识，面对的是一门门课、一本本书，学得好不好的标准更多的是知识掌握得好坏。而在职场中，主要的工作是完成一个个工作任务，解决一个个工作问题，做得好不好的标准是任务工作完成得怎么样，问题有没有妥善解决。

4. 从"个体导向"转向"团队导向"

职场最为看重的就是员工的绩效，只有努力工作、多多付出，才会相应地有所收获。大学生大多有一个明显的特点就是个性强、自我意识强，但团队和集体意识淡薄。工作不同于读书，企业也不同于校园，更需要的是与他人的配合和团队精神。因此，角色转换也包括团队意识的转变。

5. 从"兴趣导向"转向"责任导向"

职业人是大学生进入社会后非常重要的角色转变。大多数大学生比较明显的特点是凭兴趣做事，比较注重自我感受。进入职场后，作为成年人、职业人、社会人，必须学会承担各方面的责任。

劳动视野

应对职业压力

职场压力是工作本身、人际关系和环境因素给人们造成的一种紧张感。面对压力要学会缓解，才能在职场中做到游刃有余。

一、心态调整

法国作家雨果曾说过："思想可以使天堂变成地狱，也可以使地狱变成天堂。"我们要认识到危机即是转机，遇到困难，产生压力，一方面可能是自己的能力不足，因此整个问题的处理过程，就成为增强自己能力、发展成长的重要机会；一方面也可能是环境或他人的因素，则可以理性沟通解决，如果无法解决，也可宽恕一些，尽量以正向乐观的态度去面对每一件事。如同有人研究所谓乐观系数，也就是说一个人常保持正向乐观的心态，处理问题时，他就会比一般人有机会得到满意的结果。因此，正向乐观的态度不仅会平息由压力而带来的紊乱情绪，也较能使问题导向正面的结果。

二、理性反思

理性反思，积极进行自我对话和反省。对于一个积极进取的人而言，面对压力时可以自问："如果没做成又如何？"这样的想法并非找借口，而是一种有效疏解压力的方式。但如果本身个性较容易趋向于逃避，则应该要求自己以较积极的态度面对压力，告诉自己，适度的压力能够帮助自我成长。记压力日记也是一种简单有效的理性反思方法。它可以帮助你确定是什么刺激引起了压力，通过检查你的日记，你可以发现你是怎么应对压力的。

三、建立平衡

我们要主动管理自己的情绪，注重业余生活，不要把工作上的压力带回家。留出休整的空间，交谈、倾诉、阅读、冥想、听音乐、处理家务、参与体力劳动都是获得内心安宁的绝好方式，选择适宜的运动，锻炼忍耐力、灵敏度或体力……持之以恒地交替应用你喜爱的方式并建立理性的习惯，逐渐体会它对你身心的裨益。

四、时间管理

工作压力的产生往往与时间的紧张感相生相伴，总是觉得很多事情十分紧迫，时间不够用。解决这种紧迫感的有效方法是时间管理，关键是不要让你的安排左右你，你要安排自己的事。在进行时间安排时，应权衡各种事情的优先顺序，要学会"弹钢琴"。对工作要有前瞻能力，把重要但不一定紧急的事放到首位，防患于未然，如果总是在忙于"救火"，那将使我们的工作永远处于被动之中。

五、加强沟通

不要试图一个人就把所有压力承担下来，平时要积极改善人际关系，特别是要加强与上级、同事及下属的沟通，要随时切记，压力过大时要寻求主管的协助，不要试图一个人就把所有压力承担下来。同时在压力到来时，还可主动寻求心理援助，如与家人朋友倾诉交流、进行心理咨询等方式来积极应对。

六、提升能力

疏解压力最直接有效的方法是设法提升自身的能力。既然压力的来源是自身对事物的不熟悉、不确定感，或是对于目标的达成感到力不从心所致。那么，疏解压力最直接有效的方法，便是去了解、掌握状况，并且设法提升自身的能力。通过自学、参加培训等途径，一旦"会了""熟了""清楚了"，压力自然就会减少、消除，压力便不是一件可怕的事。逃避之所以不能疏解压力，则是因为本身的能力并未提升，使得既有的压力依旧存在，强度也未减弱。

自评自测

学生自测表

（根据掌握情况，在符合情况下打"√"）

内容	良好	较好	一般
现代职业教育与劳动教育的关系			
专业技能的锤炼			
职业修养的提升			
职业角色的转换			

学完本讲，你有什么心得体会：

_____

劳动实践

职场心态调查

一、实践目标

通过网络和访谈调查，了解职业心态。

二、实践方法

采用网络调查和访谈调查的方式，在班级内进行分组交流讨论。

三、实践实施

1.划定题目范围。可以针对职业压力、职业倦怠等问题展开调查。

2.5—10人一组，分组调研。

3.根据调研结果进行组内讨论，并总结出观点。

4.班级内部分享调研成果。

四、实践成果

写一篇不少于500字的心得体会。

五、知识链接

职业倦怠

职业倦怠主要描述个体在工作重压下产生的身心疲劳与耗竭的状态。这一状态被认为是个体不能顺利应对工作压力时的一种极端反应，伴随长时期压力体验下而产生的情感、态度和行为的衰竭状态。

职业倦怠的表现包括工作满意度降低、工作热情和兴趣的丧失以及情感的疏离和冷漠。教师在体验职业倦怠后，可能对学生失去耐心和爱心，对课程准备的充分性降低，对工作的控制感和成就感下降。其他症状还包含情感麻木或空虚、感觉仿佛在观看生活、与自我分离，以及对日常活动缺乏动力等。

引起职业倦怠的因素包括工作时间过长、工作强度大、工作量大的疲惫状态，以及在职业中想要的快乐、成就和价值感无法获得。解决职业倦怠的方法包括调整工作态度、寻求社会支持、改善工作环境等。

职业倦怠是一种现代职业疾病，表现为职场人员在工作重压下所体验到的身心疲惫、能量被掏空的感觉。这可能导致兴趣枯竭、工作麻木，感觉再也激不起一丝涟漪。

第9讲　开展网络劳动

学习目标

了解网络劳动的特点、网络劳动的内容和网络劳动的实施。

劳动导学

网络劳动是未来重要的劳动类型

近年来，网络劳动迅速崛起，成为重要的劳动类型。目前，"互联网+"的劳动模式已经成为重要劳动领域，很多人的工作或多或少地与网络联结起来。很多青年人开始利用网络创业，通过制作短视频、网络直播，开启了自己的职业生涯，这也是网络给大学生就业提供的新思路。随着网络技术的不断发展，会有越来越多的年轻人，在网络空间里开始自己的工作。

随着现代信息技术的不断发展，互联网逐渐走进了人们的生活，在智能手机普及的影响下，互联网已经成为人们生活交流的重要空间。随着互联网的不断发展，互联网平台与人们的生产生活紧密相连，基于互联网空间的劳动逐渐兴起，并日益成为近年来新兴的劳动领域，在这种情况下，有必要对大学生进行网络劳动教育，帮助大学生正确认识网络劳动，以便在未来的职业发展中，更好地适应网络就业。

一、网络劳动及其重要意义

网络劳动是近年来逐渐发展的一种劳动类型，目前学术界关于网络劳动的研究较少。但不可否认的是，网络劳动作为新兴的劳动领域，已经被人们所熟知、所接受，并深刻影响人们的生活。

（一）网络劳动的含义

关于网络劳动，目前并没有明确的定义，但却有着非常成熟的实践。一般来说，网络劳动是指基于网络空间的劳动类型。也就是说，网络空间是网络劳动的重要因素。这里需要说明的一点是，网络劳动一般是指利用网络的空间开展劳动的劳动类型，而计算机软硬件开发、互联网空间功能的开发与维护等面向网络建设的劳动，并不属于网络劳动。我们熟知的直播和电商就是常见的网络劳动类型。

（二）网络劳动的重要意义

网络劳动是随着互联网信息而产生的新的劳动类型，目前来看，网络劳动具有如下几个方面的意义。

1.网络劳动符合科技发展潮流

网络是随着现代信息技术产生的新的科技领域，网络劳动符合科技发展的潮流。随着智能手机的普及，人们越来越习惯通过智能设备来获取信息、相互交流，在这种情况下，网络空间已经成为人们活动的重要空间，认知可以与现实空间并行。很多现实空间的劳动通过加入网络要素，实现了劳动效率的提升：比如送餐行业，以往的送餐行业是通过电话订餐的，但随着网络的发展，网络订餐开始盛行，实现了"送餐员—餐馆—顾客"无缝衔接，提升了送餐的效率；比如快递行业，以往的快递行业是在现实中下单，必须去固定的地点才能够邮寄物品，但随着网络的发展，网络与快递相结合，实现了随时随地可以下单，也提升了快递行业的效率。由上可见，是科技的发展催生了网络劳动，而网络劳动也符合科技发展的潮流，进一步促进了经济的发展，方便了人们的生活。

2.网络劳动开辟了新的就业空间

随着网络劳动的发展，许多新的就业岗位不断涌现，开辟了社会的就业空间。以网络购物为例，随着网络购物的出现，涌现了一批新的就业岗位，如网络店铺的服装模特通过拍摄服装照片，向消费者展示服装的效果，促进服装的销售；如网络店铺的客服人员通过向消费者解答疑惑，促进网络销售，同时，网络店铺的客服人员也会提供售后服务，并处理相关的售后问题，包括退货、换货等；如网络店铺的装修人员和实体店铺一样，网络店铺也需要装修，以达到美观的效果，来吸引更多的客户，因此，为网络店铺提供装修也是重要的劳动之一；如网拍摄影师，网络店铺需要向消费者展示产品的形态，包括产品的照片和产品的录像，这个时候，就需要专业的摄影师对产品进行摄影和摄像，网拍摄影师也就应运而生。当然，围绕着网络购物，产生的新的就业岗位还不止这些，网络店铺的需求也衍生了一批新的职业，如网店培训师，他们对网店的从业人员进行培训，通过提升网店从业人员的素质，进而提升网络店铺的运营水平，提升网店的收益；如网店职业经理人，规模较大的网店还可以雇佣网店职业经理人，让网店职业经理人为其打理网店，发挥其专业水平。

3. 网络劳动吸纳了大批就业人员

截至 2023 年底，我国网民规模已达 10.92 亿人，较 2022 年 12 月增长 2480 万，网民使用手机上网的比例为 99.9%。从数据看，我国网络已经进入了高度普及的阶段，随着网络的普及、网络劳动岗位的不断涌现，网络领域吸纳了大批的就业人员，时至今日，网络劳动已经成为就业的重要方向之一。以目前火热的直播行业为例，随着自媒体的发展，抖音、快手等自媒体平台的普及，直播行业进入了"全民直播"的时代，大批人涌入了直播行业，利用直播平台开展不同特色的服务活动，有的主播展示才艺，把歌唱、舞蹈和手工艺等作为直播内容；有的主播开展知识普及活动，普及历史知识、科学知识，也收获了大批听众；有的主播进行货物销售，特别是农产品销售，惠及农村农民，助力新农村建设。

4. 网络劳动带来了劳动创新的契机

网络劳动是基于网络空间的劳动形式，与现实世界的劳动有所区别。由于网络空间具有方便、快捷、高效的特性，因此充分利用网络空间进行劳动，往往会提高劳动的效果。在这种情况下，可以充分利用网络空间，创新网络劳动的形式，为劳动创新带来新的契机。近年来，很多优秀的创新企业都与网络劳动紧密相连，有的是将传统劳动与网络相连接，通过网络空间改造传统劳动，提升网络劳动的劳动效果；有的则是基于网络空间，优化网络空间的功能，为用户带来更好的体验。从目前来看，网络空间给创新创业者带来了诸多可能，因此，网络劳动也应当是大学生未来劳动的重要领域。

5. 网络劳动是弱势群体劳动的重要手段

网络因其虚拟性、易操作性、在服务中不用露面等特点，是部分交往障碍、生理残疾等弱势群体实现就业的有效手段。因为网络就业可以有效规避社会存在的许许多多、或明或暗的歧视态度和歧视行为，使弱势群体真正获得平等就业权、落实自身就业问题。同时，也可有效解决他们因生存问题而产生的各类社会矛盾和冲突，助推和谐社会的构建。

二、网络劳动的主要特点

网络劳动的实施基础和核心要素是网络空间，也就是说，网络劳动充满着网络元素。与现实劳动相比，网络劳动主要有以下特点。

（一）网络劳动的沟通具有便捷性的特点

在网络劳动中，劳动者与劳动者之间，劳动者与客户之间，往往通过网络来传递信息，进行有效的沟通，通常并不需要见面，也不需要双方在同一时间沟通，只需要通过网络（如微信、QQ等）进行沟通即可。在这种情况下，网络劳动的沟通变得更加方便快捷，一方面，通过网络沟通可以快速地传递信息，而且还可以传送文件的内容，使沟通内容变得更加丰富；另一方面，通过网络的沟通，可以长时间保留沟通的信息，便于不断重复观看。必要的时候，沟通双方还可以通过网络进行视频对话，起到面谈的效果。

（二）网络劳动的过程具有记录性的特点

由于网络劳动的过程与互联网息息相关，因此很多网络劳动的过程均有着相关的网络记录。例如，在网络送餐的过程中，送餐员是否接到订单、接到订单的时间均有详细的记录，同时，送餐员所在的位置也可以根据网络跟踪来确定。比如在快递邮寄的过程中，消费者同样可以根据网络，查询物流的情况，查到自己快递所处的位置。由于网络劳动的过程有记录性的特点，可以让消费者随时关注自己购买商品或服务的进度情况，同时在发生纠纷的时候，也能有迹可循。

（三）网络劳动的操作具有灵活性的特点

网络空间是虚拟空间，没有现实空间中时间和空间的约束。因此，对于很多网络劳动来说，往往不受时间和空间的约束，具有灵活性的特点，可以根据劳动者的情况，灵活安排工作的时间和地点。例如，对于传统的平面设计师来说，通常要在固定的单位进行设计活动，有时间和地点的限制。但对于基于互联网的平面设计师来说，可以通过网络来接设计任务，根据自己的工作安排情况，灵活地安排设计工作的时间和地点，甚至平面设计师可以在咖啡厅进行设计工作，然后将设计好的作品上传到网络，交付设计作品。

（四）网络劳动的内容具有丰富性的特点

随着网络技术的不断发展，人们对网络空间的不断利用，使网络空间已经成为人们生活中不可或缺的一部分。目前来看，人们已经习惯于利用网络空间开展各项活动，这也使得网络的内容变得愈加丰富。目前来看，各类服务活动均可以利用网络空间开展。比如在医疗领域，可以开展基于网络的远程问诊，患者可以通过网络与医生进行交流对话，来确诊病情。例如，在教育领域可以基于网络开展远程辅导，学习者可以通过网络与相关的教育机构相连接，获得所需的教育内容。在文化娱乐领域，擅长文学的劳动者可以通过网络发表小说等文学作品，通过点击量来获取收益。

（五）网络劳动的岗位具有多元化的特点

随着网络劳动的发展，今天的网络劳动已经出现了多元化的岗位，容纳了大量的就业人口。有的网络岗位提供情绪价值，包括解决人们心中的疑惑，解决人们的心理问题和情感问题；有的网络岗位销售商品，拓展了实体商品销售的渠道，促进了商品的流通；有的网络岗位提供娱乐、游戏等资源，为消费者提供良好的情绪体验；有的网络岗位提供知识服务，为广大消费者科普相关的知识，起到提升消费者知识水平的作用。随着网络劳动领域的细分，会有越来越多的网络岗位出现，网络劳动的岗位会进一步呈现出多元化的趋势。

（六）网络劳动的流程具有合作性的特点

网络劳动是基于互联网的劳动类型，在大多数情况下，一个劳动主体无法独立完成劳动任务。在这种情况下，处于网络中的各个劳动主体必须通过网络连接在一起合作完成任务。以网络送餐为例，消费者要在网络平台上下订单，餐馆要在网络平台上接收订单信息，骑手同样在网络平台上接收订单信息，通过餐馆和骑手的协调合作，餐馆出餐、骑手送餐，最终将消费者点的餐送到消费者手中。在这一过程中，餐馆、骑手以及网络平台都参与到了劳动服务中。

（七）网络劳动的收益具有分层性的特点

在网络劳动中，由于大多数情况下，是多个劳动主体合作完成任务。因此在收益中，也存在着多个相关方分成的情况。例如，在网络直播带货中，带货主播通过网络平台卖货，商家通过网络的销售信息发货，在这一过程中，网络主播、网络直播平台、商家、快递多个相关方，都会从网络直播带货中获得属于自己的收益，这也是将网络劳动的收益进行了分成。

（八）网络劳动的分工具有精准化的特点

由于大多数时候网络劳动需要分工协作，而各个相关方又不在同一时间、同一地点办公，所以网络劳动的分工就显得十分重要。随着网络劳动的不断发展，网络劳动的分工呈现出精准化特点。以网络直播为例，具有一定规模的主播往往有着专业的服务团队，这些专业的服务团队，可以为主播寻找货源，可以为主播维护粉丝关系，可以为主播做好售后服务，也可以为主播做好宣传工作，在服务团队的服务下，主播才能够更好地在直播间开展各项商业活动。

三、网络劳动的主要内容

时至今日，网络劳动已经成为人们熟悉的劳动领域和劳动类型，人们每天都在和网络劳动打交道。一般来说，网络劳动的主要内容有如下几个方面。

（一）网络娱乐劳动

网络娱乐劳动是指就网络空间展开的各种娱乐活动，是网络劳动的重要类型，为人们提供情绪价值，也是目前网络劳动中最受欢迎的类型。目前来看，网络娱乐劳动主要有以下几个类型：其一，网络游戏的相关劳动，网络游戏目前备受年轻人的青睐，是最受欢迎的网络产品之一，与网络游戏的相关劳动，也是重要的网络劳动，包括网络游戏的开发、维护，也包括网络游戏的推广、宣传等；其二，网络文化和影视作品，包括网络作家创作的小说、网络短剧，以及对影视作品的剪辑和解读等，同时，也包括影视作品的直播服务；其三，关于赛事的直播和解读，一般包括对体育比赛等赛事进行网络直播，或者进行解读，来服务体育爱好者；其四，进行网络直播服务，提供歌唱、舞蹈等才艺服务，或者提供旅行等休闲娱乐产品。

（二）网络销售劳动

网络销售劳动是指通过网络平台进行销售的劳动行为，是网络劳动中较为传统的类型，由于网络销售有着巨大的客户受众群体和销售额，也是网络劳动的主要类型。目前来看，网络销售劳动主要集中在网络店铺和直播带货两个渠道上。网络店铺的劳动主要是客服和发货，传统的网络店铺一般集中在淘宝、京东、拼多多等大型网络平台。直播带货是近年来新型的网络销售形式，主要集中在抖音快手等网络平台上，劳动内容主要包括产品宣传和产品公关。

（三）网络宣传劳动

网络宣传劳动是指通过网络平台进行宣传的行为，一般是商家或个人为了树立良好形象，或者为了推广产品而进行的服务活动。例如，通过撰写、发表广告软文来推广产品；通过制作网络广告、推广网络广告等来宣传产品；全面包装公众人物，树立公众人物良好形象等。由此可见，网络宣传劳动的内容不限于宣传、推广产品，也包括机构、个人的公关服务。在互联网发展的今天，未来的网络宣传劳动有着越来越宽广的空间。

（四）网络服务劳动

网络服务劳动是指通过网络平台进行服务的行为，是网络劳动中涉及内容最多的领域，可以说是五花八门。例如，通过网络进行的网络医疗服务、网络教育服务；针对网络直播、网络店铺人员的培训活动；提供网络跑腿、网络订餐等与传统劳动相结合的服务；提供技术咨询、情感咨询等资讯类服务活动；等等。网络服务劳动一般着眼于解决消费者的问题，通过网络平台或者结合网络平台，为消费者提供服务，满足消费者的需求。

劳动视野

网络劳动的新类型——威客模式

威客（witkey）是由 wit 智慧、key 钥匙两个单词组成，也是 The key of wisdom 的缩写，是指那些通过互联网把自己的智慧、知识、能力、经验转换成实际收益的人，他们在互联网上通过解决科学、技术、工作、生活、学习中的问题从而让知识、智慧、经验、技能体现经济价值。

按照威客模式创始人刘锋给出的定义，威客模式是指人的知识、智慧、经验、技能通过互联网转换成实际收益，从而达到各取所需的互联网新模式。主要应用于包括解决科学、技术、工作、生活、学习等领域的问题，体现了互联网按劳取酬和以人为中心的新理念。

从 21 世纪初，互联网开始加速发展，各种创新型应用和互联网新概念不断出现，这些应用和概念与知识管理都有着或多或少的关系。如何利用互联网进行知识管理已引起互联网界和知识管理学界诸多学者的高度关注。威客模式就是在这个大的背景下产生的，它是利用互联网进行知识管理的网络创新模式。Witkey 和威客这两个词完全为中国首创，该概念最先由刘锋在中国科学院研究生院提出。2005 年，刘锋开始建立威客网，试图将中国科学院的专家资源、科技成果与企业的科技难题对接起来。在建设网站的过程中，刘锋发现通过互联网解决问题并让解决者获取报酬是互联网一个全新的领域，于是他开始通过边实践边总结的方式对这个领域进行探索和研究，并因此提出威客理论。

四、网络劳动的实施

随着互联网的发展，实施网络劳动已经成为人们就业的重要方向，对于大学生来说，更应该重视网络劳动，加入网络劳动。

（一）网络劳动实施的要素

网络劳动实施的要素有以下三个方面：第一，具有网络劳动的意识，拥有互联网思维，清楚互联网的运行逻辑和特点，能利用互联网改造劳动、创新劳动；第二，参与网络劳动实践，要积极参与网络劳动实践，明确网络劳动的流程和注意事项；第三，优化网络劳动，网络劳动是基于互联网的劳动，互联网技术在发展，人们的需求在变化，因此，要根据情况的变化，优化网络劳动，给消费者提供更好的产品和服务。

（二）大学生开展网络劳动的优势

在互联网环境下成长的大学生，具有丰富的网络知识、网络技能和网络实践，比其他人群更接近网络、更熟悉网络。因此，大学生通过网络途径实现就业有着得天独厚的优势。

第一，大学生具有年龄优势，生活理念和消费心理趋同于广大消费者。在网络购物、网上交易、网络维权、网络服务等环节中，年轻人是最大的消费群体，他们既是未来社会发展的主流，又是电子消费市场的主导。因此，能否掌握这一群体的生活理念、消费特点和网络消费习惯，对网络就业者来说至关重要。而当代大学生正是伴随着互联网浪潮成长起来的一代，他们有着全新的价值观念、思维方式、生活理念和消费模式，完全可以把握广大网络消费者的所思所想。所以通过网络手段开展商品推销、广告代理、软件开发、文学创作、数据管理以及信息服务等业务获得劳动报酬实现就业，既符合现实需求，又具有广阔前景。

第二，大学生具有技能优势，服务效率和技术质量明显高于其他人群。网络就业需要具备一定的计算机应用能力和网络技能。大学生在校期间普遍学习过计算机及网络相关基础课程，具备了相应技能，而且大都通过了计算机二级程序设计、三级 PC、三级网络等全国统一考试，获得了等级证书，加之他们思维灵活、易于接受新生事物、精于通过网络处理事务，对网络商务有着强烈的认同感，甚至在技术掌握、信息处理等方面的能力明显高于其他人群，如果再进行专业培训或相关实践，他们的接受能力、领悟能力、应用能力都会显著提升，他们的服务效率、技术质量乃至网络交易成功率也必然很高。

第三，对大学生来说，网络就业门槛低、投入少，经营方式灵活，风险易于承担。随着网络的快速发展，大量新兴行业随之而生，如搜索引擎开发、网站设计与维护，网络模特、网店经营、网络客服等，当然也衍生了许多新兴职业，如网络经纪人、网络钟点工、网络保安、网络秘书，网络保姆、网络砍价师、网络工程师、网店装修师、数据库管理员，甚至网络运营、网络写手等。这些都是门槛较低、投入较少或方式灵活的职业，对每个人都是机会平等的，只要大学生想就业、愿创业，加之思维超前、目标清晰、肯于吃苦、服务意识浓、技术能力强，必然会取得成功。如经营商店，在城市繁华地段经营一个实体商店，一般都要大量资金来交房租和备货，而网络商店所需的前期资金投入较少，重点要做好宣传和服务；再如软件开发师或网店装修师，只要具备相应技能，完全不用物质投资就可以实现就业。可见，与其他就业方式相比，网络就业是一个低成本、低门槛、低风险、易上手的就业方式，也是大学生容易实现的就业创业之路。

（三）大学生开展网络劳动的观念转变

其一，破除非单位、企业不是正式就业的观念。认为网络劳动并非正式就业是社会普遍存在的观念，也是根深蒂固的观念。目前，仍有大量网店的从业者认为这不是就业，至少不是正式就业。这不仅是个人观念问题，而且也是家庭、社会等大环境问题。必须破除陈旧的就业观念，同时要加大宣传力度，多层次、多侧面、多典型地进行宣传，也可推出网络创业就业典型，评选全国最美网络创业就业人，为网络创业就业营造良好氛围。

其二，破除网上创业不是实体企业的观念。过去，人们认为创业就是建厂房、买设备、出产品、招工人，把实体企业定为创业的思维定式，随着互联网的发展，这一传统格局和旧有模式正在被打破或改变。因此，我们要积极鼓励网络创业就业，明确从事网店经营就是创业就业，而且不应将其仅仅看作灵活就业、非正规就业或者其他补充就业形式。应在全社会大力倡导，凡是靠诚实劳动和智慧获得稳定收入并依法纳税，就是值得自豪的创业就业。尤其是对于高校毕业生群体来说，网络创业更是适合其一展智慧和身手的地方。

在引导劳动者转变观念的同时，政府也应及时跟进，让促进就业的各项优惠政策延伸到网络。例如，在传统就业领域，符合条件的人群创业就业可享受小额担保贷款、税费减免、社保补贴、培训补贴等，对网络创业就业应当同等对待，便于劳动者便利地获得政策优惠。为此，职能部门之间需要打开壁垒，信息共享，责任共担，创业和就业不仅仅是劳动人事部门的"独角戏"，需要多部门乃至全社会的"大台唱"。

其三，破除网络玩不出大名堂的观念。自从互联网进入视线，人们经历了对其逐步认识的过程，网络创业和网络劳动同样无法越过这样的过程。好在如今人们已经对互联网和信息化有了全新认识，有了庞大的社会认知基础，对网络创业就业这个新生事物会接受得比较快。近几年，我国信息消费领域由于市场化程度较高，发展速度非常惊人。可以说，以互联网为主要特征的信息产业，已经渗透到社会方方面面和各行各业，随着国家相关政策的逐步完善，网络劳动人数有望成倍增长，潜力无可限量。

其四，破除网络经济等于假冒、欺诈的观念。当"小网店、大就业"正受到越来越多关注的时候，与关注一同到来的，有赞美、支持，也会有挑剔、干扰。这同样需要网络劳动的从业者、支持者予以正视。随着网店的进一步发展，网购质量问题、个别网店的欺诈行为、网购侵犯知识产权等问题逐步暴露出来，媒体也时常披露和曝光，引发质疑。还有不少人因为银行卡被盗、遭遇电信网络诈骗、网购被骗等，而一味株连网络。由于缺乏对这一新产业的全面认识和理性把握，出现这样那样的问题不足为奇，可谓"成长中的阵痛"，需要我们从政策、法规到人才队伍、管理手段等多方面加强监管、严格规范、严肃查处，这是促进网络经济、让小网店吸纳更多就业必须面对的问题，同时也是加快职能转变、建立服务型政府的重点所在。

其五，破除网络创业就业"小散乱"难管理的观念。客观地说，网络创业和就业的规模，无论从哪个方面讲，都没有大中型实体企业规模大，就和同等中小微型企业也不可比拟，但不能就此否定它的创业就业功能。有时甚至小到仅需一两台电脑，就可以创业就业了，还有的职业被许多人作为第二职业或者副业来做，这同样不能否定，因为通过庞大的互联网，一台电脑足以联通生产企业、物流、金融和消费者，涉及十几个行业，关联着上下游产业链，看似小、散、乱，实则不然。我国人力资源十分丰富，人才的创业创新蕴藏着新的人口红利，如果不能破除旧的创业就业观念，新的创业就业观念就难以树立，更无法妥善处理行业成长中的种种问题。

（四）大学生开展网络劳动的能力养成

大学生开展网络劳动的能力养成，主要有以下三个方面。

第一，定方向。网络劳动的内容非常的丰富，所以大学生要对网络劳动的内容有着充分的理解，根据自身的情况和个人的特点，确定劳动的方向。在确定网络劳动方向的时候，不要总想着收益和回报，更多要考虑个人的优势，才能在网络劳动中如鱼得水。

第二，学技术。对于技术要求较高的劳动，更要系统地学习技术，做到技术过硬，只有这样，才能够更好地开展网络劳动。一般情况下，网络劳动不同于传统劳动，学校的专业往往不对口。这就要求大学生通过自主学习和探索，提升相关的技术水平。

第三，攒经验。在网络劳动中，大学生要不断探索，不断钻研，积累网络劳动的经验，并根据具体实践的情况，不断改进和创新网络劳动，包括优化网络劳动的流程、明确网络劳动的注意事项、规范网络劳动的细节等。

自评自测

学生自测表

（根据掌握情况，在符合情况下打"√"）

内容	良好	较好	一般
网络劳动的意义			
网络劳动的特点			
网络劳动的内容			
网络劳动的实际			

学完本讲，你有什么心得体会：

_____

劳动实践

体验一次网络直播

一、实践目标

通过体验一次网络直播，加深对网络劳动的认识。

二、实践方法

采用网络直播的形式。

三、实践实施

1.选择直播内容，如交流、带货或者才艺展示。

2.开始直播，并组织学生观看。

3.学生之间互相打分（100分满分）。

4.根据打分评定成绩。

四、实践成果

打分成绩和一篇不少于500字的心得体会。

五、知识链接

《网络主播行为规范》中的禁止行为

第十四条 网络主播在提供网络表演及视听节目服务过程中不得出现下列行为：

1.发布违反宪法所确定的基本原则及违反国家法律法规的内容；

2.发布颠覆国家政权，危害国家统一、主权和领土完整，危害国家安全，泄露国家秘密，损害国家尊严、荣誉和利益的内容；

3.发布削弱、歪曲、否定中国共产党的领导、社会主义制度和改革开放的内容；

4.发布诋毁民族优秀文化传统，煽动民族仇恨、民族歧视，歪曲民族历史或者民族历史人物，伤害民族感情、破坏民族团结，或者侵害民族风俗、习惯的内容；

5.违反国家宗教政策，在非宗教场所开展宗教活动，宣扬宗教极端主义、邪教等内容；

6.恶搞、诋毁、歪曲或者以不当方式展现中华优秀传统文化、革命文化、社会主义先进文化；

7.恶搞、歪曲、丑化、亵渎、否定英雄烈士和模范人物的事迹和精神；

8.使用换脸等深度伪造技术对党和国家领导人、英雄烈士、党史、历史等进行伪造、篡改；

9.损害人民军队、警察、法官等特定职业、群体的公众形象；

10.宣扬基于种族、国籍、地域、性别、职业、身心缺陷等理由的歧视；

11.宣扬淫秽、赌博、吸毒，渲染暴力、血腥、恐怖、传销、诈骗，教唆犯罪或者传授犯罪方法，暴露侦查手段，展示枪支、管制刀具；

12.编造、故意传播虚假恐怖信息、虚假险情、疫情、灾情、警情，扰乱社会治安和公共秩序，破坏社会稳定；

13.展现过度的惊悚恐怖、生理痛苦、精神歇斯底里，造成强烈感官、精神刺激并可致人身心不适的画面、台词、音乐及音效等；

14.侮辱、诽谤他人或者散布他人隐私，侵害他人合法权益；

15.未经授权使用他人拥有著作权的作品；

16.对社会热点和敏感问题进行炒作或者蓄意制造舆论"热点"；

17.炒作绯闻、丑闻、劣迹，传播格调低下的内容，宣扬违背社会主义核心价值观、违反公序良俗的内容；

18.服饰妆容、语言行为、直播间布景等展现带有性暗示、性挑逗的内容；

19.介绍或者展示自杀、自残、暴力血腥、高危动作和其他易引发未成年人模仿的危险行为，表现吸烟、酗酒等诱导未成年人不良嗜好的内容；

20.利用未成年人或未成年人角色进行非广告类的商业宣传、表演或作为噱头获取商业或不正当利益，指引错误价值观、人生观和道德观的内容；

21.宣扬封建迷信文化习俗和思想、违反科学常识等内容；

22.破坏生态环境，展示虐待动物，捕杀、食用国家保护类动物等内容；

23.铺张浪费粮食，展示假吃、催吐、暴饮暴食等，或其他易造成不良饮食消费、食物浪费示范的内容；

24.引导用户低俗互动，组织煽动粉丝互撕谩骂、拉踩引战、造谣攻击，实施网络暴力；

25.营销假冒伪劣、侵犯知识产权或不符合保障人身、财产安全要求的商品，虚构或者篡改交易、关注度、浏览量、点赞量等数据流量造假；

26.夸张宣传误导消费者，通过虚假承诺诱骗消费者，使用绝对化用语，未经许可直播销售专营、专卖物品等违反广告相关法律法规的；

27.通过"弹幕"、直播间名称、公告、语音等传播虚假、骚扰广告；

28.通过有组织炒作、雇佣水军刷礼物、宣传"刷礼物抽奖"等手段，暗示、诱惑、鼓励用户大额"打赏"，引诱未成年用户"打赏"或以虚假身份信息"打赏"；

29.在涉及国家安全、公共安全，影响社会正常生产、生活秩序，影响他人正常生活、侵犯他人隐私等场所和其他法律法规禁止的场所拍摄或播出；

30.展示或炒作大量奢侈品、珠宝、纸币等资产，展示无节制奢靡生活，贬低低收入群体的炫富行为；

31.法律法规禁止的以及其他对网络表演、网络视听生态造成不良影响的行为。

第10讲　探索智能劳动

了解智能劳动的含义、智能劳动的意义、智能劳动的特点、智能劳动的内容、智能劳动的实施。

智能劳动改变生活

人形机器人的大规模出现，进一步展示了人工智能会进一步替代人类完成部分工作的实际。在劳动领域，智能劳动已经开始大规模替代人类，比如快递的自动分拣，酒店的服务机器人，已经为人们所熟悉。目前来看，人工智能还会大规模进军教育行业和医疗行业等传统行业，为传统行业打上智能劳动的烙印。在这种情况下，如何协调人类与机器之间的关系，成为人工智能时代的新课题。

随着现代信息技术飞速发展，人工智能逐渐崛起，成为未来人类生产力发展的崭新领域。时至今日，学术界普遍认为，人类社会将进入人工智能时代。随着人工智能时代的到来，人工智能技术将深刻地影响劳动的形态，基于人工智能技术的智能劳动应运而生，成为劳动的重要类型。因此，有必要帮助大学生探索智能劳动，以便其更好地适应智能劳动。

一、智能劳动及其重要意义

智能劳动是基于人工智能技术的劳动类型，是未来劳动的重要形态。

（一）智能劳动的含义

智能劳动，顾名思义，是智能化的劳动，要了解智能劳动，首先要了解人工智能。

1.人工智能的内涵

通常来说，人工智能是指由人类所制造的机器表现出来的智能，是依托于计算机程序以及辅助设备所呈现人类智能的技术。人工智能作为当今时代最重要的科技概念，被认为是引领新一轮科技革命的核心科技。

（1）人工智能的含义

人工智能分为"人工"和"智能"两个部分。"人工"一般是指由人类所设计制造的事物。"智能"的情况要复杂一些，包括意识、思维、反应等主要要素。目前来看，学术界更倾向于将人工智能的定义与科学技术相联系，基于此，可以做出如下界定：人工智能是一种结合其他相关学科，运用深度学习和大数据技术，研究开发能够模拟、延伸和扩展人类智能，将物与物、人与物之间的联系通过程序化和智能化系统进行链接，实现智能软件或智能机器会听、会看、会说、会学习、会思考、会决策和会行动等类人智能行为，实现万物互联互通和智慧化的科学技术。

（2）人工智能的特征

人工智能具有以下几点特征。

第一，人工智能具有多学科性的特征。与其他科学与技术不同的是，人工智能具有覆盖多个学科的特征，覆盖面十分广阔。在通常的认知里，人工智能是计算机学科的一个组成部分，事实上，人工智能所涉及的学科，具有多元化特征，计算机学科只不过是人工智能所涉及的核心学科，除此之外，人工智能还涉及仿生学、认知心理学、数学、经济学、机械学科以及控制学科等多个学科，可以说，正是人工智能的多学科性，才使得人工智能拥有着广阔的研究与应用空间。

第二，人工智能具有发展性的特征。人工智能和所有的科学和技术一样，也是在不断发展和完善的。人工智能的发展与进步，伴随着社会的发展与进步，体现出了与其他学科发展所不同的特征。其一，人工智能的发展具有颠覆性的特征。也就是说，在不同时期，人工智能的发展往往会存在大跨越的趋势，这一点与绝大多数的科学技术发展有所不同。在很多时候，人工智能的发展往往呈跳跃式发展，在不同阶段体现出了许多不同的特征，展示出了不同的功能，具有革命性作用。其二，人工智能的发展具有广泛性的特征。也就是说，人工智能的发展并不集中于某一点，而是集中于许多个点与面，人工智能的发展是整体的发展，是跟随时代的发展，具有全面推进的特征，在不同的阶段全面地影响着人类的生产生活，因此具有广泛性的特征。

第三，人工智能具有互动性的特征。科学技术的发展都会影响人类的进步，同时，人类的进步也会影响到科学技术的发展，因此，科学技术的发展与人类的进步具有互相促进的关系，这一点在人工智能的发展上体现得尤为明显。因此，随着社会的进步，科学技术水平的提高，人工智能的发展也越来越快，越来越深入，从而成为当前热门的科技领域。

第四，人工智能具有二重性的特征。人工智能既有科学的属性，也有技术的属性，是科学与技术的结合，在人工智能发展的过程中既需要理论的创新，也需要技术的拓展，同时在实践中，既能反映出科学的特征，也能反映出技术的优势。人工智能既是科学也是技术，单纯地认为人工智能是科学或者是技术都是不全面的。因此，在研究人工智能的时候，既要重视科学理论的创新，也要重视应用技术的创新，将科学与技术相结合，才能进一步促进人工智能的高水平发展。人工智能的内涵包括了人工智能的科学与技术的二重性，相对复杂，同时需要注意的是，人工智能的科学涉及多门科学，人工智能的技术也涉及众多技术，所以人工智能在内涵上是极其复杂的。

（3）人工智能的分类

按照发展层次的不同，人工智能可以分为弱人工智能、强人工智能和超人工智能。

弱人工智能仅专注解决特定领域问题。目前来看，我们所接触到的人工智能算法和应用均属于弱人工智能，比如一些具有人工智能的棋牌机器人，只能在棋牌领域独领风骚，不能完成其他工作。因此，弱人工智能具有自身的局限性，体现出了一种工具性，并不是真正意义上的智能，只是一种智能工具，在特定的领域内具有明显的智能优势，但离开这个领域就不再具有智能优势，体现的是一种技术性的成长。

强人工智能，目前也被学术界称为完全人工智能或通用人工智能，即这类人工智能能够胜任人类的全部工作。强人工智能目前既是当前人工智能发展的方向，也是当前人工智能发展的要求，所以在未来一段时间内强人工智能将是人工智能发展的主要方向。但目前究竟什么才是强人工智能？强人工智能的表象是什么样子的？强人工智能与人类如何相处？这些问题，还仅仅在设想和探索中，所以强人工智能目前并没有完全实现，只是人类对人工智能发展未来的一种表述和一种期待。

超人工智能是更具智能性的、比人类还聪明的人工智能系统。但就目前的情况来说，超人工智能还仅仅是一种假设和设想，只是一种大胆的构思，还没有在理论和技术方面取得突破。因此，超人工智能很长一段时间内只能成为人类追求的方向，而不能成为追求的目标。

2. 智能劳动的内涵

一般来说，智能劳动是指利用人工智能技术进行的物质、精神产品生产以及提供智能服务等劳动形态。也可以理解为智能劳动是以人工智能技术为手段，智能劳动者应用智能技术，创造出智能产品或产品中包含人工智能技术的劳动方式，是一种新型劳动方式。

智能劳动仍然是有目的、有计划的劳动，智能劳动过程也是劳动者、劳动对象和劳动资料相结合的过程。因此，智能劳动属于马克思所阐述的劳动范畴，是一种具有创造性的劳动，属于复杂劳动范畴。智能劳动的应用将有利于实现人的劳动自由和解放，实现个体的自由。

（二）智能劳动的重要意义

智能劳动的重要意义，主要有以下几个方面。

一是通过人工智能，拓展人的生理能力。人对自己的器官功能和自然生理能力的要求是不断提高的，换而言之，人类的进化和自然生理本质的生成仍然没有完美的方案。人类利用人工智能，不断"武装"自己，不断突破人的体力、脑力、群体协同能力的极限，从而使人类的进化更加智能、更加健康、更具协同性。

二是通过人工智能，人类生产生活的"计划"得以可能。人工智能的发展必然使人类在生产生活各领域的精准性、计划性能力不断增强，并且潜力无限。人工智能带来劳动组织方式的变革。基于互联网、物联网、大数据和云计算，构筑灵敏反映市场需求并呈现动态变化的经济模型，实现经济和社会有计划的发展。

三是通过人工智能，产业结构不断优化升级，同时降低人的劳动成本和劳动风险。人工智能带来的革命性不囿于某一行业领域，而是分布于所有行业领域。加快发展新一代人工智能，是推动科技跨越发展、产业优化升级、生产力整体跃升的重要手段。通过群体智能、混合智能以及人机交互等新一代人工智能关键技术的链接协同，以及跨行业、跨地域、跨时空的资源快速汇聚，产业创新成本持续降低，成果转化更为迅捷，资源禀赋驱动的规模式扩张日益向依靠知识积累、技术进步、素质提升的内涵式发展转变，渐次形成数据驱动、人机协同、跨界融合、共创分享的新形态。同时，随着产业升级、结构优化、劳动环境改善，人的劳动成本极大降低；一些危险的、枯燥的、单调的工作逐渐被人工智能所替代，从而把人从异化劳动中解救出来。

四是通过人工智能，创造更加丰富的社会财富，增加人的自由时间，使劳动成为生活的乐趣。由人工智能开启的智能劳动作为人类劳动的时代形态，相较于以往的劳动形态，在效率和质量上都有新的飞跃。基于生产力的进步，社会必要劳动时间减少，人们的自由时间增多。在智能时代及其智能劳动中，人的劳动解放具有最新的可能性和最大的可行性。

劳动视野

人工智能的产生渊源是人类对劳动解放的追求与夙愿

众所周知，劳动对于人类社会的产生与发展具有基础性的作用，劳动工具的使用使人类区别于动物，独立于自然界。人类对于劳动工具有着非常深刻的认识，希望借助劳动工具，实现生活梦想，完成劳动解放。

荀子曰："君子性非异也，善假于物也。"一定程度上蕴含了古人对于外在工具的朴素认知。只有依托工具的改进革新，才能真正有效增长人类的本领，突破人类作为生物的机能限制，达到"性异"的境界，这也是人类对于劳动工具发展意义的深刻认识。千百年来，人们都希望通过劳动工具的改进来减轻体力劳动和脑力劳动的重负，提升劳动效率，提高劳动能力，从简单的杠杆到牲畜为动力的车辆，从结绳记事到算盘的使用，无不是人类利用工具减轻体力与脑力劳动负担的生动体现。在坚持不懈的劳动实践中，人类运用其独有的智慧，不断促进工具的革新，不断致力劳动的解放。

纵观人类文明的发展，不难看出，人类社会对劳动工具的改进大约集中在两个方面：

一方面，提升劳动工具的性能。比如古代的工匠通过不断的实践，提升冶炼、锻打金属的技术，使刀具更加锋利，农具更加耐用。在这种情况下，劳动工具的性能虽然产生了较大的提升，但只是在原有性能基础上的提升，并没有突破原来的性能范畴，没有发生质的飞跃。

另一方面，设计创造新的劳动工具。比如磨米工具的演变，特别是磨米动力工具的演变，可以很好地向我们展示工具代替人力的过程。古代，人们最初以人为动力来拉磨磨米；后来，开始出现家用牲畜代替人来拉磨，这个时候，牲畜作为动力解放了人；再后来，有条件的地区用河流的流水代替牲畜拉磨，这个时候，流水作为动力解放了牲畜。最终，人们从自然界找到了动力，代替了人畜。从这一过程中可以清晰地看到，劳动工具的改善，不断解放着人类劳动，使人类不再深陷繁重的劳动中，劳动工具的性能也发生了质的飞跃。

正是人类对解放劳动孜孜不倦的追求，人类的工具改善逐步从"人的驾驭"到"工具的驾驭"改变，开始向"自动化"方向发展。相传三国时期，蜀国丞相诸葛亮在对魏军的战争中，曾发明了"木牛流马"来运送军粮，《三国演义》记载，诸葛亮发明的"木牛流马"可以驮载着军粮，在蜀中的山路上自动行走，解决了蜀军的粮草运输问题。《三国演义》中所记载的"木牛流马"实现了运输工具的全自动化，而且还无能耗（"木牛流马"无须人推且不食用草料），是一种全天候、全自动化的理想运输工具，是"永动机"一般的存在。虽然从能量守恒定律可知，这种"木牛流马"并不存在，但从这一流传甚广的故事中可以窥见古人对于机械自动化的追求，这也体现出蕴含在人们心中的通过劳动工具改善进而解放人类劳动的美好想象和朴素追求，是人工智能得以发展的原始动力。

二、智能劳动的主要特点

（一）作为物质要素的智能化工具的作用日益显著

人类社会的生产工具经历了从原始社会的石斧、弓箭、青铜器和铁具到封建社会的木制工具，再到资本主义社会的蒸汽、电力等为动能的机器设备的演变。进入人工智能时代，智能经济以智能化劳动工具为支撑，智能化劳动工具在生产过程中的作用日益显著。智能化工具不同于传统工具就在于其具有的智能特征。智能化工具将信息科学技术融入劳动工具中，它是基于对大数据的采集、加工、处理和分析等的基础上，通过算法和程序等尽可能地挖掘信息，因模拟人的学习、认知、思维、逻辑能力等而更加智能化。在生产过程中它能够通过大数据、云计算等信息技术和内置的学习算法来分析处理原始数据，给出最优方案。智能化工具的使用一方面提高了劳动生产效率，单位时间内能够生产出更多的产品，并且相对于人类劳动来说，其容错率更低，生产的残次品更少，进一步减少了生产过程中的资源浪费。另一方面，智能化工具能够减轻劳动力的负担，在实现对人力劳动替代的同时，能够使人类的劳动在一定程度上得到解放。智能化工具在日常生产生活中越来越常见，自动驾驶汽车、语音机器人、人脸识别技术等智能化工具的广泛应用，给人们的生产生活带来了极大的便利。

（二）劳动过程的分工协作让位于自行组织与协调

人类社会早期便形成了分工协作化的生产方式，随着社会生产力发展水平的提高，分工经历了从自然分工、三次社会大分工、家庭手工业分工、工场手工业分工到机器大工业分工的演变过程。各时期的劳动者与劳动工具相结合形成的不同结合形式是由该时期所运用的主要劳动工具决定的，并进一步决定了共同劳动中多个劳动者与劳动工具的结合形式。现阶段智能化生产劳动所内含的分工协作的过程，主要体现为人的直接劳动被智能化工具从事的间接劳动所替代。人工智能技术的发展，使得机器取代人进行劳动越来越普遍，在生产过程中，人的直接劳动越来越少，人们直接的生产劳动变成主要是"看管和调节的活动"。根据智能劳动过程中人与机器之间的分工协作关系，人工智能技术和智能机器的发展与运用可分为三个阶段：一是智能技术与机器劳动的单个操作环节相结合，直接生产过程的自动化得以提高。二是智能技术与控制机器劳动的整个操作流程相结合，初步形成了智能机器，实现了直接生产过程的全自动化和一定程度的智能化。但在这个阶段，智能机器的生产仅限于按着预先设定的程序代码完成固定的操作流程，不能自行地组织生产经营。三是人工智能技术转向对劳动者个人能力的拓展。前两个阶段仍然需要有劳动者的参与才能完成，而第三个阶段即在未来高度人工智能化的机器生产发展阶段，将进一步减少人类社会中不同工种间的分工协作，其将具备足够的自行组织和协调生产的能力。

（三）人机协作是当前智能劳动的主流形式

虽然人工智能技术带来了更为自动化的生产技术，但在弱人工智能条件下，仅靠智能机器在任何产业都还无法形成整个流程的闭环。当前，协同机器人已广泛运用于各行各业中。人机协作的方式可以使生产过程变得更为灵活，有效降低人在特定工作中受伤和受感染的风险程度。其带来的作用主要有以下三个方面。

一是人机协作提高了劳动效率，智能算法可以很快地得到结果，与此同时，机器还可以在不断更新的数据中快速学习。未来，随着智能技术进入到更多的领域，可以预料的是智能程序所能涉及的领域生产效率将会极大地提升，生产力的发展会更上一个台阶。

二是人机协作使劳动更具稳定性，人工智能程序经过设定就会向着代码既定的目标执行。而人在劳动时，无论是体力劳动还是脑力劳动，人都会受到自身体力和脑力的限制。而且人还具有机器所没有的情感，这就使人会受到情绪的影响。智能劳动不会受体力和脑力的限制，也不会受情绪的影响，这就使得智能劳动发生工作失误的可能性非常低。

三是人机协作的方式有效降低了生产成本。人工智能程序显著的特征在于提升劳动生产率，与此同时，还可以降低成本。智能劳动广泛得到运用后，会大幅提高生产机械化的程度，这将使劳动密集型产业受到严峻的考验。在数据分析上，智能劳动凭借其强大的数据统计分析能力，可以帮助企业调整产品生产结构，合理规划生产流程，分析制定售价和产品需求情况。这些智能劳动一旦得到广泛运用，其成本将远远低于人工成本。

三、智能劳动的主要内容

（一）人工智能的基本应用

人工智能是新一轮科技革命的核心技术，人工智能技术的应用，将彻底改变我们的生活和生产方式，引发新一轮的产业革命。目前来看，智能制造、智能物流、智能机器人等，是人工智能的基本应用领域。

其一，智能制造。智能制造是指大数据技术与先进制造技术深度融合，贯穿于生产、分配、管理、服务等生产过程的各个环节，具有学习、决策、执行等功能的新型生产方式。智能制造产业链场景范围很广，但主要集中于制造业，其典型应用场景包括智能产品与装备、智能工厂、智慧车间等。

其二，智能物流。以往的物流主要利用条形码、射频识别等技术优化运输、仓储、配送装卸等物流活动。如今，智能物流借助智能搜索、推理规划等技术，实现货物运输过程的智能化管理和运转，提高物流效率。例如，在仓储环节，利用大数据智能通过分析大量历史库存数据，建立相关预测模型，实现物流库存商品的运输、调整和配送。

其三，智能机器人。智能机器人是指具备感知、协同、决策与反馈能力的机器人。从应用角度看，主要包括智能工业机器人——一般具有打包、分拣、装配等功能；智能服务机器人——具有健康护理、助残健康等功能；智能特种机器人——具有搜救、消防等功能。智能机器人发展与应用可以解决以下两个方面的问题：一是人力资源不足的问题，智能机器人可以替代部分人的工作，应对人力资源短缺的现状；二是工作环境恶劣的问题，智能机器人可以应对恶劣的工作环境，比如消防机器人、搜救机器人、水下机器人等，可以完成一些特殊的工作。

（二）智能劳动的主要运用领域

1.代替重复性劳动

机器代替人类的简单重复劳动来进行生产已有很长的历史。人类从开始学会制造工具以提升劳动效率，再到制造器械完成一些工作，使人从一些劳动中解放出来，这样的目标一直以来都是生产工具进步的动力之一。如今，智能机器的使用已经广泛地进入到了人们生活的诸多方面，智能劳动可以让生产过程在特定的程序中进行，脱离了人为因素，让整个生产过程都将标准化和自动化。这让劳动力的就业门槛下降，让以前需要专门对劳动者培训的劳动技能变为不用培训的机器进行工作。让曾经的复杂劳动分解成了若干简单劳动，再由智能机器逐一代替简单的重复性劳动。

2.信度更高的决策活动

以往的机器都是进行自动生产或者协助人来进行决策活动，无法完成决策度较高的活动。而目前人工智能技术已经进入了诸多的人类决策活动，尤其是医疗行业。培养一名合格的医师需要很长的时间，这其中主要是因为医学技能培养有着庞大的学习信息量，还需要多次的实践操作，医术精湛的医生更是在工作中不断学习总结从而积累经验，这种经验的积累是通过一例又一例的病例积累而来的。这样的方式可以把病例看作数据，而人的学习积累速度无法与计算机比较，具有人工智能算法的计算机可以很容易地从上百万的病例中学习。当智能劳动开始替代人类进行决策或者从事任务时，决策让渡现象将会不断增加。这将使人类生产生活更加依赖机器、依靠数据和算法得到结果。同样，机器的犯错率要远远低于人的犯错率。人因受生理因素或心理因素的影响，在生产过程中存在一定的犯错率，这样会造成资源的浪费和效率的降低。虽然智能机器尚未做到绝对不犯错的程度，但根据统计来看，机器的准确性很高，失误率也远低于人类。

3.机器劳动范围的延伸

在一些情况中，人受限于环境条件的限制。例如，人类无法在温度、湿度、粉尘以及噪声等极端的环境中进行劳动。而利用人工智能技术的机器人可以在恶劣的环境中代替人类劳动，让以往人无法进行的工作得到推进。这项技术在资源开采、实地勘测以及信息搜集等方面让工作外延得到广泛的提升，使得以往受条件限制的生产要素得到开发运用，从而扩大社会生产，使得人可以更好地探索未知。这极大地提高了社会的生产效率、资源利用率，降低了成本。"机器换人"的情况以前主要发生于制造业和一部分服务业。如今，在人工智能的加持下，机器的使用范围得到进一步的扩大，在以前的基础上更多地涵盖了服务业以及需要专业技能的劳动。例如，法律工作中对案宗的阅读，医学工作中对病情的诊断，新闻工作中的时事播报等工作。新延伸的领域都有一个显著的特征，就是能对大量的信息进行分析判断，极大缩短了工作中对于资料整理、分析、判断所花费的时间。人工智能类似于机器又不同于机器，更多的机器人应定义为人类工作的延伸，在工作中让机器人更多地从事粗重型的工作，从而释放一部分生产力，使人们在新的生产力水平上继续创新。

四、智能劳动的实施

（一）构建人与机器之间的和谐关系

对于构建人与智能机器的和谐关系而言，劳动者要自觉提升劳动技能和素养，主动适应智能化生产体系下智能劳动对劳动者和智能机器人机协同的客观要求，正确认识智能机器的产生和广泛应用对提高劳动生产率、改变人类生产生活面貌的积极意义。面对人工智能背景下智能化生产中"机器换人"所引发的就业压力，劳动者要主动适应和把握智能劳动、智能技术、智能化生产对提升劳动者知识技能和素养的新机遇，政府和企业也应为劳动者适应智能劳动的需要提供更多的学习与培训支持。与此同时，从智能机器的制造和生产方面而言，要不断推进智能机器的更迭与创新，充分挖掘智能机器在提高劳动生产率、提升生产劳动便捷性和安全性等方面的巨大潜能，加强相关法律法规的建设与完善，以使智能机器的发展能够遵循人类社会的科技伦理和价值规范。

（二）能够适应智能劳动的新要求

智能劳动是人机配合的劳动，与传统劳动的内容不同，智能劳动中的智能机器在某些方面代替了人的功能。因此，智能劳动中的劳动机器在某种程度上可以视为人们的合作伙伴。因此，人们要适应智能劳动的新要求，让人类和智能机器完美契合，协同合作，共同完成劳动任务。在这种情况下，人们要注重两个方面：一方面，人们要全面了解智能劳动的流程，掌握智能劳动的技术，了解智能机器的功能和用法，清楚人机协作的底层逻辑，熟练地进行人机配合；另一方面，人们要在智能劳动中不断优化智能劳动，使智能劳动流程更加顺畅，完善智能劳动的细节，在提升自身劳动能力的同时，也要提升智能劳动的功能，不断提升智能劳动的水平。

（三）能够在智能劳动中不断创新

智能劳动是一项新兴的劳动领域。劳动者在智能劳动中，要不断地创新，提升智能劳动的水平。一方面，劳动者要根据劳动的内容，改进智能机器的功能、优化智能劳动的流程，通过完善智能劳动的运行机制，提升智能劳动的水平；另一方面，劳动者要放眼于社会，从社会中了解更多人的需求，并从人们的反馈中了解智能劳动中的问题和不足，通过解决问题和改进不足，进而提高智能劳动的水平。

自评自测

学生自测表

（根据掌握情况，在符合情况下打"√"）

内容	良好	较好	一般
智能劳动的含义			
智能劳动的意义			
智能劳动的特点			
智能劳动的实施			

学完本讲，你有什么心得体会：

_____

劳动实践

使用智能劳动工具

一、实践目标

通过智能劳动工具，加深对智能劳动的认识。

二、实践方法

采用劳动体验的形式。

三、实践实施

1.选择智能劳动工具，如智能机器人、智能翻译软件等。

2.自拟项目。

3.使用智能工具进行一次劳动。

4.说出心得体会。

四、实践成果

写一篇300—500字的心得体会。

五、知识链接

智能技术实现劳动者从体力到精神层面的解放

机器的发明和应用，是为了解放人们的双手，弥补人类劳动的不足，提高劳动生产率，生产更多的价值总量。从本质上来说，任何技术都是人类器官的延伸。

传统的生产机器能够在一些生产领域代替人们重复性和繁杂性的工作，使人们从体力劳动中解放出来。例如，削面机的发明使面点师傅可以选择用机器削面，减少用手削面，提升了效率，也解放了他们的双手，减少了体力消耗。而智能技术融入劳动工具中，一方面，可以将人类从复杂的脑力劳动中解放出来。人类在劳动过程中，在耗费体力的同时也要耗费脑力，尤其是在进行复杂数据收集与处理时，将耗费大量的脑力。当智能机器运用后，其强大的运算能力能在几分钟甚至更短时间内完成人类几天甚至几个月才能完成的工作，帮助人类节省大量的脑力。另一方面，智能机器的使用能够使人们从劳动厌恶情绪中逐渐获得解放，使人类劳动越来越便捷而有效率。人类劳动不仅是为了创造满足人类需要的物质生活资料，而且是为了实现人的本质，因此，劳动对于人类来说应该是幸福和快乐的。但是，当人们从事繁重的体力劳动和危险性高的劳动时，过度的劳累和高风险性不仅对人类身体来说是一种摧残，对人类精神也是一种折磨。在这一劳动过程中，劳动对劳动者而言是一种身心的压迫，劳动者在劳动中不能从中感受到幸福。人工智能技术的应用能够代替人们从事繁重的、枯燥无味的、危险性高的劳动，人们有更多自由时间去从事自己感兴趣的劳动，使劳动复归快乐的本质，人们在劳动过程中不再只感受到痛苦，也从中体会到快乐，促进人们精神层面的解放。

第11讲　勤于志愿服务

学习目标

了解志愿服务的内涵和意义，了解社区义工劳动，了解"三支一扶"和"三下乡"。

劳动导学

志愿服务是一道光

志愿服务是一道光。这道光不但照亮了人类世界，也照亮了志愿者内心的世界。有了志愿服务，孤苦的孩子会得到照顾，孤独的老人会得到慰藉，贫困的地区会迎来资助，生病的人们会得到救治，杂乱的环境会变得整洁，志愿服务照亮了人类社会，让千千万万人得到了帮助。与此同时，千千万万的志愿者在爱心与奉献中，收获了充实，收获了自我，走向了美好的人生。

志愿服务是大学生锻炼劳动能力、提升思想境界的机会，也是劳动教育的重要内容和重要载体。

一、志愿服务及其重要意义

近年来，志愿服务走进了大众的视野，被大众所熟知。

（一）志愿服务的内涵

志愿服务的基本内容联合国教科文组织给志愿服务下的定义是："志愿服务是一种利他行为，是指人们在非私人的场合在一段时间内自愿、不计报酬地为他人、为社会奉献自己的时间和专业知识，以帮助他人实现他们的所需。"2017年8月22

日，国务院颁布《志愿服务条例》，其中第2条规定："本条例所称志愿服务，是指志愿者、志愿服务组织和其他组织自愿、无偿向社会或者他人提供的公益服务。"

当前，志愿服务正在成为社会变革的一种积极力量，其形式日趋多样，规模越来越大，产生的社会效益也日益突出。其内涵与特征包括以下几点。

1.志愿服务是利他主义价值追求的体现

一说起志愿者，很多人脑海中浮现的是乐于助人、无私奉献、不计个人利益的良好形象。可以看出，志愿者始终追求的是利他主义精神。例如，大学生去养老院、孤儿院参与的志愿活动，或者是暑期支教活动等，都是为他人提供服务，为社会做出奉献。这些都体现了志愿服务的基本价值追求即利他主义。志愿者参与志愿服务不仅仅是为了个人目的，更多的是为了帮助他人、服务社会。

2.志愿服务的基本特征是自愿性

"志愿"这个词的含义就包含了自愿的意思。志愿服务的自愿性指的是个人具有参加志愿服务的选择权。你可以选择参与志愿活动的形式，比如，你是利用课余时间参加一次慰问孤寡老人或者关爱残障儿童的活动，还是利用假期参与支教活动。同样，也可以选择不参加志愿活动。志愿服务的自愿性意味着志愿活动是非强制性的和非义务性的。同时，需要特别注意的是，自愿并不意味着可以不服从管理。比如，如果志愿者选择参加某个志愿服务组织，就必须遵守该组织的章程，承担相应的义务。如果志愿者自愿选择参加某项具体的志愿服务项目，就必须按照该项目的要求，认真履行自己的职责。《志愿服务条例》第22条规定："志愿者接受志愿服务组织安排参与志愿服务活动的，应当服从管理，接受必要的培训。志愿者应当按照约定提供志愿服务。志愿者因故不能按照约定提供志愿服务的，应当及时告知志愿服务组织或者志愿服务对象。"

3.志愿服务是不求物质回报的无偿性服务

正因为志愿服务利他主义的价值追求，所以不求物质回报是志愿服务的基本要求，同时也是社会对志愿服务的基本期待。但是，志愿服务本身不求物质回报，却不意味着志愿服务没有经济性。因为志愿服务同样需要有培训、交通、餐饮、医疗、意外保险购买等支持性活动，所以，志愿服务有赖于一定的经济基础。虽然志愿者本人不以物质回报作为参加志愿服务的目的，但对于参加活动的必要开支应该得到补偿。所以，政府应加大对志愿服务的经费支持，同时鼓励社会加大对志愿服务的捐赠力度。《志愿服务条例》第30条规定："各级人民政府及其有关部门可以依法通过购买服务等方式，支持志愿服务运营管理，并依照国家有关规定向社会公开购买服务的项目目录、服务标准、资金预算等相关情况。

4.志愿服务是社会公益性行为

志愿服务的目的是增加全社会的利益和福祉，而不是服务于特定的具体个人。志愿服务活动的形式多种多样，主要包括助老扶弱、扶贫济困、支教助学、环境保护、社区服务以及其他社会公益性活动。同样，志愿服务活动的公益性，意味着志愿服务不是基于亲属关系和朋友关系。比如，家中晚辈照顾无自理能力的老人，是基于亲属关系的服务，不是志愿服务。此外，企业和其他任何机构都不能打着志愿服务的旗号，从事纯粹的商业行为。

（二）志愿服务的重要意义

大学生在参与志愿服务的过程中，不仅为社会和他人提供帮助，而且自身得到锻炼和提高，思想境界得到升华和发展。实践证明，志愿服务是培养教育大学生的有效途径，是实践育人的重要载体。

1.参加志愿服务对社会的意义

（1）大学生社会志愿服务推动社会和谐

社会发展需要政府引导，同样也需要市场经济的支持，更需要培育社会组织来完成。而大学生志愿服务组织就属于对社会事务进行自我管理和自我服务的社会组织。大学生志愿服务组织将大学生志愿者组织起来，从事各种公益事业，帮助政府一起解决各种社会问题，从而推动社会建设。《中国青年志愿者宣言》郑重向全社会承诺：我们将促进社会保障志愿向孤寡老幼、残疾人、军烈属、五保户等具有特殊困难以及需要帮助的社会成员捧出炽热的心，让孤寡老人身边有儿女，军烈属身边有亲人，伤残者身边有兄弟姐妹，特困户都能得到关怀和照顾。这一承诺，其实质是青年志愿者主动承担起了社会建设的责任。

（2）大学生志愿服务引领社会文明风尚

所谓现代公民意识就是指公民所具有的独立主体意识、责任意识、法治意识和公德意识，它与志愿服务中的公益精神一脉相承。所以，志愿精神往往引领着一个国家和社会的现代文明风尚。有数据显示，志愿者组织越多、志愿服务越发达的地区，其文明程度也越高。因为志愿精神可以有效地推动一个国家或一座城市文明的进步。大学生志愿服务致力于扶贫扶助、社区建设、抢险救灾等各项公益事业，有效地拓展了社会动员能力，扩大了志愿服务的社会参与范围，促进了社会文明风尚的形成。

（3）大学生志愿服务助推构建和谐社会

传递爱心、传播文明是志愿服务的生动写照。大学生志愿者正是基于"奉献、有爱、互助、进步"的志愿精神参加志愿服务，因此大学生志愿服务活动与构建和谐社会主义社会相一致，也是实现和谐社会的推动力量。首先，志愿服务过程可以促进人与人之间相互关爱的人际关系。其次，大学生志愿服务强调力所能及和互相帮助，通过激发社会成员的内在自觉，倡导"人人为我、我为人人"的道德观念有助于拉近彼此间距离，建立信任关系，增进和谐相处。最后，大学生志愿服务中的环保志愿服务又促进了人与自然之间的和谐相处。加大力度弘扬志愿精神，推进大学生志愿服务工作，将对构建和谐社会做出重大的贡献。

2.参加志愿服务对大学生自身的意义

（1）帮助大学生体验奉献的价值

通过帮助他人、服务社会的过程，大学生能够获得精神的幸福感和成就感。大学生参加志愿活动不仅使助人为乐的优质品质内化于心，还会通过实践提升思想道德水平和文明素养。实验表明，在思想政治理论课上以明确行为指令的方式要求学生必须排队乘坐公交车，但效果不是很理想，而在学生参与组织公交文明排队的志愿活动后，更多的学生选择了主动排队乘坐公交车。

（2）帮助大学生提升社会实践能力

实践是检验真理的唯一标准。大学生在学校学习的科学文化知识，只有在实践中才能得到验证和巩固。只有走出校园深入社会、了解社会，才能真正得到锻炼，才能成长成才。通过志愿活动，大学生有机会走出校园，深入贫困山区，了解贫困地区人民的生活状况，通过深入社区、敬老院、孤儿院、福利院的志愿活动，可以看到社会弱势群体的生活状况。这些实践经历有助于大学生建立实事求是的实践精神，进一步关注社会发展、关爱人类进步。

劳动视野

志愿服务的必备技能

一、志愿服务者应具备多种服务技能

随着社会的进步，人们对志愿服务的形式、内容、质量都提出了更高的要求。在针对志愿者的调查中，研究结果表明有超过半数的志愿者认为"自身知识水平以及社会性实践劳动能力的欠缺"，制约了志愿服务的进一步开展，越来越多的志愿者也已经开始注意到从事志愿服务所需技能的问题。深入农村的志愿者必须参加组织培训与学习，了解农村大学生志愿活动的有关法律、法规、习俗和农业知识；到边远地区支教的志愿者必须学习教学方法、沟通技巧，掌握除专业之外的

广泛的知识和技能；走入社区提供社区服务的志愿者，不能将自己的服务定格在具体的形式和具体的内容上，努力提供多样化服务以满足社区不同人员的需求；向社会弱势群体伸出援手的志愿者，必须了解并熟悉当地的孤儿院、敬老院的情况，到伤残人士、军烈属、生活有困难的人家中去，必须想其所想，运用自己所掌握的服务技能提供最贴心的服务。可见，无论从事哪一种志愿服务，都必须掌握必要的专业技能。只有认识到这一点，志愿服务工作做起来才能得心应手。

二、志愿服务应提高专业化服务技能

在高校青年志愿者组织下设立专门的专业项目队，除了开展日常志愿服务活动外，还可以让专业团队的活动实施项目化管理，提高专项志愿服务的针对性和实效性，打造品牌性专业志愿者服务项目。高校需要在健全学校志愿者组织的同时，大力加强对志愿者基层组织与专业服务队的扶助和指导。高校成立志愿者专业服务队，再配备上高年级骨干志愿者，这种项目团队式组织模式运作起来既可以细化职能分工强化服务功能，又能提升专业服务水平和组织效能。同时，作为专业化青年志愿服务组织，需要在服务的过程中以更加积极、更加专业的志愿服务精神投入服务中，这就需要志愿者树立专业化的志愿服务精神。对于庞大的志愿者群体，要想紧紧地将志愿者凝聚在一起，需要的是志愿者精神的内驱力、激发志愿者的认同感及作为志愿者的自豪感、归属感、使命感。

三、志愿服务应加强突发事件应对技能

当代高校学生志愿服务已已刚开始的公益劳动、敬老爱幼、帮困助残等志愿活动，扩展到依托重大活动赛事开展志愿服务活动，新一代的大学生越来越多地参与到志愿服务中，成为青年志愿者的中坚力量。高校学生志愿服务工作越来越多地面向社会，对志愿服务工作的要求也越来越高，因此要系统地对志愿者进行培训和专业的应急救护技能培训，使其掌握志愿服务的方法和应对突发事件的技能。

二、社区义工服务

社区义工是指在社区内义务工作的人，是志愿服务一个很重要的类型。

（一）社区义工概述

社区义工是大学生志愿服务的重要内容。义工精神最早出现在300多年前。当时第一批英国教徒来到四野茫茫、举目无人的北美大地，顽强地同寒冷、饥饿、疾病、野兽作殊死斗争，义工精神就初露端倪。现代意义上的义工最早起源于义务扶贫救困，其发展可追溯至19世纪的西方。在工业文明大发展的背景下诸如失

业、贫困等一系列社会现象涌现，带动一批有道德水准的知识群体，自发组织参与慈善事业和社团服务。他们中间有学者、有学生、有先进思想的商人，甚至有有爱心和利他精神的贵族阶层。真正意义上的义工直至1985年才出现，义工是来自香港的说法。"义工"一词在我国出现的时间并不长，是在20世纪80年代引入的。

义工是指任何人基于道义、信念、良知、同情心和责任心，义务贡献个人的时间、精力以及个人技术特长，不计任何物质报酬，为改善社会服务，促进社会进步而提供的免费、无偿服务。义工所提供的服务无法用金钱或物质来衡量，是一种助人且自助的行为，是表达"爱"和回馈"爱"的行动。随着义工服务需求的不断增加，义工服务已成为整个社会文明建设的不可或缺的部分。

志愿者是指自愿参加相关团体组织，具有一定专业性、技能性、长期性服务活动的人或群体。为帮助有一定需要的人士和组织，在不谋求任何物质、金钱及相关利益回报的前提下，合理运用社会现有的资源，开展力所能及的、切合实际的帮扶活动。

义工和志愿者两者之间存在紧密的联系，都是指出于奉献、友爱、互助和社会责任，无偿地以自己的时间、技能等资源从事社会服务和公益活动的人员，在本质上是一致的。两者之间也有细微的区别。一般认为义工主要以困难人群为主要服务对象，突出提供服务的无偿性；而志愿者主要以公共场所为主要服务对象，强调服务的志向和意愿。目前，"志愿者"与"义工"的差别正在缩小，大多数情况下可以认为是同一概念。

社区义工即指人们在社区领域开展的义务工作，根据社区群众的实际需求，广泛开展多种内容丰富的志愿服务活动，努力为社区服务和社区建设做贡献。大学生社区义工是指在校学生利用课余时间，志愿贡献个人的时间及精力，在不为任何物质报酬的情况下，在校内外各公共场所、相关社会机构从事的公益性服务。从而唤起当代大学生的社会公德心和责任感，促进综合素质的提高，主动树立起为他人和社会服务的意识。

（二）大学生社区义工服务的意义

在高校组织大学生社区义工服务，对服务对象、服务机构、学生、教师、学校以及整个社会都具有深远的意义和作用。

1.有利于学校管理工作的顺利开展

学生义工走向校园社区，为同学提供服务，不仅能够帮助服务对象解决暂时的困难，更重要的是让服务对象感受到校园内的热情和热心，帮助服务对象从义工身上感受到阳光和温暖，看到美，从而对未来充满信心，在校园内找到归属，提高服务对象的生活质量、减少社会心理等问题的发生。校园内学生的不自觉现象屡见不鲜，以前在大学校匠内总能看到学生一边吃零食一边扔得满地都是垃圾的场面，这种现象总让管理者感到保洁员数量严重不足。校园内有了学生义工，他们不仅在空闲时间清扫校园，而且他们也会慢慢承担起保持校园清洁的责任，从而改善一些学生的不良行为，影响其他同学改善不良的生活习惯，使学校管理机构有了丰富的人力资源和智力支持。

2.有利于促进学生综合素质的培养

学生综合素质包括思想道德素质、业务素质、人文素质、身心素质，主要因素是学生思想道德素质。第一，通过义工服务，能使大学生了解社会各阶层的生活情况，加深其对社会问题的认识和关注，培养大学生的社会责任感、公民意识，端正工作态度；第二，通过义工服务，能够拓宽大学生视野，提高学生观察问题、解决问题的能力以及人际沟通能力和社会适应能力；第三，通过义工服务，还可以使学生明确自己的优劣，从而激发学生的学习兴趣，增加学习的主动性，加强对学科的掌握和运用，促进专业知识与社会实践的紧密结合。因此，开展义工活动不仅能让大学生在帮助他人的同时体会到其中的乐趣，还能培养大学生良好的道德品质，尤其是职业道德品质。

3.有利于促进学校教育教学改革和形成健康向上的精神文化

对学校而言，义工服务活动能实现学校知行合一的理想，特别是对将培养应用型人才纳入学校人才培养体系的高等院校更加重要。第一，通过义工服务活动，能使学生在服务的体验中反思、学习，获得更多的成长契机；第二，通过义工服务活动，学校能建立起良好的社会形象和声誉，广大教师和学生会因此产生强烈的归属感和依恋感，并会时时注意维护学校形象和声誉；第三，通过义工服务活动，学校培养的毕业生会更具吃苦耐劳精神和责任心，更具爱劳动、爱祖国的感情，使学生的就业态度有所改变，为学生就业创造更多的机会；第四，通过义工活动，学生能学以致用，理论联系实际，并提高对社会工作专业的感性认识，为学校的教学改革提供依据，对促进学校教学改革工作的发展有着积极的意义。

三、"三支一扶"

"三支一扶"是大学生志愿服务的重要内容。

（一）"三支一扶"的基本内容

"三支一扶"是指大学生在毕业后，到农村基层从事支农（支援乡镇基层农业生产工作，主要从事涉农产业如种植业、养殖业、深加工业等工作）、支教（支援乡镇基层教育事业，主要从事九年义务教育中的小学、初中学科教育）、支医（支援乡镇基层医疗卫生事业，主要从事临床诊疗、中医诊断、医疗救护、医学检验等工作）和扶贫工作（支援乡镇基层扶贫攻坚工作，主要从事农村脱贫致富相关工作）。

"三支一扶"计划的政策依据是人力资源和社会保障部（原人事部）2006年颁布的第16号文件《关于组织开展高校毕业生到农村基层从事支教、支农支医和扶贫工作的通知》，其目的在于为高校毕业生向基层单位落实就业问题提供具体的指导和保障。引导和鼓励高校毕业生到西部去、到基层去、到祖国最需要的地方去，经受锻炼"三支一扶突击队"健康成长，为促进农村基层教育、农业、卫生、扶贫等社会事业的发展，建设社会主义新农村和构建社会主义和谐社会做出贡献。

（二）"三支一扶"的组织招募

"三支一扶"按照公开招募、自愿报名、组织选拔、统一派遣的方式进行。招募对象主要是高校应届毕业生，对学生的要求有：政治素质好，热爱祖国，拥护党的基本路线和方针政策；学习成绩合格，具备相应的专业知识；具有敬业奉献精神，遵纪守法，作风正派。

"三支一扶"招募工作始终坚持"公开、平等、竞争、择优"的原则，并且会为家庭经济困难的学生留有一定比例。招募工作从每年4月开始，一直持续到7月底结束。

具体来说，每年4月底前，各部门收集、汇总基层岗位的需求信息，然后统一上报给全国"三支一扶"工作协调管理办公室，同时面向社会公开发布招聘信息。到5月底前，各地根据下达的招募计划和实际情况，采取考核或者考试的方式进行招募选拔。选拔出的学生在经过审核、体检后，最终确定人选。每年6月底前，各地方部门会将最终名单上报给全国"三支一扶"工作协调管理办公室进行统一备案。被选拔上的学生还要进行集中的岗前培训，培训内容主要针对今后的具体工作。比如学习党和国家有关基层工作，特别是农业、教育、卫生、扶贫方面的方针政策，服务地区基层的工作现状，以及个人服务单位和岗位的基本情况等。7月底前，开始派遣"三支一扶"大学生到服务单位报到。

"三支一扶"大学生在服务期间，其服务单位要全面负责其工作及生活安排。服务单位要承担对大学生的日常管理工作，并根据工作需要积极为大学生提供培训机会。

"三支一扶"的计划服务期限一般为2—3年，大学生在此工作期间，服务单位会给予一定的生活、交通补贴，也会为大学生统一办理各类必要的保险以保证大学生各项福利政策的落实。

国家为鼓励"三支一扶"大学生扎根基层，会对服务期满的大学生出台各类优惠政策。比如，原服务单位有职位空缺需要补充人员时，会优先考虑接收服务期满且考核合格的"三支一扶"大学生。对于服务期满且考核合格的"三支一扶"大学生，如果其报考党政机关公务员，可以通过适当加分以及给予其他优惠政策，优先录用。而服务期满后，如果大学生选择自主创业，同样可以享受一定的行政事业性收费减免、小额贷款担保和贴息等有关优惠政策。

（三）"三支一扶"的重要意义

1.有助于农村高素质人才的引进

建设社会主义新农村，最关键的还是在人才。从目前的实际情况看，农村基层人才匮乏，素质迫切需要提高，尤其是在教育、医疗卫生、农业技术等方面，表现得更加突出，在有些地方此类问题已成为农村发展的瓶颈。由此看来，解决农村基层人才匮乏的问题已迫在眉睫、刻不容缓。在此种情况下，实施高校毕业生"三支一扶"计划，选派优秀高校毕业生支教、支医、支农和扶贫，将切实为农村输送一大批高素质人才，改善农村人才队伍结构，促进农村各项事业的发展。

2.有助于拓宽毕业生的就业渠道

高校毕业生是我国宝贵的人才资源。高校毕业生的就业问题，直接关系到人民群众的切身利益和人才作用的发挥，对此，党和国家高度重视。从目前的实际情况看，对一部分高校毕业生来说，并不是无业可就。我国农村基层和艰苦边远的地区急需大量各类人才，但由于此类地区各方面待遇、条件、政策、工作环境等因素削弱了高校毕业生到基层工作的积极性。实施高校毕业生"三支一扶"计划，采取有力的优惠政策，吸引高校毕业生到基层服务且坚持下去，将大大拓宽高校毕业生的就业渠道。同时，帮助大学生深入了解国情，了解社会，培养吃苦耐劳的品质，树立行行建功、处处立业的观念，形成良好的就业氛围。

3.有助于培养高质量的青年人才队伍

青年人才是国家和民族的希望。所以，我们必须把培养高素质的青年人才作为实施人才强国战略的重点。"三支一扶"岗位无疑向广大有抱负、有志向的年轻人提供了施展才华的广阔舞台。通过"三支一扶"考核合格的大学生，都是既有现代科学文化知识，又有基层工作经验，同时还具备强烈社会责任感的优秀青年，他们必将推动经济社会的全面和谐发展。

虽然有的学生在"三支一扶"服务期满后，仍然要面临重新择业就业的问题，但是这段难得的经历会锻炼大学生的坚强意志，也为大学生提供了丰富的基层工作经验。所以，择业就业机会比其他从未在基层工作过的大学生大得多。从这个角度说，"三支一扶"岗位是大学生择业就业的一个优势因素。同学们应该抓住机遇，多到基层历练，积累基层工作经验，为今后择业就业做好准备。

四、"三下乡"

"三下乡"同样也是大学生志愿服务的重要内容。

（一）"三下乡"的基本内容

"三下乡"是指"文化、科技、卫生"下乡。大学生"三下乡"活动是各高校开展的一项旨在提高大学生综合素质的社会实践活动。1996年12月，中宣部等10部委下发《关于开展文化科技卫生"三下乡"活动的通知》，号召高校大学生结合农村发展和社会实际需要，发挥自己的知识技能优势，开展各类文化科技卫生服务活动，在社会实践中受教育、长才干、做贡献。由此，大学生"三下乡"社会实践活动正式拉开帷幕。经过20多年的努力，大学生"三下乡"活动已成为我国高校普遍的最具影响力的社会实践经典项目之一。大学生将自己学得的科学文化知识带到农村，开展丰富多样的支农助农服务，对高等教育努力服务新农村建设起到了促进作用。在文化下乡方面，大学生可以开展文化宣传、文艺展演、教育帮扶等活动。在科技下乡方面，大学生可以结合自身的专业优势，在教师的指导下开展科技成果推广与应用、科技咨询服务、农业人员科普培训等活动。在卫生下乡方面，大学生可以开展健康普查、医疗卫生知识普及宣传、基层医务人员培训等活动。

（二）"三下乡"的基本类型

"三下乡"基本类型主要可以分为考察调研、公益服务和职业发展。

1.考察调研类

考察调研类型的"三下乡"是指通过观察、调查农村社区的真实情况，对收集到的相关材料进行整理、分析和研究，从而得出某种结论或是能揭示某种规律的社会实践活动。在考察调研活动中，学生需要深入社会、深入基层、深入群众，通过自身观察和体验，对社会的某些领域或某些现象进行客观全面的了解和学习，从而深化对国情、社情和历史的认知。通过考察调研活动，学生可以开阔自己的视野，促进自身全面发展，形成正确的世界观、人生观和价值观。例如，医学专业学生利用课余时间到医疗资源相对匮乏的地区，开展专业相关的体检、义诊工作，除了全面了解农村卫生医疗情况外还能促进实习锻炼，并进一步为学生毕业后深入农村发展卫生医疗事业提供动力，增强信心。

2.公益服务类

公益服务类型的"三下乡"是指学生利用课余时间到工厂、社区、乡村等地方，帮助他们开展一些力所能及的生产劳动或服务工作等。例如学生利用课余时间来到农村、社区，围绕环境污染、资源保护、垃圾处理、气候异常等主题开展环境保护的科普宣讲工作。

3.职业发展类

职业发展类型的"三下乡'是指学生为提升自身职业素养、了解专业领域的情况、促进职业发展而开展的到农村或乡镇企业学习参观、实习锻炼、创业实践、创新发明等实践活动。

（三）"三下乡"的重要意义

"三下乡"不仅是一次文化、科技、卫生的下乡，也是一次爱的下乡。它具有很重要的现实意义。

1.磨炼意志，促进了大学生综合素质的提高

大学生"三下乡"活动的开展，不仅磨炼了大学生的意志，奉献了爱心，还提高了大学生的组织协调能力、独立思考能力以及分析解决问题的能力，从而大大提高了自身的综合素质，为大学生将来走上工作岗位打下了良好的基础。借着"三下乡"活动，大学生可以直接与农民接触，深刻体验农村和农民的生活现状，对端正大学生的思想认识，帮助他们树立艰苦奋斗的思想，培养他们尊重劳动成果，热爱劳动和尊重劳动人民的情感有积极的促进作用，同时也大大增强了大学生的团结协作精神，提高了大学生的社会活动能力、独立工作能力和社会适应能力。

2.了解国情，增强了社会责任感和使命感

很长一段时间大学生都生活在象牙塔里，对国情认识不够，对政策把握不透，而"三下乡"活动在学校与社会之间架起了一座桥梁，通过这座桥梁，使大学生对社会有更深的了解。"三下乡"活动主要是去农村，这就使大学生可以通过自己的切身实践，去知晓民情、国情，进一步去思考、理解和拥护党的路线、方针、政策。同时，大学生"三下乡"活动，也有利于培养大学生形成强烈的社会责任感。通过组织丰富的社会实践活动引导大学生深入社会、深入基层、深入群众，到改革和建设的第一线去、到条件艰苦的环境中去，让他们在社会的大课堂中正确认识国情、民情，培育为人民服务的责任意识，进一步明确当代青年学生所肩负的历史使命，进而树立国家主人翁的责任感和使命感。

3.服务农村，传播了先进的科学技术和文化知识

大学生"三下乡"活动是大学生以集体的形式走进农村、服务农村的实践活动。利用大学生文化、科技、卫生"三下乡"的活动，帮助农民解决一些生产生活中的实际问题，提高科技文化素质，对于服务"三农"具有十分重要的意义。大学生"三下乡"不但能把党的政策和温暖带到农村，把文明新风和民主法制带到农村，同时也能将先进的科学技术和文化知识传播到农村中，协助培养新型农民，提高农村人口素质，将巨大的农村人口压力转化为人力资源优势，帮助农村培训科技人才，解决生产技术难题。

自评自测

学生自测表

（根据掌握情况，在符合情况下打"√"）

内容	良好	较好	一般
志愿劳动的含义			
志愿劳动的意义			
社区义工服务			
"三支一扶"			
"三下乡"			

学完本讲，你有什么心得体会：

_____

劳动实践

志愿服务活动

一、实践目标

聚焦立德树人根本任务，扎实推进劳动教育，创新劳动教育方式，统筹部署劳动主题活动，将劳动教育融入日常学习生活，进一步引导学生崇尚劳动、尊重劳动，树立正确劳动观，努力培养德智体美劳全面发展的社会主义建设者和接班人。

二、实践方法

生态环保志愿服务队组织开展捡拾垃圾活动，致力于"山水林田湖草沙"生

态保护工作；社区治理服务队带领志愿者进入社区，从小事着手展开劳动实践，主动打扫楼道，关怀社区老人，在劳动奉献中体会乐趣，贴心服务让爱在社区传递；关爱儿童志愿者可以去社会福利院或者儿童康复训练中心，与这些孩子一起玩游戏，做操，听音乐……志愿者们用爱走进孩子的世界。

三、实践实施

1.确定好分组、负责人、组员分工。

2.准备志愿服务活动的材料，做好沟通联络工作。

3.在计划好的时间到志愿服务地点进行活动。

4.做好记录，积极交流，拍照留念。

四、实践成果

提交一份不少于500字的心得体会。

五、知识链接

一般性志愿服务

（一）社区卫生清洁

将广大志愿者组织在一起，共同到社区进行卫生清洁，比如拾垃圾捡矿泉水瓶等活动。

（二）探访老人

不少志愿者都比较关心老年群体，可以定期组织志愿者到养老院或其他老年人群体较多的地方进行探访，为老年人送去温暖，或者陪老年人聊天下棋等。

（三）表演节目

定期在社区举办大型节日晚会，组织志愿者唱歌跳舞，表演一些比较出彩的节目，让晚会节目形式变得更加丰富。

（四）指挥交通

可提前与交警大队进行协商，让志愿者在路口协助指挥交通，让更多人拥有交通意识，营造良好的交通氛围。

（五）募捐活动

可定期为贫困地区的孩子募捐书籍或者衣物，募捐后将这些生活和学习用品发送到贫困孩子手中。

第12讲　尝试创业劳动

学习目标

了解创业劳动的内涵、创业劳动的特征、创业劳动的内容以及创业劳动的实施。

劳动导学

创业劳动是特殊的劳动形式

和一般的劳动形式相比，创业劳动具有更加复杂、更加综合、更加动态、更加创新的特点；创业劳动具有非常复杂的内容，既包括业务的内容、工商的内容，也包括法律的内容；创业劳动更加综合，除了体力的劳动，还包括复杂的脑力劳动；创业劳动是动态的劳动，随着创业活动的深入，劳动内容也发生了变化；创业劳动也是创新的劳动，创业本身就有创新的性质，创新也是创意劳动持续发展的动力。

一、创业劳动及其重要意义

创业劳动是特殊的劳动类型，由于与创业活动息息相关，因而相对复杂。

（一）创业劳动的内涵

1.创业的含义

什么是创业，创业的定义是什么。不同的时期、不同的学者对此的解释也不同。《辞海》中创业的含义是"创立基业"。而《现代汉语词典》对创业的解释为"创办事业"。"创业"一词由"创"和"业"组成，如果单独解释的话，"创"指的是创建、创立、创造、创新、创意，"业"可包括事业、企业、学业、家业等。

在中国古籍中，"创业"一词曾多次被使用，如《孟子·梁惠王下》中就提到"君子创业垂统，为可继也"；诸葛亮在《出师表》中说到"先帝创业未半，而中道崩殂"。这里的"创业"指的是事情的基础和根基，既可以表现为平常百姓的家业、家产和事业，也可以呈现为古代皇朝的"霸王之业""帝王之业"。目前高校中开设的大学生就业指导与创业教育课程中，不光传授创办有关企业、开创事业等方面的知识，而更为重要的是要让大学生具备创新意识和创业精神，这已成为创业教育中非常关键的一点。

可见，创业的内涵是十分丰富的。清华大学林强、姜彦福和张健三位教授指出："创业是一个跨越多学科领域的非常复杂的现象，不同学科基于不同的研究视角都进行了独特的观察和研究，这些学科包含经济学、心理学、社会学、人类学、管理学等。"《创业管理：成功创建新企业》一书中提到："创业有两层含义：一层含义是活动，主要指创业者及其团队为孕育和创建新企业或事业而采取的行动，包括新组织的生存和初期发展。另一层含义是精神，也可以称作创业精神，主要指创业者及其团队在开展创业活动中所表现出来的抱负、执着、坚韧不拔、创新等品质。"

2.创业劳动的含义

所谓创业劳动，是指围绕着创业开展的一系列劳动，这些劳动能够帮助创业者实现创业成功，是一系列管理活动和业务活动的集合。

（二）创业劳动的重要意义

1.缓解就业难的问题

当前，"就业难"，不论是在公共话语空间还是在高校，都是一个十分流行的词语。高校学生创业则有利于缓解高校学生就业压力。创业能力是一个人在创业实践活动中的自我生存、自我发展的能力。一个创业能力很强的大学毕业生不但不会成为社会的就业压力，相反还能通过自主创业活动来增加就业岗位，以缓解社会的就业压力。正因为如此，各国政府在通过公共政策增加就业机会的同时，把鼓励高校学生自主创业也作为一个促进就业的基本政策取向。

2.有利于实现致富梦想

如果高校学生要想变得非常富有，开创自己的事业是最有希望实现致富的目标。当前，高校学生的就业观念正在悄悄地发生改变，一个鼓励创业、保护创业、崇拜创业的大环境正在逐步形成。产业结构调整带来巨大创业机会，促使高校学生创业暗流涌动，高校学生可以通过自主创业实现致富梦想。

3.展现高校学生自我的人生价值

大学毕业生通过自主创业，可以把自己的兴趣与职业紧密结合，做自己最感兴趣、最愿意做和自己认为最值得做的事情。在五彩缤纷的社会舞台上大显身手，最大限度地发挥自己的才能。高校学生自主创业，可以实现个人梦想，充分展现自我的人生价值。生活在这个不断发展、不断进步的社会，每个人都想成就一番事业，实现自己的人生价值。创业，是一种个人的革命。高校学生通过自主创业，将自己的兴趣和梦想结合在一起，可以做适合自己性格、兴趣的事情，通过自身的努力拼搏，寻找出一条成功的道路，实现自己的梦想。通过创业，不仅可以实现自身的梦想，还能实现人生价值最大化，充分拓展自我的人生价值。

二、创业劳动的主要特征

（一）目的性

有的人创业是为了生存，有的人创业是为了致富，有的人创业是为了实现当老板的梦想等。这种明确的目的性是创业者最突出的特征。

（二）主动性

创业者选择自己合适的行业和项目进行创业，也可以选择适合的时间和合伙人进行创业。创业者最大限度地做自己喜欢做的事情，同时创业也是一份自主性很强的工作。

（三）风险性

创业者与就业者不同，就业者没有太大的风险性。但创业者不同，从创业的过程和结果看，对创业者来说是艰辛和有风险的。市场竞争越激烈，风险也就越大。创业存在着风险，但同时也充满着诱惑力。

（四）广阔性

创业的主体、类型、行业等具有广阔性。例如：从主体讲，创业不受性别、文化、民族、学历等限制，不同职业，不同阶层的人都可以做创业者。从行业来说，你可要做物流、生产加工、零售销售等。

（五）实践性

创业不但注重动脑能力，尤其注重动手能力，创业劳动的实践是成功的重要保障，在具体的创业劳动中，实践贯穿始终。

（六）可持续性

创业劳动是动态的，社会人士创业活动要不断融入新内容，寻求新模式，逐步深化，是一个连续性的、终身性的活动。

（七）多样性

创业活动具有多样性的特征，因此，创业劳动也具有多样化的特征，针对不同的创业项目，创业劳动也表现出巨大的差异。

（八）创业具有个性化

创业劳动具有个性化的特征，一是因为创业活动具有自身的特殊性，二是因为创业劳动本身就是具有创新属性的劳动。

三、创业劳动的主要内容

（一）选择创业项目

1.网络创业

互联网改变了人们的生活，同时也提供了全新的创业方式。网络创业不同于传统创业模式，并非白手起家，而是利用现成的网络资源。目前网络创业主要有两种方式：网上开店，在网上注册成立网络商店；网上加盟，以某个电子商务网站门店的形式，利用母体网站的货源和销售渠道进行经营。网络创业的优势是门槛低、成本少、风险小、方式灵活，特别适合初涉商海的创业者。像易趣、淘宝等知名商务网站有较完善的交易系统、交易规则、支付方式和成熟的客户群，每年平台还会投入大量的宣传费用，加盟这些网站，创业者可"近水楼台先得月"。

2.加盟创业

分享品牌优势、分享经营诀窍、分享资源支持，连锁加盟凭借这些优势，成为备受青睐的创业新方式。这种创业的特点是利益分享、风险共担。创业者只需要支付一定的加盟费就能借用加盟商的金字招牌，利用现成的商品和市场资源，还能长期得到专业指导和配套服务，不必"摸着石头过河"，创业风险也有所降低。但是，随着连锁加盟市场规模的不断扩大，鱼龙混杂现象日趋严重，一些不法分子利用加盟圈钱的事件屡有发生，对此大学生需引起注意。

3.兼职创业

如果头脑灵活、有钱有时间，想"钱生钱"又不愿意放弃现有工作，可以充分利用在工作中积累的商业资源和人脉关系创业，实现鱼和熊掌兼得的梦想，而且进退自如，大大减少创业风险。但是兼职需要在主业与副业、工作与家庭等几条战线上同时作战，极大地考验创业者的精力、体力、能力和忍耐力，因此要量力而行。此外，兼职创业最好选择自己熟悉的领域。这种创业方式适合白领族和有一定商业资源的在职人员。

4. 团队创业

在硅谷流传着这样一条"规则"：由工商管理硕士和麻省理工学院的博士组成的创业团队几乎就是获得风险投资的保证。这其中蕴含着这样的道理：创业并非追求个人英雄主义的行为，团队创业成功的概率要远高于个人独自创业。一个由研发、技术、市场、融资等各方面资源组成的优势互补的创业团队是成功的法宝，对于高科技创业企业来说更是如此。这种创业方式适合海归人士、科技人员、在校大学生、在职人员等。

5. 大赛创业

大学生创业大赛来源于美国的商业计划竞赛，此类竞赛旨在为参赛者展示项目、获得资金、提供平台，创业大赛被形象地称为创业孵化器。从国内情况看，创业大赛也产生了一批大学生企业。创业大赛不仅为青年学生创业者的闪亮登场提供了舞台，更重要的是为其提供了锻炼能力、转变观念的宝贵机会。通过这个平台，青年学生创业者可熟悉创业程序、储备创业知识、积累创业经验，接触和了解社会。这种创业方式只适合于在校大学生。

（二）识别创业机会

在机会识别发现过程中，灵感和创造力确实十分重要，但是创业者在实际发现和评价创业机会过程中的艰苦努力和所采用的正确方法也同样不容忽视。

第一，在偶然之中寻找机会，善于捕捉意外发现。索尼公司董事长盛田昭夫喜欢一边打网球，一边听音乐，因此，他必须在球场上装扬声器及唱盘。他想，总该有一个较好的方法来解决这个麻烦。随身听就是在这种需求下产生的，这是索尼公司有史以来最具革命性与利润性的产品。普强制药公司在进行降低高血压固态晶片的反应测试时，意外地发现这些药不仅可以控制高血压，还有促进头发生长的效果。因此，他们积极改良开发生发剂的产品市场。

第二，问题分析法——提出问题，解决问题。埃德温·兰德（Edwin Land）跟女儿在新墨西哥州闲逛时，女儿问她："为什么我不能马上看到你刚刚为我拍摄的照片？"兰德灵光一闪，一个小时后，拍立得相机和软片的创意与构想浮现在她的脑海中。她迫不及待地前往当地拍立得公司的专利律师处，描述她的新产品。五年后，拍立得公司推出拍立得照相机。

第三，启发式方法。启发式方法与创业者的创造性联系最为密切。它首先是分析，即选取一个特定的市场或产品领域，并弄清楚与这一领域相联系的概念；然后是综合，即将这些概念以提供一个新视角的方式归到一起。这个过程是相互作用、相互启发的，每一个分析—综合的循环都改进了对机会的洞察，并使之更加清晰。

第四，特性延伸法。特性延伸是指确定一个特定产品或服务的基本特性，然后去考察它们以何种方式发生变化，发生什么事情。应用特性延伸法的技巧是以一系列适当的形容词来试验每个特性，如"更大""更强""更快""更多乐趣""更方便"等。例如，"傻瓜"相机是以使用者的"更方便"取胜的，计算机的更新换代是以其芯片运行速度更快为标志的，低度白酒受欢迎是沿着"度数更低"特性展开的。当然，特性延伸也可采取更加复杂的、混合的方式，将来自不同产品的特性混合在一起来创造新产品。实践证明，在产品的特性延伸上孕育着巨大的潜在商机。

（三）管理创业团队

第一，要管理好自己。要成为一个优秀团队的管理者，自己在各方面一定要做得最好，成为团队的榜样，要让大家对你信服，要把优良的工作作风带到团队中去，影响到每一位团队中的成员。作为一个管理者，要有海阔天空的胸襟，要有宽容的胸怀，把团队中的成员当作是自己的兄弟姐妹一样看待。

第二，要在团队中建立好培训工作，把优秀的团队文化传播给团队中的每一个成员。要知道，要想刀锋利，首先要把刀磨快，而丰富的团队文化是让团队成员把个人能力发挥到极致的最好方法。这样才能提高战斗力。

第三，人性化的管理。管理者和成员之间是要有人性化的，管理者要切身站在成员的立场上思考问题，想其之所想，忧其之所忧，及时地把他们的困难予以解决，协调好成员的情绪，以及建立好与成员之间的人际关系，让成员感到这个团队是温暖的。

第四，要让每个成员明白团队的目标，掌握好如何高效率地达到目标的方法，只有有了目标才会有前进的动力。

第五，作为管理者，最重要的职责就是做好指挥工作，要和成员形成良好的沟通，要培养好成员工作中出现问题及时汇报沟通的工作习惯。管理者通过个人的工作经验和阅历给予员工一个最优解决方案，直到处理好工作问题。

创业能力的构成

"创业能力"从字面上讲是由"创业"与"能力"两个词组成的。它通常指个体顺利开展创业活动时所必备的辨别、预料和运用市场机遇的综合知识与能力。创业是一个发现和捕捉机会、创造新颖的产品或服务、实现其潜在价值的复杂过程。因此它需要创业者有开阔的视野、过人的胆识、较强的创新力，还需要创业者投入大量时间和精力，承担相应的财务和社会的风险。因此，创业者不仅需要创业环境和外部条件的支持，还需要具备良好的个体素质与能力。

创业者需要什么样的能力呢？

一、把握商机的能力

创业最需要的不是资金，而是开阔的眼界和把握商机的能力。一个创业者只有具备良好的把握商机的能力，才能在市场经济的大潮中去竞争、去搏击、去发现商机、勇于创业。所以把握商机的能力是创业者辨别、预料和运用市场机遇所必需的能力。

二、组织管理的能力

创业的过程就是一个将人、财、物、信息、时间等各种要素进行有效组织管理的过程。创业者在协调创业活动、整合创业资源的过程中，需要有良好的组织协调能力，否则创业者的领导作用也就无从谈起。

三、不断进取的能力

创业是一个长期、艰苦的过程。创业本质上是尝试新事物，创业中风险和机遇并存，因此创业需面对的困难、需要承受的压力是超出想象的。在创业中，不断进取是创业活动的精神基础。所谓不断进取的能力包括创业者坚韧的品质、过人的胆识、奋发图强的斗志和永不言败的精神。此外，创业者不断进取的能力及坚韧的品质通常会融入创业企业的精神文化建设中，形成创业企业的精神文化内核。

四、善于决策的能力

决策能力指决策者或经营管理者对某件事定方向、拿主意、做决断的综合能力。从某种程度上说，决策能力就是选择的能力，没有选择就没有决策。决策能力包括经营决策、业务决策、人事决策、战术与战略决策等多种能力。创业者在若干个方案中选择一个最可行、最有效的方案的过程，就是决策的过程。因此，决策能力是创业能力中十分重要的能力。

五、擅长沟通的能力

建立良好的内外环境是创业企业获得成功的重要因素。在现代经济社会中企业本质上是一个开放的经济组织，它需要和社会各界交流信息、互通有无，在企业内部和员工相互沟通思想，处理好关系。一个成功的创业者通常都具备良好的沟通能力，他在外要处理好和消费者、同业竞争者、政府、媒体的合作与竞争关系。对内要处理好和上级、下级、兄弟部门之间的分工与合作关系。所以，在创业过程中，创业者的沟通能力十分重要。

六、学会学习的能力

在市场经济中，成功的创业需要知识与创新。创业者除了具备一定的专业知识（如开办医药企业需要懂得足够的医药企业知识，开办房地产开发公司要懂得足够的房地产开发知识等）外，还必须具备与创业活动密切相关的一些知识，如创业法律、财务管理、企业经营等知识。创业所需要的知识是方方面面的，而这样的知识需要以实战性的经验和不断发展的理论作为指导。尤其是在当前，创业者面对的是知识爆炸、复杂多变、竞争激烈的环境，这就要求创业者具备强大的学习能力，随时了解各方面的信息，及时把握社会和行业的最新动态，才能掌握企业发展所需的知识。

四、创业劳动的主要实施

（一）创业计划书的撰写

创业计划是创业者在创业初期为企业勾画的蓝图，包括产品开发生产、市场营销、财务、人力资源等职能计划的综合。通过撰写计划书可以对创业进行全面、系统的内外环境及必要条件的客观分析，帮助创业者厘清思路，引导企业顺利度过起步阶段。

1.创业计划书的基本要素

创业计划书尽管有很多种，但其基本要素不外乎以下6个方面，即6个"C"：

第一个"C"是概念（Concept），即计划书中必须明确所卖产品或所提供的服务是什么。

第二个"C"是顾客（Customers），即顾客是谁，且范围要明确。例如，顾客是女性，适合的年龄段为三四十岁。

第三个"C"是竞争者（Competitors），即所卖商品或所提供的服务，有没有人做过，有没有其他东西可以取代，这些竞争者跟你的关系是直接的还是间接的。

第四个"C"是能力（Capabilities），即该项目自己掌握的程度如何。

第五个"C"是资本（Capital），可以是现金，也可以是资产，或者是可以换成现金的东西。资本在哪里，有多少，自有的部分有多少，可以借贷的部分有多少，都要清楚。

第六个"C"是永续经营（Continuation），即事业发展的可持续性情况。

不管在哪方面创业，不管计划书怎么写，上述6个要素都是创业者必须考虑和明确的。

2.创业计划书的主要内容

一般来说，在创业计划书中应该包括创业的种类、资金规划及资金来源、资金总额的分配比例、阶段目标、财务预估、行销策略、可能风险评估、创业的动机、股东名册、预定员工人数等要素，具体内容可概括为以下11个方面。

（1）封面

封面的设计要有审美观和艺术性，一个好的封面会使阅读者产生最初的好感，形成良好的第一印象。

（2）计划摘要

计划摘要浓缩了创业计划书的精华，要涵盖计划的要点，尽量简明、生动，以求一目了然，以便读者能在最短的时间内评审计划并做出正确判断。注意要特别说明自身企业的不同之处。

计划摘要一般包括以下内容：①公司介绍；②管理者及其组织；③主要产品和业务范围；④市场概貌；⑤营销策略；⑥销售计划；⑦生产管理计划；⑧财务计划；⑨资金需求状况；等等。

（3）企业介绍

这部分的目的不是描述整个计划，也不是提供另外一个概要，而是对你的公司做出介绍，因而重点是你的公司理念和如何制定公司的战略目标。

（4）行业分析

在行业分析中，应该正确评价所选行业的基本特点、竞争状况以及未来的发展趋势等内容。

关于行业分析的典型问题有：①该行业发展程度如何？现在的发展动态如何？②创新和技术进步在该行业扮演着一个怎样的角色？③该行业的总销售额有多少？总收入为多少？发展趋势怎样？④价格趋向如何？⑤经济发展对该行业的影响程度如何？政府是如何影响该行业的？⑥是什么因素决定着它的发展？⑦竞争的本质是什么？你将采取什么样的战略？⑧进入该行业的障碍是什么？你将如何克服？该行业典型的回报率有多少？

（5）产品和服务介绍

产品介绍应包括以下内容：①产品的概念、性能及特性；②主要产品介绍；③产品的市场竞争力；④产品的研究和开发过程；⑤发展新产品的计划和成本分析；⑥产品的市场前景预测；⑦产品的品牌和专利等。

在产品和服务介绍部分，企业家要对产品和服务做出详细的说明，说明要准确，也要通俗易懂，使不是专业人员的投资者也能明白。一般地，产品介绍都要附上产品原型、照片或其他介绍。

（6）人员及组织结构

在企业的生产活动中，存在着人力资源管理、技术管理、财务管理、作业管理、产品管理等。而人力资源管理是其中很重要的一个环节。

因为社会发展到今天，人已经成为最宝贵的资源，这是由人的主动性和创造性决定的。企业要管理好这种资源，更是要遵循科学的原则和方法。

在创业计划书中，必须要对主要管理人员加以阐明，介绍他们所具有的能力，他们在本企业中的职务和责任，他们过去的详细经历及背景。此外，在这部分创业计划书中，还应对公司结构做一简要介绍，包括：公司的组织机构图；各部门的功能与责任；各部门的负责人及主要成员；公司的报酬体系；公司的股东名单，包括认股权、比例和特权；公司的董事会成员；各位董事的背景资料。

经验和过去的成功比学位更有说服力。如果你准备把一个特别重要的位置留给一个没有经验的人，你一定要给出充分的理由。

（7）市场预测

市场预测应包括以下内容：①需求进行预测；②市场预测（市场现状综述）；③竞争厂商概览；④目标顾客和目标市场；⑤本企业产品的市场地位等。

（8）营销策略

对市场错误的认识是企业经营失败的最主要原因之一。在创业计划书中，营销策略应包括以下内容：①市场机构和营销渠道的选择；②营销队伍和管理；③促销计划和广告策略；④价格决策。

（9）制造计划

创业计划书中的生产制造计划应包括以下内容：①产品制造和技术设备现状；②新产品投产计划；③技术提升和设备更新的要求；④质量控制和质量改进计划。

（10）财务规划

财务规划的重点是现金流量表、资产负债表以及损益表的制备。流动资金是企业的生命线，因此企业在初创或扩张时，对流动资金需要预先有周详的计划和进行过程中的严格控制；资产负债表则反映某一时刻的企业状况，投资者可以用资产负债表中的数据得到的比率指标来衡量企业的经营状况以及可能的投资回报率；损益表反映的是企业的盈利状况，它是企业在一段时间运作后的经营结果。

（11）风险与风险管理

关于风险与风险管理的典型问题有：①你的公司在市场、竞争和技术方面都有哪些基本的风险？②你准备怎样应付这些风险？③就你看来，你的公司还有一些什么样的附加机会？④在你的资本基础上如何进行扩展？⑤在最好和最坏情形下，你的五年计划表现如何？如果你的估计不那么准确，应该估计出你的误差范围到底有多大。如果可能的话，对你的关键性参数做最好和最坏的设定。

3. 创业计划书撰写的原则与步骤

（1）撰写原则

一份好的创业计划必须呈现竞争优势与投资者的利益，同时也要具体可行，并提出尽可能多的客观数据来加以佐证。在编写过程中，应该遵循以下原则。

第一，市场导向。利润来自市场的需求，没有对市场进行深入的调查和分析，所撰写的创业计划将是空泛的。创业计划应该以市场导向的观点来写，并充分体现对市场现状的掌握和对未来发展趋势的预测能力。

第二，简明扼要。风险投资人不会花过多的时间来阅读一份对他来说毫无意义的创业计划。因此，开门见山、直切主题的写法较容易引起风险投资人的注意和兴趣。

第三，条理清晰。投资者真正关心的问题都是相同的，即做的是什么产品，怎么赚钱，能赚多少钱，为什么。创业计划应该把这些问题回答清楚，使投资者看完后，能很清晰地了解拟创企业的商业机会、所需资源、风险和预期回报。

第四，观点客观。创业计划中的所有内容必须实事求是，尤其是财务规划，必须事先进行大量的调查和科学分析，在调研数据分析的基础上得出合理的结论。在创业计划中，数据越充分，就越容易让投资者信服。

第五，突出优势。突出优势也就是突出这份创业计划的"卖点"。例如，创业者有非凡的经营管理能力和目标一致的管理团队、独一无二的技术优势、对市场的清晰认识等。

第六，注意用语。创业计划应力求语言生动，尽量避免使用技术性很强的专业术语。风险投资人更关心企业能创造多少价值，过多的专业术语会影响他们的兴趣。即使不得已要使用专业术语，也应在附录中加以解释和说明。

（2）撰写步骤

第一阶段：创业构思。创业者一些新奇想法需要经过可行性分析，只有通过市场需求评价以及商机评估等才能真正成为创业商机。因此，创业者需要对所谓的"金点子"进行甄别，确定创业目标，初步形成创业构思。

第二阶段：市场调研。市场调研是运用科学的方法，有目的、有计划地收集、整理和分析创业信息和资料。没有深入透彻的市场调查就不能准确把握市场的脉搏，无法了解适宜环境并满足客户需求的商机。

第三阶段：起草大纲。计划书的大纲相当于建筑物的框架结构，只有坚实、牢固的结构才能支撑起一份优秀的创业计划书。创业者经过环境分析和市场调研，确定创业目标后，就要开始着手起草创业计划书的大纲。一份比较完整的计划大纲应该包括以下9个方面的内容：①企业介绍；②产品或服务介绍；③管理团队介绍；④商业模式；⑤营销策略；⑥市场分析及风险管理；⑦发展规划；⑧财务规划；⑨融资需求及资金用途。

第四阶段：起草计划。一份出色的计划书就像是一张藏宝图，指引人们获得宝贵的信息，帮助创业者得到更多的扶持和帮助，在创业的道路上旗开得胜。计划书要根据计划大纲来撰写，对大纲进行详细的扩充和延伸。

第五阶段：审核更新计划。完成一份创业计划并不意味着一劳永逸，在实际操作过程中，由于环境、市场的变动要经常对计划进行检查更新，确保计划的时效性、真实性和完备性，以备不时之需。

（二）团队的管理

"独行侠难以创天下，抱团才能打天下"。团队管理是创业的重要因素。

1.妥善处理创业团队内部的利益关系

股权是团队成员根本利益关系的体现和行使权力的基础。公平合理的股权分配及其机制，关系着团队的团结稳定和公司的治理结构，也直接决定了团队的效率。所谓公平合理，就是要体现成员的贡献与其所持有的股权相匹配的原则。股权分配不一定要均等，但需要合理、透明与公平。通常主要贡献者会拥有比较多的股权，但只要与他们所创造的价值和所做出的贡献相一致，就是一种合理的股权分配。平均分配股权并不能体现权、责、利的统一，也不利于企业的发展和团队成员积极性的发挥。如果创业者碍于面子，不根据团队成员的才能、贡献分配股权，或没有一个合理的股权分配机制，就会挫伤团队成员的积极性，也会导致团队的分裂。一个新创企业的报酬体系不仅包括股权、工资、奖金等金钱报酬，还包括个人成长机会和提高相关技能等方面的因素。每个团队成员所看重的并不一致，这取决于个人的价值观、奋斗目标和抱负。有些人追求的是长远的资本收益，而另一些人不想考虑那么远，只关心短期收入和职业安全。由于新创企业的报酬体系十分重要，而且在创业早期阶段财力有限，因此要认真研究和设计整个企业生命周期的报酬体系，使之具有吸引力，并且使报酬水平不受贡献水平的变化和人员增加的限制，即能够保证其按贡献付酬和不因人员增加而降低报酬水平。

2.合理分享经营成果

合理分享经营成果的范围更广，除了创业团队成员要有合理的分配机制外，对员工也要有合理的分配制度，能使大家共同分享经营的成果，从而使企业立于不败之地。国外企业一般是拿出10%—20%的利润分配给关键岗位的员工。我国一些创业成功的企业，尤其是一些高新技术企业，用员工持股的办法，使员工合理享受到企业的经营成果。这种做法将会影响高素质人员未来的流向，从而影响到创业者发掘新的商业机会。同时，制定创业团队管理规则。要想处理好团队成员之间的权力和利益关系，创业团队必须制定相关的管理规则。团队创业管理规则的制定，要有前瞻性和可操作性，要遵循先粗后细、由近及远、逐步细化、逐步到位的原则。这样有利于维持管理规则的相对稳定，而规则的稳定又有利于团队的稳定。

自评自测

学生自测表

（根据掌握情况，在符合情况下打"√"）

内容	良好	较好	一般
创业劳动的含义			
创业劳动的意义			
创业劳动的特点			
创业劳动的内容			
创业劳动的实施			

学完本讲，你有什么心得体会：

劳动实践

如何激励创业团队

一、实践目标

通过讨论，加深对创业激励的认识。

二、实践方法

采用小组讨论的方式。

三、实践实施

1.了解激励方式（见知识链接）。

2.5—10人一组，分组准备。

3.进行小组讨论。

4.形成小组讨论的总结，然后全班交流。

四、实践成果

写一篇不少于500字的心得体会。

五、知识链接

激励的方式

新创企业在进行激励时，可以选择多种方式，比较有效的激励方式有以下几种。

一是工资奖励激励。企业要想留住现有员工、更好地发挥他们的积极性和创造性，从而吸引更多的人才，必须有一个公平合理的工资、奖金制度。对工作表现好的、工作成绩大的员工理应给予更多的工资报酬，做到工资、奖金和个人的工作效率、工作成果挂钩，这样才能激励员工更加努力地工作。

二是目标激励。目标激励就是为员工设置适当的目标，激发他们为实现目标而努力的行为动机。

三是参与激励。即让员工参与企业目标的制定和企业战略的决策，使员工对企业的目标和经营决策有认同感。

四是荣誉激励。对做出突出贡献的员工予以表彰和奖励，增加他们对工作的热情。

五是关怀激励。企业经营者对员工生活上、思想上给予帮助和鼓励，加深员工对企业的感情，从而产生高度责任感。

六是榜样激励。在企业内树立先进典型，使员工学有目标，干有方向，产生强劲的进取动力。此外，也可以通过股权、期权激励的方式建立企业与员工利益共同体，从而最大限度激励员工。

参考文献

［1］郭明义，巨晓林，高凤林.劳动教育箴言［M］.北京：中国工人出版社，2020.

［2］李效东.大学生劳动教育概论［M］.北京：清华大学出版社，2021.

［3］朱忠义.劳动教育与实践［M］.北京：北京理工大学出版社，2020.

［4］梁辉，刘良军，钟国文.新时代劳动教育读本［M］.北京：电子工业出版社，2020.

［5］任立，曹伏明，张立俣.劳动教育理论与实践［M］.长沙：湖南科学技术出版社，2020.

［6］方艳丹，韦杰梅，卢民积.劳动教育实践活动设计［M］.北京：电子工业出版社，2020.

［7］檀传宝，劳动创造美好生活［M］.北京：中国劳动社会保障出版社，2019.

［8］何卫华，林峰.大学生劳动教育理论与实践教程［M］.厦门：厦门大学出版社，2019.

［9］刘向兵.劳动通论［M］.北京：高等教育出版社，2021.

［10］职业杂志社.古今中外工匠精神故事汇［M］.北京：中国劳动社会保障出版社，2021.

［11］李叔宁，刘君义.大学生劳动教育教程［M］.长沙：湖南师范大学出版社，2021.

［12］孙家学，耿艳丽，邵珠平.新时代高校劳动教育通论［M］.北京：高等教育出版社，2021.

［13］王祥企.我国大学生人口身体素质研究［D］.长春：吉林大学，2018.

［14］施旭英.理论与实践结合教育思想研究［D］.广州：华南理工大学，2016.

［15］徐长发.新时代劳动教育与发展的逻辑［J］.教育研究，2018，39（11）：12-17.

[16] 徐亮.劳动、实践与共同体：从马克思到阿伦特的解放政治学思考 [J].南京大学学报（哲学·人文科学·社会科学），2018，55（5）：26-36.

[17] 谭建光.改革开放以来我国志愿服务的发展历程 [J].社会治理，2018（7）：24-26.

[18] 裴艳庆.新时代高职院校大学生劳动教育研究 [J].佳木斯职业学院学报，2020，36（02）：11-12.

[19] 施永红.在高职院校开设劳动实践课的必要性 [J].职业，2019（06）：90-91.

[20] 王秀丽，刘陆军.高职院校大学生发展"劳动意识"核心素养培养内容、培养途径方法和养成情况评价体系的研究 [J].课程教育研究，2018（49）：227.

[21] 张颖，陈广祥.高职院校创业精神教育研究——以北京劳动保障职业学院《大学生创业基础与实践》为例 [J].职业，2017（31）：126-127.

[22] 任雁敏.大学生职业素养重要性及培养策略研究 [J].教育与职业，2010（17）：79-80.

[23] 黄博军.职业技术教育应树立的三种意识 [J].辽宁教育行政学院学报，2007（2）：5.

[24] 祝元生.加强岗前就业教育　提高高职毕业生职业意识 [J].中国职业技术教育，2007（12）：38.